ANDANÇAS

LUIZ SALGADO RIBEIRO

ANDANÇAS

//HISTÓRIAS DE UM JORNALISTA
À MODA ANTIGA//

EDU
PRIMAVERA
EDITORIAL

À minha amada Aninha,
sempre companheirona,
nessas e em muitas outras andanças.

Ao
Luiz Eduardo e à Suzana,
pelo orgulho que sempre me deram
de ser pai de vocês.

Ao
João Pedro e ao Gabriel,
para que um dia possam conhecer,
entender e contar a seus amigos,
as aventuras deste vovô
meio maluco.

Aos meus companheiros
de espécie em extinção.

Índice

PREFÁCIO 13

APRESENTAÇÃO
Motivação preservacionista 21

CAPÍTULO 1
PRIMEIROS TEMPOS 25
Uma carona para a profissão 27
Com o diploma, surge o desemprego 30
Aprendendo o ofício 33
Paulo, meu primeiro mestre 34
O império em decadência 36
"Enganação em mão dupla" 37
Precariedade 37
Jornal de velhos 39

CAPÍTULO 2
TEMPOS EM MANAUS 41
A sorte de um freelancer mal pago 43
Tentando editar *A Crítica* 49
A boa safra de más notícias 53
A necessidade de ser sintético 55
A volúvel opinião pública 56
O baile 60
A primeira censura 63
"Telegramas em código" 65
Uma rotativa histórica 66
Invertendo letras 68

Que sufoco! 69
Briga com bons resultados 70
Pirataria na Copa de 1970 72
Uma reta no mapa 73
Transamazônica, o meu bom caminho 74

CAPÍTULO 3
TEMPOS NO ESTADÃO 81
Para começar, um terrorista arrependido 83
Driblando a Censura 84
Imprimindo dinheiro 86
"Tv e jornalismo não combinam?" 87
O difícil começo da *Agência Estado* 89
Acertando a pirataria 102
Rádios, uma ilusão 102
Serviço econômico 104
Viagem ao futuro 104
Rédeas curtas 107
"Inteligência insuficiente" 108
À procura dos "índios gigantes" 110
Disco voador 114
A cidade que não existia 115
Assunto pessoal 116
Trabalhador flechado 120
O "apanha-mensagens" 123
Prêmio Esso de reportagem 129
O outro lado da Transamazônica 130
Foca, sempre foca 131
O Kuarup 133
"Coitado" 151
Mudança para a marginal 152
Cumprindo ordens 156
Conflito em Santa Luzia dos Perdidos 172
Jânio, sozinho 183
Desvio de rota 186

CAPÍTULO 4
TEMPOS EM MATO GROSSO 193
Escola, a preocupação 195
O grande susto 196
Notícias de sobra 200
O Projeto Terranova 210
Pioneiro não pode ter saudade 213
PF x Ulisses - o processo que não existiu ... 214

CAPÍTULO 5
TEMPOS EM PINDAMONHANGABA 217
Tentando ser burocrata 219
O erro em dar notícias 220

CAPÍTULO 6
TEMPOS NA FOLHA DE S.PAULO 227
A Dixieland Band 229
Pauta ruim, bom repórter 231
A reforma agrária na economia 232
O "cônsul" 235
Guerra no sul do Pará 238
Entrevista com Tancredo 260
O manual de redação 261

CAPÍTULO 7
TEMPOS EM BRASÍLIA 265
A burocracia das pastas 267
Virei doutor 268
A concorrência para publicidade 269
Especialista em fraudes 271
O trailler 272

CAPÍTULO 8
NOVOS TEMPOS EM PINDAMONHANGABA 277
Um emprego inconfiável 279

CAPÍTULO 9
TEMPOS NA TELESP 283
Cartas de reclamações 285
Celular só para ricos 286
Fraudes 287

CAPÍTULO 10
TEMPOS NO GOVERNO DO ESTADO 291
Lambe-lambe da campanha 293
Virei "excelência" 296
Segundo mandato 300

CAPÍTULO 11
PARA COMPLETAR, UMA CAMPANHA PRESIDENCIAL 303
Coordenando propostas 305

SAIDEIRAS 308
Os "vagabundos" 308
"Pradão", o esquecido 308
Opiniões divergentes 309
Pão, leite e vietcongs 311
Escrever, uma loucura 311

GLOSSÁRIO DA ANTIGA IMPRENSA 313

Prefácio

POR QUE VOCÊ precisa ler este livro com atenção e se for um jovem jornalista com mais atenção ainda?

Primeiro para conhecer a história pessoal e profissional de um homem que caminha para a velhice de bem com a vida e com a consciência tranquila do dever cumprido, por mais que esses termos estejam gastos e, infelizmente, para muitos não queiram dizer quase nada.

Servirá para você também ter uma ligeira dimensão do trabalho dos grandes repórteres dos anos 1960, 1970 e 1980, que, salvo as exceções de sempre, fruto de bem-sucedida marquetagem pessoal, foram sendo esquecidos, embora ainda estejam presentes na vida do País nos arquivos de papel, de áudio e vídeo. Para os mais jovens conhecerem os inacreditáveis desafios que um deles enfrentou e venceu, será uma surpresa incrível nesta época opaca do "ponto com".

Luiz Salgado Ribeiro não quer que sua história fique aprisionada nos arquivos — e nem em lugar nenhum —, daí a principal missão deste livro, que, de certa maneira, é também um convite, uma convocação para os então jovens repórteres daquela época fazerem o mesmo. Libertem suas histórias!

Porque se todos os hoje velhos repórteres, os velhos jornalistas, fizerem o que o Salgado fez haverá como resgatar e preservar as histórias, a memória de um período extraordinário, complexo, rico, perigoso e fascinante de nossas vidas e da nossa história. Há muita coisa a ser contada e precisa ser contada por quem a viveu em todas as várias frentes do jornalismo daquela época. Não que as outras histórias - do papel do jornalismo no enfrentamento dos anos de chumbo - não tenham sua imensa importância aqui reconhecida, é bom que fique claro.

Mas, a bem da realidade, não se deve deixar que só apenas o relato do jornalismo de combate ocupe totalmente a história do jornalismo daquela época. Por quê?

Porque por paradoxal que possa parecer dos anos 1960 aos anos 1980, o jornalismo brasileiro, a despeito das dificuldades, censura, prisões, torturas de jornalistas, avançou como nunca tinha avançado até então.

Surgem as novidades tecnológicas — do telex à impressão à frio. Há um salto nas telecomunicações. Adotamos novas técnicas: a pauta, o copidesque, as equipes especializadas, a diagramação, a regulamentação da profissão, as escolas de jornalismo. Surgem as revistas semanais de informação.

O rádio passa ser jornalístico. A televisão - depois de um período que seria melhor esquecer - vai ao mercado e atrai profissionais da imprensa escrita, consagrados e respeitados.

Fomos dando saltos de crescimento e de qualidade, fomos avançando, ocupando cada vez mais espaço e importância na vida do Brasil e dos brasileiros.

Esses saltos de qualificação e de qualidade, a bem da verdade, foram colocados prioritariamente a serviço da luta contra o arbítrio e deu a essa luta mais eficiência, amplitude e consistência. É evidente que houve exceções, mas não é de exceções que estamos tratando aqui.

Nessa época, novidades e saltos de qualidade à parte, há um grupo de profissionais que - graças a Deus - se destaca, por ser a vanguarda em todos os sentidos que a palavra vanguarda tem: os repórteres, o sal do jornalismo. Todos os grandes jornais e revistas tinham orgulho do seu corpo de repórteres. Um jornal era avaliado, antes de mais nada, pelo resultado do trabalho do seu corpo de repórteres.

No *Estadão* havia um corpo de repórteres de primeira linha. Aliás, vários corpos de repórteres: os especiais, geral, saúde, educação, esportes, cultura, tecnologia, política, o de correspondentes nacionais, internacionais, do interior, uma enorme e magnífica máquina de capturar e produzir informações espalhada por todo País e no exterior. No Brasil, distribuídos por todos os Estados, havia 150 repórteres trabalhando todos os dias, o ano inteiro, cobrindo tudo, do arbítrio ao futebol.

Com licença que aqui vou fazer um registro e render uma homenagem a quem, no *Estadão*, bancou tudo isso e muito mais e o muito mais foi a corajosa luta contra a ditadura, a censura, o arbítrio, o dr. Julio Mesquita Neto, que precisa ter a sua história resgatada e contada direito, com o respeito e a consideração que ele merece.

Nesse mundão de repórteres, havia uma turma que quase nunca víamos, uns ermitões, uma espécie de legião estrangeira das missões impossíveis, que, na falta de um nome melhor (e qual seria o nome melhor?), eram conhecidos como "repórteres mateiros" pela simples e boa razão de que trabalhavam preferencialmente no mato, no fim do mundo, no Brasil desconhecido.

Eram eles que davam conta do mundo inimaginável para os leitores do Brasil e pela repercussão de suas matérias também aos leitores do mundo.

Entre os anos 1960 e 1980, o Brasil da inflação do Delfim, do tri, da Ponte Rio Niteroi, da abjeta didatura, da tortura, do boom da música, de Itaipu, do Acordo Nuclear, também vivia algumas sagas: a nova ocupação da Amazônia, a ocupação do Centro-Oeste, novas aventuras como as obras da Transamazônica, Cuiabá-Santarém, havia uma guerrilha no Araguaia, os empreendimentos de exploração mineral, Jarí do americano Ludwig, novos Estados, novas cidades, iniciava-

-se a discussão da questão ambiental, buscavam-se tribos desconhecidas, entre elas os temíveis índios gigantes e por ai vai, se é que você pode imaginar o tamanho da dificuldade e o tamanho da coragem desses repórteres para enfrentar e vencer essas dificuldades e levar informações de qualidade aos seus leitores.

E lá estavam os "mateiros" do *Estadão,* apurando, levantando questões importantes para o País, denunciando os abusos, contando as melhores histórias, apresentando um Brasil desconhecido para todos os brasileiros.

Nunca se contará com a exatidão necessária a história deste período de ocupação do maior pedaço do Brasil sem se beber nas reportagens desses grandes repórteres que lá estavam, acompanhando tudo. Ficavam semanas sumidos, enfiados no mato, em condições precaríssimas e surgiam com belas, extraordinárias matérias.

Lá estavam entre outros, e estamos tratando só do grupo de "mateiros" do *Estadão,* o grande Lúcio Flavio Pinto, Sérgio Buarque Gusmão, Sérgio Coelho, Raimundo José, Manoel Lima, Mario Chimana, Oscar Ramos Gaspar, Rogério Medeiros e José Marqueiz.

É lá estava também o Luiz Salgado Ribeiro e é desse período que trata uma boa parte deste livro: da história de um homem singular.

São ótimas histórias: histórias que só os bons, os grandes repórteres sabem contar. Duvido que você não fique com o coração na boca torcendo para que o jovem Salgado cumpra a sua missão na inauguração da Cuiabá-Santarém; duvido que você não se emocione com a história dos índios gigantes, do Kuarup; duvido que não desperte em você uma profunda admiração pelo Salgado jornalista faz-tudo do "Xornal da Tera", no meio do cerrado matogrossense, o primeiro jornal apurado, escrito, produzido, impresso e distribuído por um homem só, na floresta. Ou que não diga com os seus botões

"Esse sujeito é maluco e corajoso" ao ler a aventura dele no Paraguai.

Por fim este livro serve - notadamente para os jovens jornalistas - para não se deixarem enganar pelas aparências, pela primeira impressão. Explico.

Se você não conhece o Salgado e cruza com ele na rua, vai achar que está diante de um corretor de seguros de triciclo, com todo respeito, uma dessas vidas sem riscos que depois de 50 anos está terminando em aposentadoria e muita televisão. Um sujeito um tantinho, um pouquinho para o trôpego, agitadinho lembrando vagamente um *playmobil* de bigode escovão, uns olhinhos inquietos, de passos rápidos.

Ai é que você se engana. Você está cruzando com um leão.

No jornalismo ele fez de tudo e bem feito: mexeu com jornal pequeno, jornal grande, estruturou uma agência de notícias, foi diretor de jornal, foi repórter especial, foi um dos melhores "repórteres mateiros" que conheci, foi grande no *Estadão*, grande na *Folha*. Como ninguém é perfeito acabou sucumbindo a uma convocação para a vida pública, mas saiu a tempo de cabeça erguida e reputação intacta.

Não dá para falar dele sem falar da Ana, a Aninha, inha só no carinho dos amigos, uma gigante, às vezes, ligeiramente insana por acompanhá-lo e por ser uma companheira fantástica, uma mulher admirável e que bancou todas as aventuras dele. E criou belos filhos.

É o que eu tinha a dizer. Creio que me estendi além da conta. Fica por conta da minha admiração.

Por fim um aviso, uma provocação e um convite aos (jovens) jornalistas navegantes descontentes do jornalismo de gabinete, da internet e afins.

O Salgado, que 40 anos atrás acompanhou passo a passo e lá no meio da floresta a construção da Transamazônica, está seguindo para lá para fazer uma série de matérias, ou como se diz hoje, *revival* sobre o que era e o que é hoje aquilo tudo.

Então, por que você não toma coragem, larga os teclados, levanta a bunda da cadeira e vai ver como é (era?) o jornalismo de verdade e aproveita para ter delírios com coisas reais, ir para a rua e beber a tempestade e fazer uma matéria como antigamente?

Quem sabe você cruza com ele, tem a sorte de cruzar com ele na sua vida como eu tive.

São Paulo, janeiro de 2010
Raul Martins Bastos

APRESENTAÇÃO

Motivação Preservacionista

COMO A ONÇA pintada, o urso panda e a baleia azul, eu também pertenço a uma espécie em extinção: a dos jornalistas que viveram o tempo em que o jornal de papel e tinta tinha muito mais informação, emoções, vida e força que o jornalismo da televisão.

Assim, ao completar 45 anos de carreira (muito mais por correrias pelos confins do Brasil, que ascensão profissional), decidi colocar minhas andanças no papel, muito mais por motivação preservacionista, que por interesse jornalístico.

Meus casos não são mais originais, nem mais emocionantes que os de outros colegas de espécie. Pena é que quase a totalidade das extraordinárias histórias vividas por esses antigos companheiros se evaporou com o álcool consumido nos botecos das vizinhanças das redações. De tudo que havia de malícia, sensibilidade e arrojo para gerar reportagens que marcaram e por vezes, mudaram a vida do País, muito pouco transformou-se em livros, crônicas e artigos, com datas e nomes mais ou menos precisos. A maior parte virou folclore. Até alguns anos, essas aventuras e desventuras se mantinham vivas nas conversas de fim de noite nos bares que funcionavam como prolongamento das redações.

Hoje, nem isso. Correndo entre vários empregos para poder se sustentar, ou esmagado por apenas um — que paga bem —, mas lhe suga até a última gota de suor de seus neurônios, o jornalista já não tem tempo, nem disposição para o luxo de uma noitada regada a ótimos papos, bebida razoável e péssimos tira-gostos.

Talvez não seja tanto uma questão de redução do tempo e desenvolvimento do paladar. Mas, seguramente, de uma nova cultura, hábitos e métodos — bolados e aperfeiçoados por phds de marketing e comunicação social, voltados para a eficiência, exatidão, objetividade e racionalidade — conceitos que invadiram as redações, juntamente com os rígidos manuais e os computadores de última geração.

Toda essa modernidade transformou os jornais em sofisticadas linhas de produção e destruiu o ambiente em que se criavam e se desenvolviam os meus colegas de espécie: as redações esfumaçadas, com papel amassado transbordando das cestas de lixo; barulho constante dos telex, teletipos e máquinas de escrever; berros de chefes, chamando contínuos para descer laudas e diagramas para as oficinas ou exigindo melhores matérias dos focas. Tudo quente, emocional, vibrante, nervoso como as reportagens que logo mais sairiam das rotativas.

Agora, as grandes salas, limpas e silenciosas (com ar condicionado para zelar pelo bom funcionamento da parafernália eletrônica e, subsidiariamente, pelo conforto do pessoal), são comportados cartórios de registro de acontecimentos. Por mais cores que se use na impressão dos jornais, as notícias obedecem a um padrão de tamanho, isenção e frieza, que as fazem cada vez mais parecidas com boletins de ocorrência ou relatórios técnicos.

Reportagens investigativas? Em jornais, o tempo delas passou. Já não há dinheiro para pagar dias ou semanas para um repórter tentar produzir uma boa matéria, que sempre depende muito de faro, empenho e sorte. Quando muito elas ainda podem ser feitas pelas tvs, que têm mais recursos e por revistas semanais, se quiserem assuntos originais para suas capas. Para os jornais a mania agora é publicar teses sumárias, mas com todo o indigesto rigor acadêmico. Notícias quentes? Isso é coisa para o jornalismo eletrônico. Hoje, o que vende jornal - e ainda vende bem - é sorteio de apartamentos e de automóveis; fascículos de dicionários, atlas, cds e enciclopédias.

Com tamanhas e tão profundas transformações no ecossistema dos jornais, que jornalista da velha espécie poderia — ou ainda pode — sobreviver?

Pena, nenhuma ONG protestou. Pior, parece que nenhum leitor, também.

LU PA

GAZET

ASPER LIBERO

O PAULO o QUARTA-FEIRA, 5 DE ABRIL DE 1978 o ANO LXXI o N.o 23.148

L BAURU, DEFENDE EM ITAICI A ORIENTAÇÃO DE TEMAS SOCIAIS, POLÍTICO

BA N.: DECISÃO SAIRÁ NE

Embora não exista da
definida, os circ
políticos norte-a
garantem q
seman
d

Campos falou no
tudos sobre
ial". Página 3

CAPÍTULO 1

PRIMEIROS TEMPOS

Uma carona para a profissão

UMA PROMESSA NÃO cumprida de aumento de salário, a barba por fazer e uma carona para Pindamonhangaba. Estes foram os fatores decisivos que me levaram à profissão de jornalista. Vocação, gosto pelas artes e manhas de juntar letrinhas - isso só veio um bom tempo depois.

Na noite de 30 de outubro de 1964, quando fui ao velho prédio de *A Gazeta* na Avenida Cásper Líbero, tudo que eu queria era um lugar no furgão que levava jornais para ao Vale do Paraíba. Estava servindo o Exército. Naquela sexta-feira tinha ido ao Centro de Preparação de Oficiais da Reserva — CPOR — com a barba por fazer. O tenente Adir Molinari não teve dúvidas: colocou-me no "pernoite". Punição branda, que me obrigava a ficar no quartel até às vinte e uma horas e o ônibus para Pindamonhangaba — no qual eu tinha passagem comprada há dias — saia meia hora antes.

Era véspera do feriadão de finados. Não havia mais passagens disponíveis. Aí, me lembrei que um colega — o Toninho Parada — tinha me falado de um outro meio de ir para Pinda: dar uma garrafa de cachaça para o motorista de *A Gazeta*. Era só cuidar para que ele não abrisse a garrafa antes da viagem, que a carona seria segura.

Com um litro debaixo do braço, estava à espera do motorista, quando encontrei um colega dos tempos de grupo escolar, o Osny Guarnieri, que há muito tempo eu não via. Ainda estudante de jornalismo, ele era revisor de *A Gazeta*. Sempre muito falante e brincalhão, Osny logo levou-me para conhecer as oficinas e a revisão.

Foi a primeira vez que vi como se fazia um grande jornal. Fiquei encantado com toda aquela movimentação de pessoas e máquinas montando as matrizes de páginas com letrinhas estampadas em linguetas de chumbo — saídas quentes e reluzentes das linotipos — e letras bem grandes, velhas e sujas de tinta, tiradas à mão — uma a uma — de gavetas de madeira, em uma prática igual à que Gutenberg inventou há mais de quinhentos anos.

Havia ali um interessante contraste entre o antigo e o moderno, pelo menos para aquela época. Tudo era fascinante, mas não me passava pela cabeça trabalhar naquele ambiente. Tinha ideia bem diferente. Estava fazendo o curso de Química Industrial, já trabalhava em um laboratório do governo do Estado e havia sido aprovado em um teste para trabalhar em uma fábrica de cosméticos que iria começar a funcionar em janeiro. O salário prometido era de 80 mil cruzeiros. Uma beleza para quem ganhava 30 mil, como funcionário público.

Tinha motivos de sobra para viver ansiosamente à espera do novo salário. Desde o começo de outubro, estava metido em uma enrascada. Passei por uma banca de jornal e vi a manchete: "Adhemar vai dar 100 mil cruzeiros de abono para o funcionalismo". Ainda estava pulando de alegria, quando vi o anúncio de uma grande promoção das Lojas Ética, uma bela casa de roupas, que ficava no começo da Avenida São João: "Compre agora e só comece a pagar com seu 13º". Era o que eu precisava para renovar o meu puído guarda-roupa. Comprei um terno, um smoking (indispensável para ir aos bons bailes da época), camisas, sapatos, meias... enfim, foi uma festa!

Anos depois, a loja fechou. Deve ter sido por culpa do encarregado do crediário que me autorizou fazer um pendura de 80 mil cruzeiros, quando podia comprovar renda de apenas 30 mil por mês.

Alguns dias depois, passo pela mesma banca de jornais e lá estava outra manchete: "Adhemar não vai mais dar abono para o funcionalismo". E agora? Como ficam minhas contas? Pedir dinheiro ao papai? De jeito nenhum!

Estas preocupações ainda estavam na minha cabeça, quando o Osny começou a reclamar do excesso de trabalho na revisão: "Somos cinco revisores para ler o jornal inteiro... É muito serviço!"

— "Por que não tem mais revisores? Não há dinheiro para pagar?" — perguntei com uma curiosidade que começava a crescer.

— "Dinheiro o jornal tem. O que não tem é gente disposta a trabalhar neste horário desgraçado da meia noite às cinco" - respondeu Osny, instigando minha curiosidade.

— "E qual é o salário de um revisor?"

— "Com o adicional noturno, dá 78 mil cruzeiros."

Estava na medida certa! Bastava trabalhar um mês para pagar a loja e começar vida nova, sem dívidas, quando chegasse janeiro. Só depois de fazer estas contas é que me lembrei de perguntar exatamente o que fazia um revisor.

— "Nada de muito complicado" - informou Osny - "É só ter bastante atenção e saber um pouquinho de português. Não precisa se preocupar. Em caso de dúvida, há dicionário e gramática sobre a mesa. Além disso, os erros mais comuns são letras trocadas, ou faltando, por falha da máquina ou do linotipista..."

— "Se ninguém quer o emprego, eu quero" - disse ao meu amigo, que imediatamente foi me apresentar ao chefe da revisão, Wilson Giozzo. Este me ensinou alguns rabiscos convencionados para a correção das provas tipográficas e me aplicou um rápido teste. Passei e comecei a trabalhar logo após o feriadão.

Trabalhava-se bastante, mas o ambiente da revisão era divertidíssimo. Alegre, descontraído, agitado, muito diferente daquela coisa amargurada e embolorada do *far niente* da repartição pública em que eu estava há quase dois anos. Não precisei de um mês para desistir da ideia de trabalhar na fábrica de cosméticos. Nem tanto pelas boas companhias e bons papos que tinha na revisão, houve argumento mais forte: o reajuste de salários dos jornalistas, que tem data-base em 1º de dezembro. Naquela época, a inflação andava na casa dos 70% ao ano. Além desta reposição, o sindicato havia conseguido algumas vantagens: hora noturna de

50 minutos (o que dava uma hora extra por dia) e mais algumas coisas que eu não me lembro mais. Resultado: meu salário pulou para 175 mil cruzeiros.

Adeus cosméticos, adeus laboratórios, adeus química. Virei jornalista!

Com o diploma, surge o desemprego

Por pressão sindical, foi editado no final dos anos 1960, o decreto-lei 972/69, que exigia o diploma de jornalista para exercer a profissão. Felizmente, esta medida da ditadura foi declarada inconstitucional, por oito votos a um, em junho de 2009, pelo Supremo Tribunal Federal. Ainda bem que este decreto-lei não existia nos últimos anos do século XIX, pois teríamos ficado sem uma das obras mais preciosas da Língua Portuguesa, Os Sertões escrito pelo engenheiro Euclídes da Cunha, resultado de seu trabalho de repórter enviado pelo jornal *O Estado de S.Paulo* para cobrir a Guerra de Canudos.

A exigência do diploma de jornalista foi uma bobagem completa. Além de impedir que o Brasil tivesse novos Euclides da Cunha, também não serviu para proteger o mercado de trabalho para a categoria, pois a consequência imediata foi o surgimento do desemprego para jornalistas diplomados, ou não, pois os que já possuíam registro no Ministério do Trabalho (como é o meu caso) não precisaram passar pelas faculdades de jornalismo para continuar na profissão. Falo de surgimento do desemprego porque isso era praticamente desconhecido pelos velhos juntadores de letrinhas.

Para começar, alguém só era jornalista, depois de conseguir um emprego de jornalista. Começava como revisor ou setorista de polícia e ia conquistando cargos melhores, na medida em que aprendia o ofício. Assim, o custo de formação do profissional ficava inteiramente por conta do empregador. Quando surgiam vagas, os jornais preferiam contratar alguém com alguma prática, até "roubando" profissionais de outras redações, a ter de treinar um novo "foca" e arcar com as despesas de salários do aprendiz e horas gastas pelos veteranos para ensinar o calouro.

Por isso, praticamente não havia jornalista desempregado. Com a exigência do diploma, as coisas se inverteram. Os custos de formação passaram à conta do candidato a jornalista. Mesmo pagando anuidades altas, não faltaram alunos para lotar as "fábricas" de jornalistas que se abriram em todos os cantos deste país. Até em lugares onde não há jornais, existem faculdades de jornalismo, formando 50 ou mais novos desempregados todos os anos.

Sempre fui contra esse absurdo. Primeiro, porque o jornalismo não pode ser comparado a outras profissões, cujos conhecimentos básicos estão lastreados em regras muito bem definidas: o direito, em leis, decretos, códigos, jurisprudências etc., a medicina, a engenharia, a química, a física e outras ciências, também baseiam-se em regras bastante rígidas, resultantes de conceitos e experiências científicas. Esses conjuntos de regras e conceitos exigem longos e metódicos estudos que só podem ser feitos em uma faculdade.

O jornalismo é o contrário. Poderia ser definido como "a ciência das exceções", pois a notícia é justamente aquilo que foge às regras e costumes; o que é inusitado. Assim, para saber o que é notícia é preciso que se tenha conhecimentos gerais e bom senso, requisitos que se adquirem com vivência e muito dificilmente podem ser transmitidos por uma faculdade, por melhor que ela seja.

Se a questão era melhorar o nível intelectual dos jornalistas (o que sempre será necessário, não importa a época) então, que se fizessem cursos de especialização em jornalismo para diplomados em qualquer outra faculdade. Não é preciso mais que um ano, ou mesmo um semestre, para ensinar questões relativas à ética, lei de imprensa, diagramação, técnicas de edição etc. A vantagem seria devolver às redações aquela salutar pluralidade de conhecimentos que elas tinham quando eram integradas por médicos, maestros, advogados, engenheiros, arquitetos e outros profissionais.

Isso poderia ter sido feito há mais de 40 anos, proporcionando um importante salto de qualidade à nossa imprensa. Apesar do longo tempo perdido, essa questão continua cada vez mais atual, na medida em que é irreversível a tendência de segmentação e especialização dos meios de comunicação. Hoje, revistas, sites na internet e até programas de tvs a cabo, já não tratam de medicina ou engenharia, de uma forma geral. Cuidam de setores muito específicos de ciências e profissões. Então, é muito mais fácil e eficiente colocar profissionais de diversas áreas - especializados em jornalismo - para trabalhar nessas publicações do que preparar um jornalista para escrever corretamente sobre soldas de grandes estruturas, direito tributário ou otorrinolaringologia.

Durante mais de 20 anos tentei fazer um grande amigo meu "comprar" esta ideia. Jair Borin era uma pessoa muito especial. Ex-sargento da FAB (excluído pelo golpe militar de 1964), economista, jornalista e líder sindical, foi chefe do Departamento de Jornalismo da ECA/USP. Ele sempre defendeu a exigência da graduação em jornalismo como forma de valorizar a profissão. Só nos últimos anos passou a aceitar a ideia dos cursos de especialização em jornalismo, mas morreu antes de levá-la a debate no meio acadêmico e sindical.

Agora, com a decisão do STF, mais do que nunca, esta ideia é válida e merece ser apreciada por toda a sociedade, a começar pelos próprios jornalistas.

Aprendendo o ofício

POR ALGUNS MESES, continuávamos sendo poucos revisores para muito serviço. Éramos uma equipe de seis: Godoy (o subchefe da madrugada) Osny, Lara, Odilon, Valentin Sáuskas e eu. Bem depois vieram o Luiz Turano, o Osvaldo Barbeito, o Neme e o Cardoso, um aposentado com mais de 50 anos, que passou a ser o mais velho de uma turma que não passava dos 30. O chefe geral da revisão, Wilson Giozzo, aparecia lá todas as noites, dava instruções, lia algumas provas, mas voltava para sua casa antes da meia-noite.

Não sei porquê as provas a serem revisadas não vinham em fluxo contínuo das oficinas ao lado da revisão. Vinham às golfadas, em feixes de rolinhos que se juntavam aos originais datilografados ou ainda — muitos deles — manuscritos. Revisávamos rapidamente uma remessa e, por vezes, ficávamos por mais de quinze minutos à espera de outra.

Na hora de revisar, a atenção era total, especialmente com editoriais, artigos, colunas e com algumas "palavras perigosas". Havia um grande trauma com a palavra "carvalho". Motivo: durante a Copa do Mundo de 1962, no Chile, a *Gazeta Esportiva*, fazia enorme sucesso ao rodar, minutos após os jogos, suas edições repletas de radiofotos da partida que as tvs só mostrariam, em videoteipes, no dia seguinte. Era uma correria maluca e, um dia, foi publicado — em título da primeira página — o nome do chefe da delegação brasileira, Paulo Machado de Carvalho, sem a letra v. O cochilo do revisor só foi percebido quando uns 30 mil exemplares já estavam circulando. A troca do nome de um herói nacional por um palavrão transformou-se em um escândalo que ninguém admitia repetir.

Para nos mantermos bem acordados, madrugada afora, nesses intervalos entre uma e outra remessa de provas, valia todo tipo de brincadeiras. Só o Lara não participava delas. Místico e praticante de ginástica ioga — no meio da algazarra — ele tentava meditar, imóvel, plantado de ponta-cabeça sobre uma das mesas. Era um ambiente surrealista...

Por volta das duas horas, fazíamos um intervalo de 30 minutos e íamos da Av. Cásper Líbero à esquina da Ipiranga e São João, para tomar um lanche no Jeca Tatu. Na São Paulo tranquila daqueles tempos, podíamos bater bons papos com os frequentadores da noite. Especialmente com as frequentadoras.

Às cinco horas, terminávamos o trabalho; Osny e eu pegávamos carona na Rural Willys do Godoy. Logo depois, ao descer em frente de seu prédio, na Av. Rio Branco, Osny fazia uma brincadeira quase sempre igual: quando o porteiro vinha abrir a grande porta de vidro, gritava para nós alguma coisa como "amanhã vamos em outra boate, porque a de hoje não foi legal". O porteiro nunca entendeu como aqueles três rapazes tinham dinheiro e ânimo para passar a vida na farra.

Paulo, meu primeiro mestre

Em uma madrugada, surpreendi-me ao revisar uma reportagem sobre o primeiro clube de paraquedistas, que havia surgido em São Paulo, no Campo de Marte. O repórter descrevia magistralmente as emoções de um primeiro salto: o rápido mergulho no vazio, o frio na barriga, o estrondo e o tranco da abertura do paraquedas, o barulho do avião se afastando e a descida suave e silenciosa. Tudo era perfeito, naquele texto de frases curtas, diretas e cadenciadas.

No dia seguinte, ao almoçar no restaurante do sétimo andar do prédio de *A Gazeta* (o Roof, que já havia sido uma das boates mais badaladas da cidade), Osny apresentou-me ao autor da reportagem, Paulo Roberto Cardoso Gomes. Poeta, bom violonista, praticante de alpinismo e pesca submarina, Paulo tinha um excelente papo e enorme capacidade para fazer amizades. Contou-me que, para fazer a reportagem, acompanhou com muita atenção o curso dado no clube. Depois foi acompanhar o salto de uma turma de alunos. Sem que o instrutor percebesse, vestiu um paraquedas e saltou também. Graças a essa imprudência, conseguiu descrever, com precisão, os pormenores e emoções de um primeiro salto. Não contou sua aventura na reportagem, para que o clube não corresse o risco de ser fechado pelas autoridades aeronáuticas.

Comentei que meu trabalho na revisão estava muito longe dessas emoções e Paulo Roberto me disse: "Para se livrar da monotonia da revisão e ser plenamente jornalista, você precisa aprender a escrever notícias".

"Mas como poderei fazer isso, se nem posso fazer vestibular para a faculdade de jornalismo, porque não tenho diploma do curso colegial?" - perguntei.

Paulo respondeu: "Faculdades não ensinam escrever notícias. Isso a gente aprende escrevendo notícias". E fez sua proposta para me ajudar. Como eu não tinha ocupação durante o dia (já havia fugido da escola sem prestar o exame de segunda época de Química Orgânica, no último ano do curso técnico) poderia acompanhá-lo em suas reportagens. Também faria minhas observações, perguntas e anotações. Depois, cada um de nós escreveria seu texto e Paulo faria correções no meu.

Aceitei a proposta e, de maneira prática, com lições diárias bem reais e objetivas, comecei a aprender o ofício de escrever notícias. Um ano depois, Alberto Prado deixou seu cargo de copidesque para trabalhar como repórter de *O Estado de S. Paulo*. Paulo Roberto me indicou para a vaga. Fui aceito e passei a ter dois cargos em *A Gazeta*, "copi" das 19h à meia-noite, e revisor da meia-noite às cinco.

Império em decadência

A Gazeta foi o jornal de maior circulação em São Paulo. Iniciou sua decadência após a morte de seu dinâmico diretor-proprietário, Cásper Líbero, aos 54 anos, em agosto de 1943, em um acidente aéreo no Rio de Janeiro. Solteiro e sem herdeiros, Cásper legou seu império jornalístico - *A Gazeta*, *Gazeta Esportiva* e *Rádio Gazeta* – a uma fundação, que administrou muito mal o seu legado. Endividou-se enormemente com a construção de um espigão, na Av. Paulista, 900, com a compra de uma moderníssima impressora em cores para fazer uma revista que nunca circulou - e não tratou de fazer *A Gazeta* acompanhar a evolução da sociedade e as preferências dos leitores. Resultado: o avançado jornal de Cásper Líbero ficou muito conservador no conteúdo e na forma. Seu quadro de redação era do tipo "muitos caciques e poucos índios". Tinha um secretário-geral, quatro secretários e oito subsecretários, além dos editores de diversas áreas. Copidesques e repórteres não eram mais de dez* e quem cuidava sozinho da edição de todo o jornal - menos a primeira e última páginas — era um dos oito subsecretários, o eficiente Lúcio Barbosa.

* Entre eles, estavam os repórteres de esportes Percival de Souza e Ruy Falcão.

"Enganação em mão dupla"

APRENDI MUITA COISA com Lúcio Barbosa. A principal é a de que "jornal é uma enganação em mão dupla" — como ele dizia e explicava: o jornalista tenta enganar o leitor passando a ideia de que o jornal está cheio de novidades, quando quase a totalidade do que está impresso são as mesmas notícias já publicadas, trocando apenas nomes, locais e datas, pois é sempre a mesma coisa: em um roubo, em um crime passional ou em um acidente, tudo se repete, sem diferenças substanciais. Por outro lado, o leitor engana o jornalista, fazendo pensar que o jornal foi comprado para ser inteiramente lido, quando na verdade, ele o comprou para ver o resultado dos jogos de futebol e para embrulhar lixo.

Se as notícias são iguais - concluía Lúcio - é preciso que a forma delas seja sempre diferente. Aí está a importância da originalidade do texto. Ele não pode repetir expressões comuns; não pode ter a mesma estrutura. "Se o conteúdo não tem novidade, é preciso que a forma tenha" — sentenciava Lúcio, cada vez que recusava um texto sem originalidade.

Precariedade

As lições de Lúcio Barbosa surtiam pouco efeito na melhoria de qualidade de *A Gazeta* porque ela já estava em tal situação de precariedade e desorganização que qualquer esforço individual era inútil.

O sociólogo Alfredo Rabaçal, datilógrafo muito rápido, era o plantonista da redação durante as madrugadas. Na prática, sua função era comprar exemplares da *Folha de S. Paulo* e de *O Estado de S. Paulo*, que rodavam pouco depois da meia-noite e verificar se eles tinham alguma notícia importante que a próxima edição de *A Gazeta* não dispunha. Aí, tinha de resumí-las e deixá-las para quem vinha fechar a edição. Rabaçal trabalhava bastante, pois *A Gazeta* já havia fechado suas sucursais no Rio e em Brasília.

Em uma madrugada fui à redação e encontrei Rabaçal copiando um discurso, sem mudar uma vírgula. Perguntei: "Por que você não recorta este texto e cola em uma lauda para mandar para a oficina, como volta e meia acontece?" "Não posso" - ele me respondeu - "porque do outro lado está um decreto mais longo, que teremos de dar na íntegra" Resumo: Não havia dinheiro para comprar dois exemplares do mesmo jornal a ser copiado.

A precariedade não era só de dinheiro. Uma manhã, o secretário-geral e um secretário chegaram para fechar a edição, depois de passar a noite, como de hábito, bebendo no bar do hotel em frente, o Alvear. Viram que a *Folha* e *O Estado* traziam na capa a primeira foto da face oculta da Lua, tirada por uma sonda espacial da Nasa. Isso *A Gazeta* não tinha porque seu operador de radiofoto havia dormido na hora em que as agências internacionais passaram a grande novidade, que era apenas um quadrado negro, com parte de um círculo branco e a palavra "top" por cima. *A Gazeta* não poderia sair sem essa foto histórica. Então, decidiram copiá-la de *O Estado*, que tinha melhor impressão. Na hora de colocar o clichê - péssimo, porque estampava retícula sobre retícula — na matriz de chumbo, o secretário comentou: "Se colocarmos na mesma posição, vai ficar evidente que nós copiamos do *O Estadão*". Aí para disfarçar, tomaram a decisão de publicar a foto de cabeça para baixo, apesar de a palavra "top" indicar a posição correta em que ela foi publicada em jornais de todo o mundo.

Jornal de velhos

Sem assinantes e vendido somente em bancas, *A Gazeta* era reconhecidamente um jornal de velhos. Havia uma piada que definia essa situação: dizia que, antes de imprimir o jornal, o operador da rotativa tirava uma prova da seção de falecimentos; contava quantas pessoas haviam morrido com mais de 70 anos e decidia quantos exemplares a menos ele iria rodar naquele dia.

Esse humor negro parece que virou verdade. Em junho de 1968, uma edição vendeu pouco mais de trezentos exemplares. O grande jornal de Cásper Líbero estava em seus estertores. Com dois empregos na *Gazeta*, eu ganhava muito bem, mas não recebia. Os salários atrasavam meses e os funcionários viviam de "vales". Eu saia da revisão às cinco da madrugada e às sete tinha de estar na fila do caixa para receber um vale que daria para comer por um ou dois dias. Não aguentava mais aquela loucura.

Aí, com mais de três meses de salário atrasado, entrei com pedido de rescisão do contrato de trabalho por falta de pagamento e fiquei desempregado.

...eleg
...que a
...ois de re-
...stalação de
...interior cola-
...ente para o in-
...urismo no Estado.

...rasília

...a defendeu no Congresso
...rismo a necessidade de in-
...ação da publicidade e da di-
...lgação do Brasil, como um to-
do, no Exterior, tecnica que os
países mais desenvolvidos no se-
tor de turismo consideram como
a mais eficaz. Assim, o Departa-
mento de Turismo de Brasília
considera extremamente impor-
tante, "nas regiões prioritarias
para a exploração turistica, como
uma nova industria, a implanta-
ção de uma infra-estrutura basica
com destaque para a construção
de hotéis de padrão internacional,
de estradas e de aeroportos ade-
quados, além de concessões da
facilidades a grupos de turistas
que se encontrem em transito.

...o
...mais
...nais dire-
...Turismo
...chefiou a
...ado no Con-
...de São Paulo.
...realizadas nos
...elo governo do Es-
...ncentivar o turismo,
...principais foi a recupe-
...iluminação da Gruta de
...né, construção do "Circuito
...Águas" — rodovia asfaltada
...ue interliga as principais estan-

po...
Poder...
duais e...
programa...
namização...
dustria de ba...
torio nacional; ...
ses projetos e pro...
ser levados em alta...
a avaliação imediata,
laboração dos tecnicos
selho Nacional de Geografi...
toda a potencialidade turis...
brasileira; a projeção e aprove...
tamento de areas pioneiras que
devam ser estimuladas como tai...
xas de inversões para futuras
compensações, no tempo, tais co-
mo a criação de novos Parque...
estancias balnearias hidromine...
rais e climaticas, safaris e sitio...
de antigas civilizações da cana-
de-açucar, do fumo, do gado,
mineração, do café etc.; 4
Ministerio Extraordinario
Assuntos do Turismo

Manaus dá po...
...as atrai p...

qualidade dos pratos
dimento aos fregu...
to, um ou outro
co, na perife...
rece para
...ão — al...

CAPÍTULO 2

TEMPOS EM MANAUS

A sorte de um freelancer mal pago

SEM SERVIÇO E sem possibilidades de achar vaga em jornal (o Grupo Folha havia comprado *Notícias Populares* e demitiu um punhado de profissionais muito mais experientes que eu) só consegui um trabalho de freelancer para a revista *Mundo Econômico*, uma das primeiras publicações brasileiras especializadas em economia.

A revista era da Cooperativa Agrícola de Cotia. Tinha surgido como um boletim para os cooperados sobre mercados de hortifrúti. Cresceu e virou uma boa revista de economia. O diretor de redação era o Roberto Müller (depois um dos diretores da TV Bandeirantes); o chefe de reportagem era Klaus Kleber. Eles queriam uma reportagem sobre a Zona Franca de Manaus, que estava começando. Foi criada em fevereiro de 1967. A pauta dizia: "ver a situação da Zona Franca em Manaus e municípios vizinhos". Mal sabiam que o município mais próximo – Manacapuru - estava a mais de 80 quilômetros, do outro lado do Rio Negro.

A verba total para o freelancer não dava nem para pagar a passagem de ida e volta de avião, muito menos as despesas de restaurante, hospedagem, etc. Mas, desde a infância, eu tinha uma fascinação muito grande pela Amazônia, na época chamada por um misterioso e terrível apelido: "Inferno Verde". Resolvi topar a parada disposto a gastar os salários atrasados que recebi na Justiça do Trabalho. Peguei um ônibus de São Paulo para Brasília e, de lá, um DC6 da Vasp para Manaus, só com a passagem de ida.

Era junho de 1968. Fazia doze graus em Brasília. Embarquei vestido de japona, cachecol e calça de lã. Ao chegar, quando o avião abriu a porta, entrou um bafo quente, com um cheiro de querosene. Pensei que vinha das turbinas de um Caravelle que manobrava na pista. Estava enganado. Aquilo era Manaus. Calor insuportável e ar muito úmido davam aquela sensação de asfixia que a gente sente quando fica muito tempo em uma sauna a vapor. Horrível. Se naquele dia eu tivesse um avião para voltar, não teria saído do aeroporto. Como não tinha, acabei ficando lá dois anos e meio.

Tive grande dificuldade para encontrar informações. Nada parecido com São Paulo, onde qualquer repórter encontrava dados confiáveis no Governo do Estado, na Federação das Indústrias e em outras entidades patronais ou de trabalhadores. Em Manaus, não tinha nada disso. Era tudo na base do "acho que é". Por exemplo, para levantar informações do que estava sendo importado, tive de ir de loja em loja, ou pelo menos às maiores, para ter uma ideia. O resultado foi que eu esperava fazer esta matéria em dois ou três dias e acabei gastando duas semanas. Fiquei sem o dinheiro para a passagem de volta.

Aí, tomando um chope no Bar Central, na Avenida Eduardo Ribeiro, encontrei o oficial de máquinas do navio Mosqueiro da linha Libras, que estava para descer o Amazonas carregando látex para Houston, nos Estados Unidos. Perguntei ao oficial se poderia me dar uma carona até a escala em Belém, de onde tomaria caronas de caminhão até São Paulo e aproveitaria para escrever outra reportagem sobre a rodovia Belém-Brasília. Muito gentil, o oficial disse que seria um prazer dar a carona. Fui com ele até o porto, conheci o navio e o comandante que anunciou o levantar âncoras para a tarde do dia seguinte.

Tinha menos de 24 horas para escrever a reportagem e despachá-la para a *Mundo Econômico*. Saindo do porto, fui procurar um lugar que tivesse uma máquina de escrever. Tentei uma loja em que o gerente havia me dado informações para a reportagem. Ele disse que lá não podia me atender, porque durante o dia o pessoal usava as máquinas de escrever e à noite, a loja estaria fechada, mas prometeu me levar ao jornal *A Crítica* e me apresentar a um amigo dele que trabalhava lá. Fui e ele me apresentou ao jovem Domingos Demasi que era o chefe de redação. Lá pelas vinte e duas horas, o Demasi fechou a edição e me deixou lá, datilografando a matéria.

Na hora que eu entrei na redação — uma sala de uns 5x3 metros, toda envidraçada com ar condicionado — passei por uma varandinha no fundo do prédio, onde quatro pessoas estavam jogando dominó, entretenimento muito popular na Manaus que ainda não tinha televisão. Entre essas pessoas, havia um senhor gordo com pintas no rosto que, ao encerrar o jogo, mais de uma hora após minha chegada, veio me perguntar o que eu estava fazendo sozinho na redação. Disse que estava escrevendo uma reportagem para revista *Mundo Econômico* de São Paulo. Ele me perguntou se eu era jornalista.

— "Sou", respondi. E ele perguntou o que eu achava de *A Crítica*. Surpreso, pois não tinha nem reparado nos exemplares do jornal pendurados em um cavalete, respondi apenas: "Bonzinho".

— "Bonzinho, por quê? O que está faltando no jornal?" Aí, peguei um exemplar e disse a ele que tinha algumas coisas que eu não achava certas, como, por exemplo, a manchete que estava abaixo da linha de dobra e não seria vista na banca e as fotos, também.

Lembro-me que a manchete tratava da Primavera de Praga, aquela resistência heroica do Alexander Dubcek, primeiro-ministro da Tchecoslováquia, que estava tentando livrar o país da opressão exercida por Moscou. Disse que notícia de tão longe não era de grande interesse para a população de Manaus, e que a manchete deveria tratar de algum assunto amazonense. Fiz um monte de críticas elementares, tudo que poderia ser feito por um foca de 24 anos e três de profissão. O senhor gordo me ouviu atentamente. Depois, me disse que se chamava Umberto Calderaro e era o dono do jornal.

Falou com entusiasmo do crescimento que Manaus estava tendo com a implantação da Zona Franca e disse que seu jornal tinha de estar à frente desse desenvolvimento. Disse que havia comprado uma rotativa e estava querendo reformular *A Crítica* inteiramente. Então, perguntou se eu gostaria de colocar no papel as minhas observações para melhorar o jornal. Respondi que não ia dar, porque no dia seguinte eu pegaria o navio para Belém.

Ele me perguntou por que eu estava indo de carona para Belém. Contei que meu dinheiro havia acabado e ele respondeu:

— "Não se preocupe com isso, eu pago o seu trabalho, pago hotel e suas despesas por aqui. Pode ficar mais uma semana para avaliar o jornal e, depois, arranjo para você uma passagem de avião para São Paulo.*"

Pensei: agora melhorou muito. Tinha passado duas semanas em Manaus sem ver nada fora da cidade, e essa seria a oportunidade de ficar mais um tempo para ver a selva de perto e fazer algum passeio pelos rios Negro e Amazonas. Topei a parada.

Mandei a reportagem no dia seguinte nas mãos de um passageiro do Caravelle da Cruzeiro**, que saia logo cedo para São Paulo.

Aí, — que beleza! — comecei meu turismo por Manaus. Passava o dia passeando*** e à noite, observava a redação e a oficina, enquanto fazia anotações para o relatório, propondo as mudanças do jornal.

Depois de uma semana, eu fiz um relatório de umas oito laudas de sugestões, que iam da diagramação às pautas de reportagens e enfoques que o jornal precisava ter para melhor mostrar a vida da cidade.****

---

* A passagem seria da companhia Paraense, que anunciava no jornal e não pagava as contas. Assim, Calderaro distribuía passagens da Paraense aos amigos como forma de receber alguma coisa da empresa, que veio a falir pouco tempo depois.

** Despachar matérias nas mãos de passageiros era a maneira mais eficiente de fazê-las chegar às redações. Na época, os serviços do Correio eram precaríssimos. Quando a correspondência não se perdia no caminho, levava de quinze a vinte dias para ir de Manaus a São Paulo.

*** Para os passeios, usei os barcos chamados de **recreio**, que são como ônibus circulares.Vão entrando em lagos e igarapés. Levam gente, levam carga, é o leva e traz daquela região toda. Rodei por lá tudo e vi coisas maravilhosas, como os lagos Januacá e Poraquequara.

**** As sugestões eram óbvias, mas necessárias, porque era mais fácil fazer o jornal com notícias do exterior, do que locais. Os teletipos das agências internacionais (AP e UPI) ficavam batendo notícias o dia inteiro. As mesmas agências mandavam radiofotos do mundo inteiro. Era só juntar umas às outras baixar e para oficina. Para produzir mais notícias locais, seria necessário mais repórteres, ou seja mais despesas que *A Crítica* não pretendia ter, já que - mesmo sem um bom noticiário local – ainda era muito melhor que seus concorrentes.

Entreguei as sugestões e Calderaro disse para eu voltar à tarde que ele ia ver o meu relatório e providenciar a passagem. Quando voltei à tarde, ele me convidou para dar uma volta de automóvel. Foi me mostrar um galpão de uns 150 m² onde estava a rotativa que ele havia comprado. Não era uma máquina, como eu esperava, eram milhares de peças velhas e empoeiradas que se espalhavam pelo chão: rolos, engrenagens, suportes, motores e equipamentos elétricos. Soube depois que aqueles pedaços estavam ali há meses, porque ninguém sabia como montar a rotativa. No meio de toda aquela bagunça, Calderaro me perguntou se eu não queria ficar em Manaus, para implantar o meu plano de reformulação de *A Crítica*.

O convite era um desafio irrecusável, para quem estava dando os primeiros passos na profissão e tinha a oportunidade de chefiar a redação de um diário. E não era um jornaleco qualquer. Embora pequeno (tinha oito páginas e circulação de 5000 a 8000 exemplares) era — e ainda é — o jornal mais importante do Amazonas. Eu não teria uma outra oportunidade assim em nenhum outro lugar. Na hora, aceitei o convite e pedi duas semanas para assumir o cargo, pois teria de voltar a São Paulo para acertar algumas questões.

Antes disso, encontrei-me ainda em Manaus, com o Antonio Alberto Prado, meu antigo colega de *A Gazeta*. Ele estava cobrindo para *O Estadão* uma visita do presidente Costa e Silva. Disse a ele que eu iria morar em Manaus, para chefiar a redação de *A Crítica*. Prado achou que seria uma loucura e, para amenizá-la, sugeriu que ficasse, também, com o trabalho de correspondente do *O Estadão*, que estava vago. “Não ganha muito, mas, pelo menos, você não perde o contato com a imprensa de São Paulo” - justificou e acrescentou que pedisse o cargo ao Raul Martins Bastos, que era o chefe dos correspondentes: “Pode falar para ele que eu o indiquei”.

Foram dezessete horas de viagem, no pequeno hirondelle da Paraense. Saí de Manaus às cinco horas e fiz escala em Santarém, Belém, São Luiz, Imperatriz, Brasília, Goiânia e Rio de Janeiro, antes de chegar a São Paulo.

Na primeira escala, lembrei-me que não tinha comprado qualquer presente para Aninha, a minha namorada. No aeroporto de Santarém, algumas lojinhas vendiam jacarés empalhados (naquela época era livre a caça de jacaré). Comprei dois jacarés filhotes, que deviam ter uns cinquenta centímetros de comprimento, um para dar para o meu pai e outro para minha namorada.

Cheguei a São Paulo por volta das vinte e duas horas e fui para Taubaté. Lá pelas duas da madrugada, bati na janela do quarto da Aninha. Ela acordou meio assustada e eu lhe dei o jacaré e perguntei se ela queria casar-se e morar comigo em Manaus. Ela topou na hora.

Tentando editar *A Crítica*

NO POUCO TEMPO que fiquei entre Pinda e São Paulo — para ficar noivo e convencer minha família e a da Aninha de que ir para Manaus não era uma loucura total - fui ao *Estadão* falar com o Raul Bastos. Na portaria da redação, preenchi uma fichinha com o meu nome e o assunto que eu falaria com o Raul: "pedido do cargo de correspondente em Manaus. Indicado pelo Alberto Prado". Um contínuo foi levar a fichinha ao Raul e logo em seguida voltou com uma resposta seca: "Ele não vai atender o senhor". Não disse mais nada, nem eu perguntei. Fui embora.

Mais de meia-noite, encontrei-me com meu amigo Paulo Roberto Cardoso Gomes, que agora trabalhava no *O Estadão* e que me hospedou em sua casa. Paulo foi direto ao assunto: "Você se desentendeu com o Pradão?" Neguei e Paulo continuou: "Eu estava ao lado da mesa do Raul, quando ele recebeu sua ficha e disse não vou atender esse cara. O Prado já me avisou que ele é picareta!".

Não entendi. Tivemos de esperar o dia seguinte, para o Pradão voltar de uma viagem e esclarecer o mal-entendido. Logo que chegou a Manaus, ele precisou do favor de uma determinada pessoa, que lhe pediu o cargo de correspondente do *Estadão*. Pradão não gostou da pessoa, mas - para não ser indelicado - concordou com seu pedido, mas logo avisou ao Raul que o pretendente a correspondente "era um picareta". Depois, esqueceu-se de avisar que indicava outra pessoa. Ganhei o cargo.

Aproveite meus dias em São Paulo para também fazer um rápido curso de diagramação, como meu antigo colega, Flavio Ferraz, o Zorba, da *Gazeta*. Voltei para Manaus certo de que poderia fazer a reforma gráfica que *A Crítica* estava precisando.

Perguntei ao Costa Novo, o chefe da oficina, se o pessoal dele sabia ler um diagrama e a resposta foi positiva. "Ótimo, não vou ter muitos problemas", pensei, ao pegar o catálogo de tipos disponível na redação, escolher os mais bonitos e começar a diagramar a minha primeira edição do jornal. Padronizei os títulos (que antes pareciam um mostruário de tipos) e fiz, com o máximo de atenção, os cálculos das composições em colunas, para evitar grandes buracos ou estouros. Fui baixando para a oficina os maços de originais com os respectivos diagramas de cada uma das oito páginas. Primeiro, da internas e por último, a da primeira página.

Já era tarde, quando deixei a redação e fui dormir em uma cama de armar no escritório de um advogado, amigo do dono do jornal, que por alguns meses, foi a minha "residência" (não havia casas para alugar no centro de Manaus, porque quase toda haviam virado lojinhas da Zona Franca e eu não poderia morar em algum bairro porque dependeria de ônibus que paravam de circular antes do fechamento de *A Crítica*.

No dia seguinte, encontrei *A Crítica*, exposta na calçada do prédio onde eu morava (na época, Manaus não tinha bancas de jornais) Não tinha nada a ver com o jornal que eu havia editado. Não a reconheceria se o seu título, em azul, não estivesse impresso no cabeçalho. Tudo era diferente. A começar da manchete, que seria "Delfim aprova..." e lá estava escrito "O ministro Delfim Neto aprovou ontem...", em letras bem menores, mais desgastadas e mais feias.

Fiquei frustrado e furioso, mas contive minha indignação ao perguntar ao Costa Novo o que havia acontecido, pois tudo havia saído muito diferente daquilo que eu diagramara. "Pudera!" – respondeu-me o chefe da oficina: "Você escolheu os melhores tipos para fazer as páginas internas. Quando chegou a vez da primeira, só haviam os piores. Além disso, mandou fazer todas as composições em corpo 8 ou 10. A oficina tem cinco linotipos. Duas compõem em corpo 8, as outras em 7, 10 e 12. Se fôssemos obedecer a sua marcação, duas máquinas ficariam sem trabalhar e não daria para fazer o jornal".

Aí foi que descobri como se fazia *A Crítica*, antes de eu aparecer por lá. O chefe da redação, baixava as matérias para a oficina, estabelecendo a importância delas com as letras A, B, C etc. Ai, o chefe da oficina procurava montar as páginas, obedecendo esta ordem e as disponibilidades tipográficas. A questão de estética que ficasse de lado. Na prática, era ele quem determinava como o jornal iria sair, não o chefe da redação. Vi que meus problemas seriam bem maiores do que imaginara, mas resolvi enfrentá-los.

Passei a levar pessoalmente as matérias para a oficina e negociar a edição delas com os gráficos. Não era uma negociação fácil pois, conforme percebi, eles não estavam dispostos a abrir mão da função de determinar o formato do jornal, especialmente, para o único não-amazonense, que trabalhava por lá, um rapazinho que veio de São Paulo com vontade de fazer tudo diferente. Minha dificuldade maior era com o tituleiro, que chamavam de Capiau. Ele nunca aceitava minha recomendação para fazer um título em um determinado tipo. Sempre dizia "não dá". E eu sabia que dava, mas não tinha como provar.

Então achei que, para chefiar gráficos, eu precisava aprender a profissão. Foi o que fiz, secretamente. À noite, observava com atenção como se faziam os títulos, catando tipos nas caixas de madeira, onde a ordem das letras era própria, diferente do a,b,c,d, ou do teclado de máquina de escrever. E, para complicar haviam duas espécies de caixas, a alemã e a americana, cada qual com sua própria ordem.

De manhã, quando a oficina estava fechada, eu ia até lá e ficava me exercitando nas técnicas de composição. Identificando o lugar de cada letra, nas diferentes caixas e agrupando as letras em um suporte metálico, chamado componedor. Após muito treino, uma noite disse ao Capiau: "Faça este título em corpo 48". Como sempre, ele respondeu "não dá" e abriu a caixa do 36. Contestei com firmeza: "Dá!". Peguei o componedor das mãos do Capiau e, com naturalidade de gráfico experiente, compus o título em corpo 48. A partir daí, Capiau e seus colegas passaram a ter mais respeito por mim. Capiau chegou a comentar, em uma hora de folga: " Esse Luiz é um paulista, mas é um paulista pai d'égua!"* . Foi o maior e mais comovente elogio que recebi naqueles meus tempos em *A Crítica*.

* pai d´égua – expressão muito usada na Amazônia para designar uma pessoa extraordinária.

A boa safra de más notícias

MÁS NOTÍCIAS SÃO boas notícias, especialmente para repórter novato, que precisa de boas oportunidades para produzir matérias de destaque que o tornarão menos desconhecido. Sob este ponto de vista, Manaus, para mim, foi um filão de ouro, que mesmo mal garimpado, me deu condições de logo apresentar um bom serviço, como correspondente do *O Estadão*. Mal havia assumido este trabalho, e um hidroavião Catalina, da Cruzeiro do Sul, espatifou-se e afundou depois de chocar-se com um tronco de árvore boiando, quando tentava descer em Boca do Acre. Morreram todos os passageiros, inclusive o deputado Danilo Correia de Aguiar, líder do Governo na Assembleia Legislativa do Amazonas*.

Fazia poucos meses que estava como correspondente e a Expedição do Padre Calleri foi massacrada pelos índios waimiris-atroaris, quando procurava afastá-los da rota da BR-174, a Manaus-Boa Vista. Do desaparecimento da expedição, até o encontro e sepultamento dos corpos, foram uns quinze dias de notícias de manchetes. Para fazer esta cobertura, o *Jornal da Tarde* mandou para Manaus o repórter Waldir Sanches, o fotógrafo Ivo Barreti e o operador de rádio e radiofoto Alaor Martins. A cobertura para o *O Estadão* ficou por minha conta.

Pouco depois, tive a oportunidade de produzir minha primeira matéria de repercussão internacional: uma frustrada revolução separatista em Lethem, no Sul da Guiana, que obrigou

---

* Por telegrama, mandei esta notícia, menos de uma hora após o acidente. Logo após recebi outro telegrama do *Estadão*: "Vá ao local e, até o fim da tarde, envie completa cobertura do resgate do avião e dos corpos." Respondi de maneira bem sintética "Dá uma olhadinha no mapa". Quem me passara a ordem certamente não sabia que Boca do Acre fica a 1.200 km de Manaus e só se chegava lá por uma viagem de uns 20 dias de barco, ou pelo Catalina. A Cruzeiro do Sul só tinha dois aviões deste tipo: um acidentou-se e o outro foi prestar socorros. Portanto não havia como ir até lá. Mas consegui fazer uma boa cobertura dos resgates, graças a informações prestadas pela agência da Companhia aérea em Manaus.

os revolucionários — a maioria, ricos fazendeiros — a cruzarem a pé o Rio Tacutu, que faz a fronteira entre essa cidade e Bonfim, em Roraima, apenas com a roupa do corpo, sem dinheiro, sem lenços e sem documentos. Foram imediatamente presos pelo Exército Brasileiro e levados para Manaus. Dias depois, foram soltos e me deram uma excelente entrevista, contando seus planos de anexar a pretendida República do Rupununi, ao Brasil ou, mais provavelmente, à Venezuela, para se livrar da ameaça de expropriação de suas terras pelo regime socialista do primeiro-ministro Forbes Bhurman. Meu texto e fotos foram cedidos pelo *Estadão* às agências internacionais e publicados mundo afora, inclusive no The New York Times. Como não pretendia emprego no exterior, o mais importante foi a publicação da minha primeira reportagem na capa do *Estadão*, que - naquela época - só estampava notícias internacionais em sua primeira página.

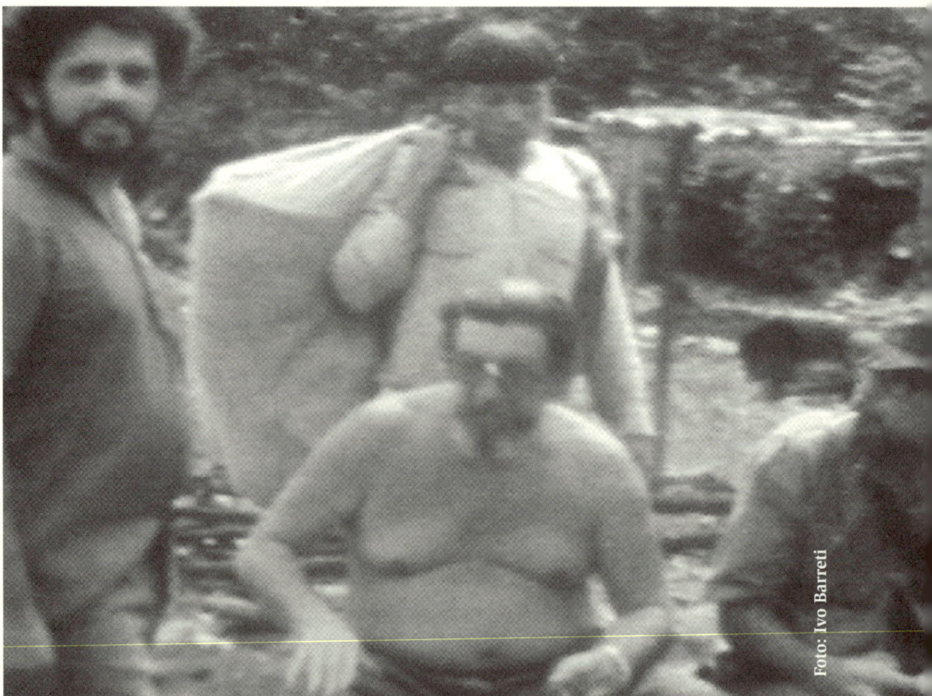

Luíz Salgado com Orlando e Cláudio, na aldeia dos kranhacârores

Para completar minha boa safra de más notícias, seguiu-se uma série de sequestros de jatos, desviados de Manaus para Havana. Nesses episódios, tive a sorte de conseguir diversas informações exclusivas, inclusive pormenorizadas entrevistas com comandantes e passageiros, no regresso de Cuba.

Ao fazer estas e outras matérias que obtiveram bons destaques, sentia que, com minha ida para a remota e isolada Manaus, eu estava encurtando caminho para o lugar de repórter do *Estadão*, cargo que era meu sonho, desde os tempos de revisor de *A Gazeta*. Motivo simples: Se, inexperiente como era, tivesse entrado na reportagem de um grande jornal, iria demorar muito para me confiarem a pauta de alguma notícia importante, sempre reservada àqueles mais tarimbados. Sozinho em Manaus, não tinha de enfrentar este problema, pois tudo que houvesse para fazer tinha de ser comigo mesmo.

A necessidade de ser sintético

Logo que fui designado correspondente em Manaus, foi pedida minha credencial ao Departamento de Correios e Telégrafos, para que eu pudesse passar telegramas a cobrar para *O Estado*. Mas, a burocracia do DCT era tão lenta, que só recebi essa credencial dois anos depois, quando não era mais necessária, porque Manaus já dispunha de cabine pública de telex.

Até lá, tive de desenvolver ao máximo minha capacidade de escrever textos sintéticos, porque precisava preencher formulários sem rasuras e pagar o telegrama, no guichê, com o dinheiro que tivesse no bolso. Como estava sempre com pouco dinheiro, as notas urgentes tinham de ser extremamente sintéticas. As notícias mais longas e menos urgentes seguiam em mãos de passageiros de avião, com um pedido para ser entregues no balcão da Varig, em Congonhas.

A volúvel opinião pública

Uma noite, nos meus primeiros meses em Manaus, já estávamos concluindo uma edição de *A Crítica*, quando um rapaz abriu a porta da redação e gritou: "O pai do engraxate deu dois tiros na cabeça do Azeredo". Não disse mais nada e todos que estavam na redação saíram correndo atrás do garoto. Fiquei só e não entendi o que estava acontecendo. Juntei os últimos originais da edição e desci com eles para a oficina.

Estava entregando os originais, quando falei da minha estranheza com o ocorrido na redação. Não tive mais a quem entregar os originais. Todos os gráficos saíram correndo e tive de ir atrás deles para descobrir o que acontecia. Fui fazendo perguntas enquanto corríamos no rumo da Avenida Eduardo Ribeiro, a principal de Manaus, que ficava a dois quarteirões de *A Crítica*. Lá, em frente a um restaurante popular havia uma enorme e fervilhante aglomeração de pessoas. Ouvindo umas e outras, consegui descobrir o motivo daquelas reações estranhas para mim. Quase um ano antes de eu chegar a Manaus foi encontrado na então remota e deserta praia da Ponta Negra o corpo de um menino de uns oito anos, estuprado e estrangulado. Era o engraxate, que fazia ponto justamente no restaurante da Eduardo Ribeiro, cujo dono foi imediatamente tido como suspeito de ter praticado o crime, porque já havia sido acusado de mortes semelhantes em anos anteriores, mas acabou sendo inocentado. A morte do pequeno engraxate reavivou suspeitas que alimentaram manchetes dos jornais por mais de um mês.

Na noite de todo aquele reboliço, seria aniversário do menino assassinado e, como presente para o filho, o pai dele resolveu matar o Azeredo. Comprou uma garrucha, calibre 22, de dois canos e foi ao restaurante do suspeito. Ele conversava com amigos e tomava café, no lado de fora do balcão.

"Agora eu vou te matar, seu filho da puta!" – gritou o pai do garoto, ao encostar os dois canos da garrucha no ouvido esquerdo de Azeredo e puxar os dois gatilhos de uma vez. Azeredo caiu no chão e foi imediatamente levado para o hospital da Santa Casa, a três quarteirões do local.

Chegou lá vivo, mas os médicos em plantão acharam que não havia o que fazer porque dois tiros no ouvido são morte certa. Aí, eu e os gráficos voltamos para *A Crítica*, para terminar a edição com aquela importante notícia. Calderaro, que morava em um apartamento sobre seu jornal, já havia sido avisado por um médico da sua intimidade, que estava em plantão na Santa Casa e garantiu que a morte de Azeredo era questão de mais alguns minutos.

A Crítica foi o jornal que maior cobertura tinha dado às investigações do assassinato do engraxate. Alimentou as suspeitas contra Azeredo noticiando, entre outras coisas, que a polícia havia encontrado, junto ao corpo do garoto, marcas de pneus iguais aos do Opala de Azeredo e que havia manchas, possivelmente de sangue, no estofamento do mesmo carro.

Confiante no que seu amigo médico lhe garantira, Calderaro queria dar a manchete PAI DO ENGRAXATE MATOU AZEREDO. Bati o pé contra. Argumentei que o homem ainda estava vivo e a notícia não podia antecipar sua morte. Calderaro concordou e demos a manchete PAI DO ENGRAXATE BALEOU AZEREDO, título muito mais fraco, porém verdadeiro.

A Crítica já estava rodando, quando fui tomar um lanche em um quiosque ao lado da catedral. Lá estava, quando ouvi um foguetório pipocar nos lados da Santa Casa. Fiquei sabendo que eram pessoas comemorando a morte de Azeredo. Pensei em voltar ao jornal para recolocar a manchete nos termos que o Calderaro queria, mas fui logo informado de que aquela euforia macabra era alarme falso. Azeredo sobreviveu por muito tempo aos dois tiros de garrucha. Aconteceu o seguinte: quando ele chegou ao hospital com o ouvido baleado, nenhum dos médicos veteranos quis cuidar dele porque seria um trabalho perdido. Só um novato, recém--formado que fazia residência no hospital, resolveu ver a gravidade do ferimento. Viu, então, que tinha acontecido um milagre: quando sentiu a garrucha encostar em seu ouvido, por instinto, Azeredo encolheu o pescoço. O gesto rápido abaixou os canos da arma e as balas foram se alojar uma no céu da boca e outra na articulação do maxilar. A cirurgia foi relativamente simples e Azeredo teve alta em poucos dias.

Salvou-se da morte, mas não das suspeitas de assassino, nem do ódio da população, o que só conseguiria depois. A tentativa de vingança do pai do menino reascendeu o caso do estupro e assassinato. O juiz Santa Cruz Machado reabriu o processo contra Azeredo, decretou sua prisão preventiva e o levou a júri popular. No dia do julgamento, a polícia teve de tomar medidas para evitar que o réu fosse agredido ou até linchado.

No tribunal superlotado, em um julgamento longo, sob um calor insuportável, apresentaram-se dois advogados de Azeredo, contratados em Belém, no Pará. Um grandalhão, gordo, suando às bicas, colarinho desabotoado e gritando a mais não poder, interpretava o drama teatral que sempre está presente nos tribunais do júri: murros na mesa, clamores de justiça para um pai exemplar, trabalhador, preso com criminosos, vítima de um processo sem sentido. Não queria apenas criar dúvidas sobre a culpabilidade, o que já seria suficiente para absolver o réu. Queria consagrá-lo como um santo. O outro advogado, miúdo, bem trajado, fala mansa, tratava de demolir as provas apontadas pela polícia contra o réu. Primeiro, comprovou que na cidade havia milhares de automóveis usando pneus exatamente iguais aos que deixaram marcas na praia junto ao corpo do menino. Da mesma forma, destruiu ou pôs em dúvida outras provas apontadas pela polícia. Terminou com um golpe de misericórdia: a polícia de Manaus mandou um pedaço do estofamento do carro de Azeredo para a polícia de Brasília analisar e dizer se a mancha era de sangue humano ou de boi, proveniente de alguma carne comprada pelo dono do carro para seu restaurante. Conclusão: não era sangue, era mancha de terra vermelha. Pronto! Uma polícia que fazia este tipo de confusão não tinha autoridade para apontar provas que pudessem condenar quem quer que fosse.

Resultado: pouco depois da meia-noite foi anunciada a decisão do júri. Por sete votos a zero o réu foi considerado inocente. Tumulto geral. Não de protestos contra a decisão dos jurados, mas de aclamação a Azeredo, que saiu do tribunal nos braços da mesma população, que meses antes chegara a soltar foguetes para comemorar o boato de sua morte. Para a opinião pública, nas catorze horas que durou seu julgamento, Azeredo passou de assassino vil a verdadeiro herói.

O baile

VAUPÉS (OU SÃO Gabriel da Cachoeira, nome santo e oficial, mas pouco usado), fica lá nos confins do Amazonas, dentro da cabeça de cachorro desenhada no mapa pela linha que marca as fronteiras do Brasil com a Colômbia e Venezuela. Cheguei lá em uma sexta-feira, dezembro de 1969. "Amanhã tem baile" — foi a primeira frase que ouvi, ao descer do avião, e continuei ouvindo das pessoas que encontrava pela cidade.

Na época, cidade era um termo um tanto exagerado para definir aquela suave elevação à beira do Rio Negro, coberta por um vasto gramado, onde se espalhavam — sem ruas ou alinhamentos — vinte e poucos casebres de pau a pique e apenas cinco construções de alvenaria: um sobrado dividido pela prefeitura e câmara; outro ocupado pelo fórum e a cadeia sem presos; a igreja, o seminário salesiano e a Santa Casa de Misericórdia, em cuja enfermaria vazia eu me "internei", na falta de hotel ou pensão em que pudesse dormir.

Fui lá para fazer uma reportagem a respeito dos índios macus, única tribo brasileira que conhece os segredos de como preparar o curare, mas só ouvia falar do grande acontecimento previsto para o dia seguinte.

— "Vem cabocla bonita de tudo quanto é barranca deste rio" — anunciava um barqueiro no boteco do porto.

— "E todas doidinhas pra quebrar o jejum" — acrescentava outro, lambendo os beiços de satisfação antecipada.

— "Quem vai tocar é o conjunto do Chico Porreta. Ele é pai d'égua" — informou o dono do boteco.

Na Santa Casa, Socorro, a enfermeira, uma morenaça, passada dos 40 — rematava um vestido vermelho bem decotado, enquanto fazia planos de varar a noite dançando com o cobiçado Zé Onofre.

Sábado, dia de feira, logo cedo começaram a chegar canoas, montarias e pequenos barcos a motor. Alguns de bem perto.

Outros, de trinta quilômetros — e até mais — rio abaixo ou acima. Vestindo calções e camisetas, os passageiros traziam roupas de festa, em sacos de algodão alvejado.

Ao entardecer, feitas as compras e acomodadas as cargas nas embarcações, visitantes e o povo do lugarejo começaram a se juntar no local preparado para o baile, um barracão de uns dez metros por vinte, coberto de folhas de coqueiro. O piso e paredes, que não chegavam ao teto, eram de tábuas largas e rústicas, muitas delas podres ou empenadas.

A improvisada pista de dança era a única área coberta, normalmente usada como entreposto de cargas. Mas, naquele sábado, tinha aspecto bem diferente. Ainda conservava o cheiro de mercadorias que guardara até o dia anterior, mas estava toda enfeitada com bandeirinhas de papel de seda e cercada de bancas e barraquinhas, onde se vendiam postas de peixe frito, cerveja, cachaça e aluá, um refrigerante fermentado feito de casca de abacaxi, que por lá é ananás.

Também tinham comidas típicas. Algumas de assustar sulistas. Como o tacacá, um mingau de tapioca, temperado com um molho extraído da mandioca brava, o jambu (erva que entorpece os lábios da gente), pimenta e camarão seco; tudo isso servido bem quente em cuias negras com desenhos nas bordas. Outras, mais leves e simpáticas, como a pupunha, um tipo de coquinho que se come cozido, tem polpa amarela e gosto de mandioca.

O lugar naturalmente lindo — pelo contraste das águas escuras do rio e as areias brancas das praias — ganhava encanto especial com o vermelho do pôr do sol, o vivo estampado dos vestidos das moças e, especialmente, pelo sorriso delas.

Quando anoiteceu, veio uma tempestade. O ambiente perdeu cores, mas ganhou agitação. A luz fraca das lamparinas e lampiões mal permitia identificar as pessoas. Porém, com os clarões dos relâmpagos, dava para ver que elas estavam alegres e fervilhantes. Falavam e riam cada vez mais alto.

Ainda sem música, a cachaça e a cerveja — já meio quente — garantiam aquela fervura, que não se arrefecia nem mesmo com a chuva pulverizada pela ventania ou caída das goteiras. Pelo contrário, o alarido cresceu quando o galpão encheu-se completamente com os vendedores de comidas e bebidas que vieram se abrigar sob a cobertura de palhas.

O conjunto somente apareceu uma hora depois, quando passou a primeira pancada do temporal. Era um trio de forró: sanfona, zabumba e triângulo. O sanfoneiro Chico Porreta - trinta e poucos anos, gorducho, cara vermelha, chapéu de cangaceiro - já chegou um tanto alto, o que dava para perceber pela sua voz meio pastosa. Mas, realmente era pai d'égua. Mostrando grande destreza, correu os dedos pelo teclado e botou fogo na festa com frenéticos baiões, xotes e xaxados. Socorro e Zé Onofre teriam passado a noite em um rodopio só, não fossem os intervalos que Chico fazia para tomar mais alguns goles. Os primeiros — ainda comedidos — em copos de papel. Depois, diretamente nas garrafas. Até aí, nenhum problema. A animação era cada vez maior.

Lá pela meia-noite a festa estava no auge. Ninguém mais se importava com os trovões e a chuva. Muito menos, com algumas notas a mais ou a menos no solo da sanfona. Os baixos bem cadenciados, a zabumba e o triângulo mantinham o ritmo agitado, excitante. Foi aí que soou um baque surdo, seguido de acorde estrondoso, longo e desengonçado, que fez todo mundo parar. Quem estava perto contou como foi: cambaleante, Chico abriu todo o fole e tombou sobre ele, dando com a cara no chão.

Bem que tentaram acordar o homem. Jogaram água fria em seu rosto, tentaram derramar por sua goela abaixo uma caneca de café amargo, que ele acabou babando. Parecia morto. Em meio às tentativas de reanimá-lo, veio a explicação para o seu apelido. Originalmente era Chico Porre. Depois, amigos e fãs acrescentaram uma sílaba à alcunha, com o intento de criar uma imagem positiva, que talvez o ajudasse a encontrar vida nova. Com o vexame daquela noite, o antigo apelido certamente voltaria, mas isso não era o que interessava no momento. O importante era o baile continuar.

Mas, como? Ninguém mais sabia tirar sons da sanfona ou qualquer outro instrumento. Somente zabumba e triângulo não fazem um forró. Por isso, enquanto alguns ajeitaram o sanfoneiro atrás de uma pilha de engradados de cerveja, para não correr o risco de ser pisado, outros partiram em busca de algo capaz de tocar música.

Rodaram as casas da vizinhança. Ninguém tinha vitrola ou toca-fitas, mas encontraram um rádio portátil grandalhão muito popular na época, o *transglobe*, com seis faixas de onda. Aí, no meio da estática causada pela trovoada, o trabalho foi encontrar música. Qualquer música. Samba, xaxado ou baião, nem pensar. Não havia emissoras fortes no Amazonas e as de outras regiões do país, mesmo com tempo bom, raramente tinham seus sinais captados por lá. Depois de muitas buscas, encontraram na última faixa de ondas curtas, uma emissora venezuelana, transmitindo salsas e merengues. Ótimo. O baile continuou.

Só havia um detalhe, nas ondas curtas há muita oscilação de frequências. Assim, constantemente sumiam os merengues e, no lugar deles, ouvia-se um sinal bem forte de telegrafia em código Morse. Mas, àquelas alturas — garrafas vazias e caras cheias — isso era pormenor completamente desprezível. O pessoal continuou dançando animado, como antes, no ritmo do pim-pim-pim.

Em um canto do salão, fiquei pensando: quem transmitia as mensagens jamais poderia imaginar o grande sucesso que estava fazendo. Não como telegrafista, mas como *bandleader*. Todos felizes — alguns apaixonados — os casais continuaram dançando até o amanhecer.

A primeira censura

Tarde da noite de 12 de dezembro de 1968. Estava fechando a edição com a notícia de que a Câmara dos Deputados negara licença para processar o deputado Márcio Moreira Alves e mais uma entrevista com o deputado federal Bernardo Cabral, comemorando a decisão da Câmara dos Deputados, dada no fim de semana anterior ao repórter Domingo Sávio. (Aliás, Domingo Sávio havia preparado dois textos da entrevista. Um, em que Cabral elogiava a decisão, para ser publicado no caso de negativa da licença, ou caso contrário, lamentando a decisão).

Ai, entrou na redação o major Mello, que eu conhecera como instrutor no Centro de Preparação de Oficiais da Reserva, em São Paulo e agora servia em Manaus, no Comando Militar da Amazônia. "Oi, Salgado, vim dar uma olhada no jornal que você está editando" – disse-me o major, que estava acompanhado de quatro homens, todos à paisana, mas armados. Sabia que era a censura chegando, ostensivamente, mas resolvi dar uma de desentendido: "Pode esperar uns minutos, que *A Crítica* já vai ser rodada"

"Você não entendeu. Vim censurar o jornal!" – disse-me o major em tom de ordem. "Não, com a minha permissão" – respondi. "Já censuramos os outros jornais, sem problemas e você quer criar caso?"- ele reagiu mais asperamente.

"Não. Está aí sobre a mesa o nosso telefone interno. Pode teclar o 2 e o senhor fala com o Calderaro. O que ele decidir, está decidido". O major aceitou a sugestão. Contou o caso ao dono do jornal e me passou o telefone. Calderaro me ordenou que não criasse problemas. Perguntou quais as notícias que tínhamos e disse que o major poderia ir à oficina, para cortar o que quisesse. Liguei para o chefe da oficina e disse: "está descendo aí o Major Mello. Ele tem autorização do Calderaro para cortar a notícia que quiser. Se precisar mexer em alguma página, vocês se viram. Eu estou indo para casa, porque não tenho mais nada a fazer. Quem manda, a partir de agora, é o major!". Ele cortou apenas a entrevista do Bernardo Cabral, que acabou sendo cassado dias depois.

Na manhã seguinte, soube que a edição de *O Estado de S. Paulo* havia sido apreendida por publicar o editorial "Instituições em frangalhos". À noite, tivemos notícia de que em represália à decisão da Câmara dos Deputados de negar licença para processar Marcio Moreira Alves, o marechal-presidente Arthur da Costa e Silva decretara o Ato Institucional Nº 5, que fechava o Congresso e endurecia a ditadura militar.

Dias depois, encontrei-me casualmente com o major Mello: "Oi, Salgado. Você teve sorte de eu conhecê-lo desde o CPOR e saber que você não é comunista. Se não fosse isso, você estaria preso. Não gostei nada da sua atitude!" – disse-me o major e ficou sem resposta.

"Telegramas em código"

Tive mais problemas com a repressão em *A Crítica*. No dia do sequestro do embaixador Charles Elbrik, dos Estados Unidos, estava acompanhando o caso pelo teletipo da agência *Associated Press*, cujos sinais chegavam por rádio em ondas curtas. Frequentemente, essas transmissões sofriam interferência e, no lugar de letras o aparelho imprimia algarismos e símbolos gráficos. Então, para decifrar os telegramas truncados, na tampa da minha máquina de escrever estava colado um papel com a correspondência entre letras e algarismos: 3=E, 4=R, etc.

Naquele dia, quase todo o noticiário da *AP* estava truncado e um agente da Polícia Federal apareceu por lá e achou aquela coisa muito suspeita. Para ele, os "telegramas em código" deveriam tratar de "assuntos subversivos". Tentei explicar o que acontecia, mas não adiantou. Como "prova do crime", o agente apreendeu alguns telegramas truncados e a tampa da minha máquina de escrever. E mais, me intimou a ir à delegacia prestar esclarecimentos ao seu chefe. Por sorte, o delegado era menos obtuso que seu subordinado. Achou aquela história uma bobagem e me dispensou, mas não me devolveu a tampa da máquina de escrever.

Uma rotativa histórica

A HISTÓRIA DA rotativa comprada pelo Calderaro era mais preciosa que ela. Foi fabricada em 1932, sob encomenda do *La Prensa*, de Buenos Aires, onde funcionou até os anos 50. Então, foi comprada por Samuel Weiner, para imprimir a *Última Hora de São Paulo*, que se alojava em um prédio sob o viaduto Santa Ifigênia. Em 1965, o jornal foi comprado pelo Grupo Folha e o prédio, desapropriado para a construção da estação São Bento, do Metrô. A velha rotativa – um monstrengo mecânico de uns três metros de altura e dez de comprimento – foi desmontada para ser vendida como sucata. Foi a preço de ferro velho que Calderaro a comprou. Só se deu conta do problema que tinha pela frente, quando aquele mundão de peças chegou a Manaus: como montar milhares de peças daquele trambolho?

Não havia manual ou catálogo da máquina, nem fotografia dela. As tentativas de encaixar uma peça na outra pareciam um enorme quebra-cabeças, sem qualquer possibilidade de conclusão.

Foi aí, que o Calderaro descobriu que havia uma máquina igual funcionando em *O Povo*, de Fortaleza. Foi até lá, conversou com a direção do jornal, "comprou o passe" do operador da rotativa e o trouxe para Manaus para montar a rotativa.

O nome do gráfico não poderia ser mais apropriado: Gutenberg. Tinha cinquenta e poucos anos, era gordo, vermelhão e um grande boêmio. Em Fortaleza, a família o mantinha em rédea curta. Quando se viu em Manaus — livre, solto e com um bom salário — caiu na gandaia. Após noites não dormidas, todos os dias ia ao barracão onde estavam as peças, levando fotografias da outra máquina. Tentava identificar as peças. Encaixava uma ou outra, mas não estava com pressa nenhuma. Passou uns seis meses nessa enrolação, até que o Calderaro deu uma dura em Gutenberg, Trouxe um outro gráfico cearense (Haroldo Caminha, que hoje é diretor industrial do Grupo Umberto Calderaro) e conseguiu ver montado o mastodonte. Era março de 1969.

Felicidade geral! *A Critica* já dispunha da "maior rotativa do norte do Brasil", como fazia questão de anunciar em todas as suas edições.

Ao me conceder dez dias de folga para meu casamento, em Taubaté, Calderaro comunicou-me: "Quando você voltar, nós faremos a inauguração da rotativa. Será em um domingo, às dezenove horas. Vamos fazer o seguinte: virá o governador (Danilo de Mattos Areosa). Ele vai cortar a fita. Tiramos uma foto dele, fazemos um clichê rapidinho e enquanto estiver sendo servido o coquetel da inauguração, a gente põe o jornal para rodar com a fotografia do governador inaugurando a máquina".

Pelo planejado, toda operação - desde o "click" da máquina fotográfica, até o acionamento da impressora, não deveria demorar mais que quarenta e cinco minutos. Antes disso, eu teria de fechar a edição de segunda-feira, até às dez horas de domingo. Normalmente, essa edição era fechada entre vinte e vinte e duas horas, mas Calderaro decidiu: "Domingo não vai acontecer nada: você fecha o jornal às dez horas que nos vamos ter tempo para ficar com tudo pronto, antes do governador chegar".

Quando voltei do casamento, os convites para a festa já estavam expedidos e o coquetel contratado. Tudo pronto. Só não havia tido treinamento algum do pessoal que iria operar os novos equipamentos.

Então, deu tudo errado. Ninguém acertava a fundição das telhas, nem o fresamento delas (ver glossário da imprensa antiga)

Na hora de fundi-las, o chumbo derretido espirrava para todo lado (por sorte, ninguém se queimou). Na fresa, comiam-se partes do que deveria ser impresso, abrindo-se buracos na composição dos blocos de notícias. Resumindo: o jornal que deveria rodar logo no começo da festa, só começou a sair da rotativa às dezesseis horas de segunda-feira.

Demorou mais de três meses para o jornal voltar a ser rodado entre quatro e cinco da manhã, como acontecia nos tempos da rotoplana. Dias e noites de muito trabalho. Recém-casado, eu chegava em casa lá pelas duas da madrugada, e oito e pouco da manhã já estava voltando ao jornal.

Felizmente, minha Aninha realmente sempre teve — e ainda tem — enorme paciência comigo. O Raul, também. Bastou um episódio para sentir o carinho que ele tinha por mim. Aos vinte e poucos anos, ele era considerado um dos jornalistas mais competentes da redação. Enérgico, raramente de bom humor, era muito severo na cobrança das pautas que fazia e distribuía diariamente para mais de cinquenta correspondentes..

Quando *A Crítica* trocou a rotoplana pela rotativa, além das complicações causadas pela mudança gráfica, o número de páginas subiu de oito para doze. Atolado no serviço de *A Crítica*, passei quase três meses sem cumprir as pautas do Raul. Elas chegavam em telegramas (naquela época Manaus não tinha telex e o telefone, só por milagre, fazia-se uma ligação para São Paulo) e iam se acumulando na gaveta. Há semanas, eu esperava um telegrama malcriado comunicando a minha dispensa das funções de correspondente. Aí, chegou um dizendo: "Temos saudades de suas boas matérias pt Raul/Estado". A bronca era tão elegante e carinhosa, que eu não tive outro jeito: deixei que algumas coisas se ardessem na *A Critica* e reassumi o trabalho de correspondente.

Invertendo letras

Mesmo com *A Crítica* voltando a rodar no horário normal, ainda tivemos muito trabalho para adaptar a rotativa às nossas necessidades. A começar por imprimir as doze páginas do jornal de uma vez só. No começo, ela rodava, antes, o segundo caderno de quatro páginas e, depois, o primeiro com oito. Isso complicava muito a operação porque, se de última hora, surgisse uma notícia extraordinária, haveria necessidade de rodar mais exemplares do primeiro caderno, que do segundo, que já estava impresso. Mesmo não sendo minha atribuição, estudei a rotativa e conclui que havia uma forma de rodar os dois cadernos juntos, com economia de trabalhos de fundição e fresa de telhas. Mas Gutenberg, o chefe da rotativa, não estava disposto a alterar seu sistema de impressão. Não queria nem ouvir a forma que eu sugeria. Então, consegui que o Calderaro desse férias ao Gutenberg e, com seu auxiliar, o Haroldo, fiz a alteração. Minha forma funcionou e continuou sendo usada, quando Gutenberg voltou das férias.

Continuamos tendo problemas com os tipos para as manchetes de primeiras páginas. Calderaro queria que elas fossem estampadas em letras bem maiores que as fundidas na *Ludrow*, a máquina que ele comprou para fundir os tipos usados nos outros títulos. Para tanto, trouxe dos Estados Unidos tipos de madeira com aproximadamente cinco centímetros de altura. Mas havia um porém: a fonte era para imprimir palavras em inglês, que não têm acentos e cedilhas. Além do mais, usam menos as letras "A" e "M". Aí, o problema passou a ser resolvido com marteladas dadas sobre o fran, antes dele ser secado para fundição da telha (ver glossário da imprensa antiga.) A falta do "A" era resolvida com um "V" de cabeça para baixo e uma martelada entre suas pernas. Também de cabeça para baixo, o "W" virava "M".

Que sufoco!

Eu tinha dez anos, quando meu pai ganhou o primeiro prêmio no concurso anual de conservação de solo do Vale do Paraíba. Para receber a taça, fez um churrasco no sítio, em um domingo.

Junto com o delegado regional da Agricultura, vieram um repórter e um fotógrafo da *Folha de S Paulo*. Pensei: "Esses dois só vieram comer churrasco e beber chope, porque, nunca papai vai aparecer na *Folha*". Segunda-feira, uma surpresa, lá estava papai, caneco na mão, todo sorridente, em uma foto que ocupava três colunas, no alto da primeira página do jornal. "Nossa! Que importância a *Folha* deu para este prêmio ao papai" - pensei.

Quatorze anos depois, eu estava editando *A Crítica*, em um domingo. Choveu e não havia acontecido coisa alguma na cidade. Nem jogo de futebol. Eu não tinha fotos, nem do exterior, porque a radiofoto não havia funcionado. Precisava de uma boa foto para a primeira página. Abri uma gaveta que guardava as sobras de fotos. Encontrei uma bonita, de uma garotinha brincando em uma poça d´água. Não tive dúvidas, coloquei-a bem ampliada no alto da primeira página, com uma legenda que escrevi na hora, falando do perigo de brincar em águas paradas.

A mãe da garotinha deve ter dito: "Que importância *A Crítica* deu à brincadeira da minha filha". E eu pensei: "Que sufoco estava o editor da *Folha* naquele dia em que papai saiu na primeira página!"

Briga com bons resultados

Uma madrugada, tive um sério atrito com um funcionário de *A Crítica*, que era antigo amigo do Calderaro. Caí na burrice de ir ao dono do jornal e dizer aquele clássico "ou ele ou eu". Talvez, Calderaro tivesse demitido o amigo de juventude, pela gravidade da agressão que ele me fez, mas nunca poderia tomar essa atitude por imposição minha. Decidiu mantê-lo e pedi demissão.

No dia seguinte, junto com as notícias que eu mandei por malote para *O Estado*, enviei um bilhete para o Raul, dizendo que estava deixando Manaus e perguntando se ele queria que procurasse outro correspondente. À noite, o Raul me ligou na redação. Fez-me uma proposta ótima: eu ficaria em Manaus, para cobrir toda a Amazônia Ocidental, de Santarém, no Pará, ao Acre e do norte de Mato Grosso a Roraima. Meu salário subiria de 330 para 1200 cruzeiros novos.

"Topo, eu fico!" - gritei bem alto, porque a ligação estava péssima. Um minuto depois, Calderaro me chamou ao seu gabinete, que ficava ao lado da redação: "Você disse que fica, então não preciso arranjar outro chefe de redação?" -perguntou-me.

"Não. Fico somente como correspondente do *Estadão*, que vai me pagar mais do que eu ganhava nos dois empregos juntos!" - respondi muito satisfeito e recebi de Calderaro uma outra proposta: ficaria com o mesmo salário que tinha em *A Crítica* - 600 cruzeiros novos - e só teria a obrigação de lhe dar cópias das matérias que produzisse para *O Estado*. A oferta era muito boa para mim e ótima para *A Crítica*, que não arcaria com os custos das minhas viagens pela região e, principalmente, evitaria que eu fosse trabalhar para um jornal concorrente dela. Menos trabalho e mais salário! O que um trabalhador pode querer melhor? Minha briga com o amigo de Calderaro acabou tendo bons resultados.

Pirataria na copa de 1970

NA COPA DE futebol de 1970, Manaus tinha recém instalado o seu primeiro canal de televisão: o canal 28 UHF, TV Ajuricaba, mas não podia mostrar, ao vivo, os jogos no México, porque a Amazônia Ocidental ainda não integrava a rede de comunicação por satélite, que servia o restante do país. Os jogos seriam gravados, em videoteipe, em Belém e despachados, no dia seguinte, em aviões para Manaus, que só iria vê-los mais de 24 horas depois.

Em *A Crítica,* restava a esperança de radiofotos da *Associated Press*, que seriam transmitidas no dia do jogo. Eram esperanças pobres, porque a *AP* preferia touradas ao futebol e ainda teria de cobrir os outros jogos da Copa. No máximo, teríamos uma ou duas fotos dos "canarinhos", o que seria muito pouco para tanta sede de imagens por parte da população.

Aí, soubemos que *O Estado de S. Paulo* e o *Jornal do Brasil* estavam mandando equipes de fotógrafos para a Copa e elas iriam dispor de canais privativos para transmissão de telefoto, à medida que os jogos fossem acontecendo. Então, o nosso técnico de manutenção de equipamentos eletrônicos, Luiz Loureiro, o "Professor Pardal", descobriu a frequência dos canais privativos do Estado e *JB* e foi uma festa. Colocamos um redator para ouvir a transmissão de rádio e redigir os lances do jogo, minuto por minuto, enquanto Luiz Loureiro recebia as radiofotos e fazia clichês eletrônicos delas. O jornal ia sendo montado na medida que acontecia o jogo e, no máximo, uma hora depois do apito final ele já estava sendo rodado.

O sucesso foi enorme. Jornaleiros e populares se aglomeravam na Rua Lobo D'Almada, em frente ao prédio da *Crítica,* para comprar exemplares que faziam "cineminhas" dos jogos. Nunca nos preocupamos com o pagamento dos direitos autorais das radiofotos que pirateávamos. Acreditava-se que *Estado* e *JB* jamais saberiam que suas fotos da Copa foram publicadas sem autorização por um jornal da Manaus isolada no meio das selvas da Amazônia.

Uma reta no mapa

A Transamazônica já nasceu errada. Quando o general Médici resolveu construir a estrada para ligar o Nordeste à Amazônia, traçaram uma reta no mapa, ligando Picos, no Piauí, a Jacareacanga, no Pará e já começaram a contratação da obra. Conhecedor de toda a região, Alamiro Veríssimo, diretor do Departamento Nacional de Estradas de Rodagem em Manaus, viu que aquele roteiro improvisado era irrealizável, porque a estrada cruzaria grandes rios em áreas que, na época de vazantes eles são muito rasos para travessia de balsas e, nas cheias, muito largos para serem cortados por pontes. Altamiro sugeriu um outro traçado, bem mais longo, em que a estrada iria de Picos para Estreito, no Maranhão e, de lá, para Marabá, Tucuruí, Altamira, Itaituba e Jacareacanga, no Pará. Zombaram de Altamiro, dizendo que ele estava querendo colocar o nome dele na estrada, mas seu roteiro acabou sendo aprovado. Ai, publiquei, no *Estado*, a primeira matéria que falava desse roteiro definitivo.

Fui também a primeira pessoa a viajar de Manaus a Altamira — então, uma pequena cidade de poucas ruas poeirentas na beira do Rio Xingu —, em uma caminhonete. Só que a caminhonete estava dentro de um avião buffalo, da FAB, que foi levar a primeira turma de topografia, que faria a demarcação da estrada, no rumo de Itaituba. Fui convidado por Altamiro Veríssimo, na noite anterior e embarquei às cinco da manhã, só com a roupa do corpo, uma máquina fotográfica e a promessa de que o buffalo voltaria a

Altamira, às dezesseis horas, para levar um segundo carregamento da topografia e eu voltaria a Manaus com ele.

Corri para entrevistar gente da cidade, que estava ansiosa por ver o início das obras da estrada, e outras, que iam trabalhar na construção e estavam morrendo de medo de encontrar índios ferozes no caminho. Às dezesseis horas, estava no aeroporto, esperando o buffalo. Ele não apareceu. Já era noite, quando chegou, pelo rádio do DNER um recado de que o avião da FAB tinha sofrido uma pane, estava em Santarém e não viria mais a Altamira. Pelo mesmo rádio, mandei um recado para minha mulher dizendo que estava vivo, mas não sabia quando voltaria a Manaus. Passei uma semana no aeroporto, olhando para o céu, à espera de qualquer avião que me desse carona para qualquer lugar.

Aí, apareceu um aviãozinho do Departamento de Estradas de Rodagem do Pará, que me deu carona para Santarém. Ótimo. Lá havia linhas comerciais para Manaus e, por algum passageiro eu poderia pedir socorro para *A Crítica* ou à minha mulher. Tive sorte. O primeiro avião que chegou a Santarém, naquele dia – um samurai da Vasp – trazia o fotógrafo Barretinho e o repórter Miguel Jorge, do *Jornal da Tarde*. que haviam ido à região, para fazer uma reportagem sobre o início da construção da Cuiabá-Santarém. Eles me pagaram a passagem para Manaus.

Transamazônica, o meu bom caminho

Derretendo alguns quilômetros a cada chuva, isolada no meio das selvas, 37 anos depois de ser inaugurada, a Transamazônica continua conhecida como a estrada que não leva nada a lugar nenhum. Mas, foi justamente ela o bom caminho para minha decolagem profissional.

A construção da rodovia Transamazônica, foi o assunto nacional mais importante do início dos anos 70. Foi a principal peça de propaganda da ditadura Médici, que a apontava como uma "obra épica" e a grande solução para a maioria dos problemas do Nordeste, "com muita gente e pouca água" e a vasta Amazônia, "com muita água e praticamente desabitada". Com esse enfoque, as notícias sobre a estrada saíam em toda a imprensa brasileira e em muitos jornais e revistas do exterior. Era o que Médici precisava para ofuscar as denúncias de prisões políticas, torturas e outras violações de direitos humanos fundamentais, pelos quais seu regime começava a ser conhecido internacionalmente.

Fiz a primeira notícia contando o traçado da estrada, cuja construção fora contratada, sem projeto e sem licitação, com base em apenas um longo traço riscado à mão livre, no mapa, entre Picos, no Piauí, e Humaitá, no Amazonas. Uma linha horizontal de mais de três mil quilômetros, sendo mais de dois mil em plena selva.

Acompanhei a primeira equipe de topografia, mandada pelo Departamento Nacional de Estradas de Rodagem — DNER — de Manaus para Altamira-PA, para demarcar o trecho da Transamazônica que seguiria no rumo oeste, para Jacareacanga.

Era tanto oba-oba com a estrada, que eu comecei a me entusiasmar com ela. Foi aí que me lembrei de uma palestra dada, no Comando Militar da Amazônia — CMA —, pelo jovem engenheiro Sérgio da Paz Monteiro de Castro, diretor do Departamento de Estradas de Rodagem do Amazonas — DERAM. Ao defender prioridade total para a construção e permanente manutenção da rodovia Manaus-Porto Velho, que iria ligar o Amazonas à malha rodoviária nacional, ele havia afirmado que não fazia sentido abrir outras estradas no Estado, porque isso desviaria recursos daquilo que realmente era necessário, principalmente a melhoria da infraestrutura exigida para a navegação fluvial. Argumentava que para promover o assentamento de colonos eram necessários grandes investimentos em assistência técnica e financiamentos para custeio de safras. Não novas estradas, pois as antigas, como a

Belém-Brasília e a Manaus-Itaquatiara, ainda tinham grande parte de suas margens completamente desocupadas.

Essa palestra tinha sido proferida meses antes do anúncio da Transamazônica, que – pela definição dada pelo diretor do DERAM – era exatamente o que não se deveria fazer. Procurei Sergio de Castro para saber se seus argumentos continuavam válidos, diante do megaprojeto do Governo Federal.

Em longa entrevista, ele reafirmou tudo que havia dito na palestra e ainda acrescentou uma crítica: as obras da Transamazônica estavam sendo contratadas sem licitação. Redigi a matéria e a mandei para São Paulo, como sempre, em mãos de um passageiro de avião, e publiquel uma cópia em *A Crítica*. Bastante apreensivo, Sergio chamou-me logo cedo no dia em que a sua entrevista circulou em Manaus. Disse que suas críticas à Transamazônica iriam criar problemas para o Governo Estadual com o DNER e Ministério dos Transportes e pediu para que eu sustasse a publicação da entrevista no *Estadão*. Compreendi sua angústia e corri para a cabine pública de telex, no centro da cidade. Liguei para a redação e perguntei da matéria. "Foi publicada com destaque na edição de hoje" – diante dessa resposta, liguei para o jovem diretor do DER-AM e ele me disse que iria se preparar para "aguentar a pauleira".

A entrevista de Sérgio teve repercussão muito maior do que se poderia imaginar. Foi transcrita, com destaque, em diversos jornais do Nordeste, que, até então, estavam silenciosamente indignados com o desvio, para a Transamazônica, de verbas destinadas às rodovias federais na região. Os ex-ministros e renomados economistas Eugênio Gudin, em *O Globo*, e Roberto Campos, no *Estadão* publicaram artigos elogiando a clareza e a consistência dos argumentos do diretor do DER-AM, ao condenar a construção de novas rodovias na Amazônia*. Na mesma linha, seguiram dois editoriais de *O Estado de S. Paulo*. Durante duas semanas, todos

* Gudin referiu-se ao "competente engenheiro" e acrescentou: "Felizmente ainda há alguém neste país, fora do setor da poesia lírica, gente de juízo com conhecimento do problema amazônico, cujo conselho poderá arredar mais um lamentável fracasso na tentativa de colonização da Amazônia"

os dias e de todos os lados vinham elogios à inteligência e grande visão de Sérgio. Na minha santa ingenuidade, cheguei a pensar que ele estivesse contente com a repercussão da entrevista.

Viajei alguns dias pelo interior do Amazonas e, quando voltei na noite de uma terça-feira, duas semanas após a entrevista ser publicada, fui recebido com uma animada caçoada pelos colegas de *A Crítica*: "Chegou o grande cascateiro, o repórter de imaginação fértil" - ouvi, ao entrar na redação, e não entendi o motivo da ironia. "E agora? Como é que você vai se sair desta?" - perguntou-me, preocupado, Atlas Bacelar, meu amigo que havia me sucedido na chefia de redação de *A Crítica*, ao me estender um exemplar de *O Globo*, daquele dia. Lá estava uma carta de Sergio de Castro, endereçada ao Diretor Geral do DNER, Eliseu Resende, negando ter me dado a entrevista sobre a Transamazônica. Alegava que havia falado a respeito da rodovia Manaus-Porto Velho, e que eu - usando de "imaginação fértil" - havia extrapolado as afirmações para a Transamazônica. Aconselhava Eliseu a "não abrir polêmica com o jornal, desmentindo formalmente a entrevista, pois destas guerras já estou calejado aqui em Manaus saindo sempre desgastados, nós, os homens públicos".

Na hora, fiquei indignado com aquele desmentido, que colocava em dúvida a minha credibilidade pessoal e profissional. Mas logo tive certeza de que, mesmo sem guerra, quem sairia desgastado do episódio seria o diretor do DER-AM. Eu tinha tudo para contestar aquele medroso desmentido. Para começar, na foto que tirei de Sérgio para ilustrar a entrevista, ele apontava em um mapa a cidade de Itaituba, PA, situada na rota da Transamazônica não da Manaus-Porto Velho. Depois e mais importante, eu tinha as próprias palavras dele para derrubar seu desmentido, pois havia guardado cópia de sua palestra no CMA, em papel timbrado do Exército.

Fui para minha casa e passei a noite escrevendo uma carta longa ao dr. Júlio de Mesquita Neto. Disse lamentar que o engenheiro Sérgio de Castro tivesse abandonado os argumentos claros e firmes que usou na entrevista, para fechar seus olhos aos problemas que a Transamazônica causaria, isso, depois de ter aberto os olhos de muita gente para essas sérias questões. Argumentei que, para preservar o bom relacionamento de seu departamento com o congênere federal, "ele poderia ter usado seu direito de recuar, sem que sua pessoa ou inteligência fossem desmerecidas." E acrescentei: "Galileu Galilei já usou desse direito e continuou respeitado, juntamente com suas teorias".

Item por item, linha por linha, demoli completamente as alegações do engenheiro Sérgio de Castro, em sua carta publicada em *O Globo*. Anexei a cópia da sua palestra no CMA e amanheci no aeroporto para remeter tudo por um passageiro do Caravelle, que saía para São Paulo às seis da manhã.

Meu contundente desmentido ao frouxo desmentido do diretor do DER-AM ocupou toda a página 8 da edição do *Estadão*, do domingo, 19 de julho de 1970. Minha satisfação foi ainda maior porque o jornal, além de endossar meus argumentos, publicou uma nota justificando a veemência da minha carta, sustentando que atingido em minha "honra de profissional competente e responsável" reagi "como era de se esperar de um homem digno e de um jornalista que se orgulha de bem informar".

Depois de um raro elogio como este, senti que estavam abertas para mim as portas da reportagem do *Estadão*.

No final de 1970, meu primeiro filho estava para nascer, seria o primeiro neto de meus pais e dos meus sogros. Além disso, a saudade da minha família bateu forte e suplantou meu amor pelas aventuras amazônicas. Achei que era hora de voltar para São Paulo.

nc

LUÍS SALGADO RIBEIRO
Enviado especial

Os sertanistas Orlando e Claudio Villas Bo... meçam a voltar hoje com a expedição para a base operações no rio Peixoto de Azevedo, depois de esperar por uma semana que os índios gigantes recolhessem os presentes deixados na aldeia queimada. Orlando Villas Boas está preparando uma sugestão à Funai para criar uma reserva que seria destinada aos kran... cãcores, numa área a oeste da rodovia BR-165 em... trução, e que corresponde aproximadamente... ocupada atualmente pelos indígenas.

No momento, os sertanistas acreditam que será inutil continuar esperando que os kranhacãcores apareçam em seu principal pesqueiro, a lagoa em que ficou acampada a expedição, uma vez que com o início da temporada das chuvas a locomoção dess... índios na mata é cada vez ... restrita. Outro motivo seri... dar aos índios a impres... que eles estariam sendo ou perseguidos, o c... conteceria se a ... passe por ... munidades

Antes de ... deverá pr... construç... pouso ... vedo ... n...

ca... kr...

...naldo Manente

...gigantes

CAPÍTULO 3

TEMPOS NO ESTADÃO

Para começar, um terrorista arrependido

CONFIRMEI MINHAS EXPECTATIVAS de que meus trabalhos em Manaus abriam portas para a reportagem do *Estadão*, mas me surpreendi com o carinho e o respeito com que fui recebido na redação. Perguntei ao chefe de reportagem e editor da Local, Clovis Rossi, se eu teria de fazer algum teste ou estágio probatório para ser admitido em sua equipe. Rossi disse que conhecia bem meu trabalho como correspondente e que não havia necessidade de mais nada. Eu já teria uma pauta no dia seguinte e seria admitido na faixa dos repórteres de melhores salários. Além de faixas salariais, *O Estado* tinha um sistema chamado de *full time*, pelo qual a jornada de trabalho passava de cinco para oito horas diárias e o salário dobrava. Não era tanto uma questão de carga horária, pois, na prática, todos os repórteres trabalhavam o tempo suficiente para cumprir suas pautas. Era mais um sistema de premiação.

Perguntei ao Rossi, se havia alguma possibilidade de eu obter o *full time*. "Se você tem tempo disponível, não há problema" – me respondeu o chefe de reportagem. Ótimo. Tudo estava muito melhor do que poderia imaginar.

Às dez horas do dia seguinte, eu já estava na redação e fui me apresentar ao distribuidor de pauta, Sílvio Sérgio Sanvitto, que, pela primeira vez, viu meu nome na sua lista de repórteres. Ele me deu o nome de guerra de Salgado e entregou-me a pauta que escolheu para mim.

"Você vai fazer a apresentação de mais um terrorista arrependido. Vai tranquilo, porque é matéria que não exige prática, nem tampouco habilidade" – brincou comigo, acrescentando que antes de começar a apresentação, a Secretaria de Segurança Pública já entregava aos repórteres um *release* com o que o terrorista ia dizer. "Aí, é só cozinhar o *release*. E fazer uma nota de quarenta linhas". Isso era uma notinha, pois no *Estado* daquela época, só se chamava de notícia ou matéria algo com mais de oitenta linhas.

"O Rossi não quis me testar porque já conhece o meu serviço, mas o Sanvitto, sim. Estava me mandando fazer algo que poderia ser feito por um contínuo. Vou mostrar a ele que sou repórter" – pensei. Desci para o arquivo, pedi a pasta dos terroristas arrependidos e li tudo o que já havia sido publicado pelos cinco ou seis antecessores do personagem do dia. Vi a mesmice que era aquele teatro que a ditadura apresentava quase toda semana e decidi retratá-lo de forma diferente.

Às catorze horas, fui à Secretaria de Segurança, peguei o tal *release* e fiquei observando pormenores do espetáculo que estava sendo encenado. Voltei à redação e perguntei ao Rossi, se ele me dava mais espaço para um *side* que mostrasse o clima da encenação. "Pode escrever à vontade"- respondeu-me. Foi o que eu fiz. Escrevi as quarenta linhas pedidas e cuidadosamente, sem usar palavras que pudessem ser vetadas pelo censor, redigi um *side* em que nas entrelinhas dava para sentir bem a "mambembice" da apresentação. Eram sessenta linhas. Rossi publicou tudo e ainda elogiou meu trabalho. Toda a redação ficou sabendo que eu era um bom repórter.

Driblando a censura

Em sua essência, censura é uma coisa extremamente burra. Então, não é de se esperar inteligência na cabeça de censores. Eles eram policiais cegos, cumpridores de ordens. Agiam como programas de caça-palavras dos computadores. Se tinham ordens para vetar determinado assunto ou nome de uma pessoa, eles iam procurar, para riscar com lápis vermelho a matéria onde estava aquilo que ele tinha de censurar. Dom Hélder Câmara era um dos nomes proibidos, não interessando o que ele tivesse feito ou dito. Podia até ter celebrado uma inocente missa de sétimo dia de uma pessoa qualquer, que aquela notícia não podia sair. Era como se alguma "otariedade" tivesse decretado a inexistência do cardeal de Olinda e Recife.

Jornais de todo o Brasil recebiam e acatavam ordens de não publicar este ou aquele nome, este ou aquele assunto. Era a chamada "censura prévia". No *Estado* e no *Jornal da Tarde*, não. Escrevia-se tudo e ficava para o censor procurar e vetar o que não podia sair, quando o texto já estivesse composto e colocado nas centenas de matrizes de impressão. Aí, como o lugar da notícia vetada não podia ficar em branco, ele era preenchido pelos Os Lusíadas de Camões, no Estado e por receitas de bolo, no *JT*.

Surgiu daí um "esporte" que era praticado com muito prazer nas duas redações: driblar a censura. Graças à burrice e ao excesso de trabalho dos censores – que ficavam nas redações e cumpriam "expedientes" normais, inclusive com cartões de ponto, batidos provocativamente por integrantes da redação, sempre com gritos: "O censor chegou!" ou "O censor saiu!" - não era preciso muito esforço, para marcar pontos nesse jogo. Bastava escrever textos sem as palavras, vetadas; "escondê-las" entre os anúncios classificados ou locais inapropriados e usar entrelinhas para dizer o que não podia ser dito explicitamente. Era um "jogo" divertido e emocionante. A cada edição algum jornalista inventava um jeito novo de "marcar o seu gol". Um dia, veio uma notícia de Brasília, contando a prisão de um líder sindical. Era assunto vetadíssimo, mas precisava ser publicado de qualquer jeito, inclusive, como garantia de vida do preso, que podia "ser suicidado" em algum porão da ditadura, e precisava ter o registro da sua prisão publicado, para que os responsáveis por ela não sumissem com o ele. A notícia precisava sair e saiu... no meio do noticiário de turfe.

Um dia, um desses "gols" abalou as estruturas da repressão e irritou profundamente os militares. Furiosos, eles instauraram um dos temidos inquéritos policiais militares - IPMs, no II Exército e convocaram para depor o dr. Júlio de Mesquita Neto, diretor--responsável de *O Estado*. O coronel presidente do IPI perguntou se o diretor era o responsável pela publicação da notícia “subversiva!”. Dr. Júlio negou e apontou o responsável: o ministro da Justiça, Alfredo Busaid. E justificou a afirmação que causou espanto ao coronel: “Desde que o ministro colocou censor no *Estado*, tudo que o jornal publica ou deixa de publicar é de responsabilidade dele,” O IPI foi encerrado aí, mas o “jogo” continuou e é tema do livro **A Mordaça no Estadão**, do jornalista José Maria Mayrink. Apesar de relatar prisões e torturas de colegas, tem episódios muito interessantes, divertidos.

Imprimindo dinheiro

Em um plantão de sábado, logo que comecei a trabalhar no antigo prédio do *Estadão*, o Raul Bastos me convidou para tomar um café, em uma padaria vizinha, à rua Martins Fontes, na qual havia uma enorme vitrine, mostrando a grande rotativa do jornal, que estava trabalhando à toda velocidade.

“Você sabe o que estão imprimindo aí?”- perguntou-me Raul.

“Claro. São os cadernos de classificados da edição de amanhã” – respondi, com toda segurança.

“Errado!”- disse o Raul - “Estão imprimindo dinheiro. Veja esta rotativa como se fosse as máquinas da Casa da Moeda. São milhares e milhares de pequenos anúncios e cada um custa um dinheirão!”. De fato, além de empregos, na cidade, praticamente tudo que se comprava ou se vendia era anunciado nos classificados do *Estadão*. As edições de domingo tinham mais de 240 páginas e oitenta e tantos por cento delas eram de anúncios. Graças a isso, ele era o jornal mais rico do país.

Isso era ótimo, especialmente para a redação que não se preocupava com o custo de viagens para reportagens. Se o assunto era bom, a ordem era buscá-lo no lugar onde ele estivesse. Não havia burocracia. Bastava uma papeleta de "Requisição de Transporte", assinada pelo chefe de reportagem. O dinheiro saia na hora e o transporte podia ser um táxi, para uma curta corrida na cidade, um táxi-aéreo para uma viagem à Amazônia ou passagens para o exterior.

"Tv e jornalismo não combinam?"

Em dezembro de 1970, a Rede Tupi de televisão (a mais poderosa da época) anunciou que o "Repórter Esso" não estaria mais no ar, a partir do primeiro dia do ano seguinte. Então, recebi uma pauta, feita pelo Ricardo Kotcho, que dizia mais ou menos o seguinte: "O fim do mais importante noticiário da televisão quer dizer que TV e jornalismo não combinam?"

Hoje, esta pergunta soa como uma completa bobagem. Mas, há 40 anos, ela sintetizava o pensamento da maioria dos jornalistas que não acreditava no futuro dos programas informativos nas tvs, porque eles praticamente se limitavam a ler, à noite, as notícias que já estavam estampadas nos jornais, desde a madrugada anterior. Tinham sucursais precárias e muito poucas imagens dos fatos narrados, porque elas eram feitas em filmes de dezesseis milímetros, caros e demorados para serem revelados e editados. As ilustrações das notícias ficavam restritas às velhas fotos de personalidades e mais um ou outro mapa, mostrando o lugar onde o fato aconteceu. De resto, não existiam agências noticiosas com informações para tvs e o noticiário era todo baseado na "*giletepress*".*

Para responder a pergunta da pauta, fui procurar o jornalista Fernando Pacheco Jordão, que havia voltado recentemente da Inglaterra, onde fizera um curso de pós-graduação e um estágio na TV BBC.

* Gilettepress era o nome que se dava às notícias recortadas de jornais.

"Não é nada disso que vocês estão pensando" — disse Jordão — acrescentando que o jornalismo estava prestes a ganhar muita força na televisão, graças à evolução tecnológica, especialmente a um equipamento que ainda não havia chegado ao Brasil: o videoteipe portátil. Desde o início dos anos 1960, por aqui já exista o videoteipe. Mas eram máquinas arcaicas, que ocupavam toda a carroceria-baú de caminhões, que ficavam estacionados junto de estádios, para gravação de jogos. Equipamentos tão grandes e caros certamente não serviam para fazer as reportagens e entrevistas do dia a dia.

Foi um grande sucesso, quando chegaram os equipamentos menores. Não eram assim tão portáteis. As gravações eram feitas em um aparelho de uns 40 kg, conectado à câmera por um cabo grosso e acomodado em uma mala que exigia um componente bem robusto das equipes de tv somente para carregá-la.

Mesmo com todo esse peso, ficou mais fácil para a televisão correr atrás das notícias. Resultado: a história do jornalismo começou a mudar rapidamente. A tv passou a "engolir" os jornais de papel e tinta. Primeiro, tomou os leitores, cuja maioria já se bastava com as notícias curtas na telinha e também já não tinham tempo para ler jornais, pois passaram a ser cada vez mais atraídos pelas programações televisivas, especialmente as novelas.

Segundo e mais grave, a tv passou a ficar com fatias mais grossas do bolo nacional de verbas publicitárias. Com receita menor, os jornais passaram a cortar gastos. Menos repórteres, menores salários, menos viagens, menos tempo para fazer reportagens. Somando-se todos estes menos, estava pronta e certa a fórmula para eles perderem a concorrência com a televisão, que agia exatamente no sentido contrário.

O difícil começo da *Agência Estado*

– "LUIZ, EU quero que você vá chefiar a *Agência Estado*".

— "Que é isso, Raul? Você está maluco. Eu não entendo nada de agência de notícias!"

— "E você acha que aqui tem alguém que entenda?"

— "Tá bom. Se ninguém entende de agência, isso iguala todos. E por que eu?"

— "Pelo menos, você entende de pequenos e médios jornais. Como *A Crítica*, que você editou em Manaus. São jornais assim que se interessam pelo serviço da *Agência Estado*. E nós temos dificuldade de entender o que eles querem, porque aqui no *Estadão*, o pessoal só tem vivência de grandes jornais."

Foi mais ou menos assim a conversa que me levou a ser o primeiro secretário de redação (cuidando também da parte comercial) da *Agência Estado*, cargo que assumi em dezembro de 1970. Sinceramente, não estava com a mínima vontade de aceitar aquele convite, embora ele fosse extremamente honroso para mim. Com 26 anos, chegado há menos de um mês de Manaus, eu estava surpreso com a carinhosa acolhida que tive na redação do melhor jornal do país. Não podia imaginar que estivesse sendo cogitado para algo mais que um simples repórter.

Não imaginava e não queria. Primeiro, porque ser repórter de *O Estado de S.Paulo* era um sonho de muitos anos que eu acabava de realizar. Segundo, nunca tive entusiasmo por cargos de chefia, pois isso quer dizer ficar na redação, cuidando dos mais diversos abacaxis — inclusive burocráticos e comerciais, no caso da *AE* — longe da grande e incomparável aventura que é correr atrás de notícias. Naquela época, uma aventura ainda maior, porque embutia os riscos e desafios de driblar a censura da ditadura, à qual o *Estadão* e o *Jornal da Tarde* - teimosos e bravamente - recusavam- se à submissão imposta.

Porém, jamais poderia dizer não ao Raul. Como chefe do Departamento de Sucursais e Correspondentes - que ele mesmo havia organizado - Raul Martins Bastos tinha me dado muito estímulo, além de grandes provas de amizade e consideração, nos dois anos e meio que eu havia passado em Manaus, Agora, ele voltava a me distinguir com uma confiança toda especial, ao me entregar sua "filha", a *Agência Estado,* constituída formalmente meses antes.

Aceitei o convite, adoçado por duas promessas do Raul. Primeiro: pelo menos uma vez por ano, eu poderia voltar à Amazônia, para fazer reportagens a respeito de índios, estradas em construção e outros assuntos que me apaixonavam; segundo: minha permanência na secretaria da *AE* não iria além de dois anos (pois o cargo já estava reservado ao Ruy Plácido Barbosa, que fazia um curso de pós-graduação em jornalismo nos Estados Unidos).

A primeira promessa foi cumprida, até com mais viagens e reportagens melhores do que eu havia imaginado (fiz diversas matérias a respeito da construção da Transamazônica e acompanhei a expedição dos Villas Boas a procura dos chamados índios gigantes). A segunda, Raul não teve como cumprir, porque o Ruy assumiu outro cargo, quando voltou. Além disso, os diretores, Júlio de Mesquita Neto, César Costa e José Homem de Montes sempre me prestigiavam — inclusive com aumentos salariais — e insistiam para que eu continuasse na secretaria da *AE.* Assim, só quase seis anos depois, consegui deixar a agência, para ser repórter especial do *Estadão.*

O QUE ERA A AGÊNCIA

A *Agência Estado* teve uma gestação um tanto complicada. Foi surgindo mais ou menos como subproduto do trabalho do Raul no Departamento de Sucursais e Correspondentes. Era deficitária, não tinha prioridade entre os grandes investimentos que o grupo

O Estado fazia na época e, além disso, sofria rejeição, clara ou velada, dos repórteres da sede e das sucursais, que não viam com bons olhos a distribuição para outros jornais do noticiário produzido por eles para o *Estadão*, sem que nenhum adicional lhes fosse pago por isso.

Por outro lado, importantes motivos levavam à criação da agência. Para ter boa cobertura dos acontecimentos em todo o país, principalmente no Nordeste, Amazônia e Centro-Oeste, era importante um bom relacionamento com os jornais dessas regiões. Eram nesses jornais que trabalhava a maior parte de aproximadamente cinquenta correspondentes que *O Estado* tinha na época. Em caso de emergência, quando o correspondente não era encontrado, quem "quebrava o galho" era algum colega dele, muitas vezes até o dono do jornal. Volta e meia, também eram esses jornais que socorriam nossos enviados especiais, necessitados de um laboratório para revelar fotos ou telex para passar matérias.

Aí, vinha a necessidade de retribuir o favor e, de vez em quando, era o *Estadão* quem passava alguma notícia importante para esses jornais. Essa troca de gentilezas foi crescendo e, com ela, certa pressão dos correspondentes e de dezenas de pequenos e médios jornais para que *O Estado de S. Paulo* montasse sua agência de notícias, como o *Jornal do Brasil* já havia feito dois ou três anos antes.

A Agência Jornal do Brasil - AJB - já possuía uma rede de teletipos - via canais da Embratel - ligada a jornais de algumas das principais cidades e era a única em que se podia confiar. No final da década de 1960, ainda existiam algumas outras agências de notícias nacionais. Porém, muito precárias. A *Meridional* era a menos ruim delas. Também tinha uma rede de teletipos, mas só servia os integrantes da rede dos *Associados*, jornais e emissoras de rádio que aceleraram suas agonias após a morte, em 1968, do fundador desse consórcio, o polêmico Assis Chateaubriant. Havia também a *Asapress*, a *Interpress*, a *Sportpress* e a *Unipress*, que se limitavam a transmitir *releases,* notas oficiais e notícias já publicadas pelos grandes jornais do país, sem mudar uma vírgula.

Pior que a qualidade do material, eram os meios que essas agências dispunham para distribuir suas notícias. Eram poucas as cidades e menor ainda o número de jornais com acesso à rede de telex da Embratel. Assim, principalmente no norte e nordeste, os meios de comunicação eram tão precários, que um dos mais eficientes - usado inclusive pela *AJB* - era o telégrafo Morse. Isso mesmo. Aquele "pim-pim-pim" centenário, transmitido via rádio. Apesar de sofrer interferências e obrigar os jornais a contratarem telegrafistas, o Morse ainda era mais confiável. As alternativas eram os malotes de notícias mimeografadas, mandados pelo correio que — na época — demorava normalmente mais de uma semana para entregá-los.

Havia, portanto, um campo aberto para *O Estado* entrar com sua agência de notícias e o Raul convenceu a direção a não perder a oportunidade. Assim, a *AE* começou a funcionar em 1968 - ainda informalmente, sem registro como empresa — fazendo a distribuição dos chamados *features* ou "matérias frias". Eram artigos e comentários escritos por repórteres e editores do *Estadão,* copiados e remetidos em pacotes semanais para os jornais do interior e de outras capitais pela remessa do jornal ou pelo correio.

Nessa primeira fase, os principais colaboradores da *AE* eram o editor do noticiário internacional do *Estado,* Frederico Branco; o editor de esportes, Luiz Carlos "Barriga" Ramos e o Francisco Augusti, o "Fran". Embora fossem muito atuais e bem escritos, é preciso reconhecer que não eram esses artigos a principal atração do serviço, mas sim os "brindes" que seguiam com eles: os clichês já utilizados pelo *Estadão* e *Jornal da Tarde.* Na época, eram poucos os jornais em *offset* e mandar fazer um clichê custava muito caro. Por isso, tais "brindes" eram importantíssimos para renovar as caras de artistas, políticos e esportistas.

Esse serviço teve boa aceitação e, paralelamente, foi iniciado um outro: de distribuição do noticiário "quente", diário, por telex e teletipos que ligavam a *AE* a uma meia dúzia de jornais e rádios. Havia ainda outros assinantes que mandavam mensageiros retirar o noticiário na redação da *AE*.

Em 4 de janeiro de 1970 a *Agência Estado* foi oficialmente constituída como empresa, mas continuou tendo pouco recurso e espaço na redação. Assim, em dezembro de 1970, quando assumi sua chefia, ela dispunha de quatro funcionários. Três do seu próprio quadro: o "copi" Sircarlos Parra Cruz e os teletipistas João Evangelista Costa e Jair Gomes Moreira, o Jajá. O quarto era emprestado do *Estadão*, o também "copi" José Teodoro Pereira, o Teo. Os quatro se espremiam em dois cubículos de aproximadamente dois metros por 1,5 m, feitos com divisórias de madeira compensada e vidro, junto às janelas internas da redação, atrás das mesas do Departamento de Sucursais e Correspondentes, no quarto andar da antiga sede, à Rua Major Quedinho, 28.

Teo voltou um mês depois para o "copi" do *Estado* . Seus bons serviços continuavam sendo necessários à Agência. Mas, com a minha chegada, não havia mais lugar para ele no cubículo dos redatores.

COMO ERA O SERVIÇO

O expediente da *Agência* começava às treze horas e era uma loucura que nunca terminava antes da uma hora da madrugada. Todo o material recebido das sucursais, correspondentes, setoristas e serviço de radioescuta vinha por telex ou pelas cabines telefônicas e tinha uma cópia, em papel carbonado de bobina, para a agência. Aí, o meu trabalho e o do Sircarlos era mudar um pouco a redação (geralmente invertendo as frases), reduzir um pouco o tamanho das notas e passá-las para os teletipistas. O Evangelista e o Jajá gravavam essas notícias em fita de papel perfurado nas ceguinhas.

Então passavam as fitas pelo transmissor da rede de teletipos e, depois por telex para outras, retirando-se algumas notícias de interesse exclusivo para a cidade de São Paulo.

A transmissão por telex era sempre muito complicada. Primeiro, porque a *AE* não tinha seus próprios telex (só veio a ter dois em 1972). No começo, usava uns três ou quatro do *Estado*, fora do *rush* de recebimento do noticiário que ia das dezenove às vinte e duas horas. Quando esses aparelhos estavam livres, começava outra complicação: fazer uma chamada, pedindo que a ligação fosse revertida, para que a tarifa de transmissão do material, que durava horas, ficasse por conta do assinante. Aí surgiam os problemas. No começo da tarde, quase sempre não havia operador de telex nesses jornais para reverter a ligação. Mais tarde, os aparelhos ocupados eram o problema, pois esses jornais normalmente tinham apenas um telex. Quando se conseguia uma ligação revertida, ela não durava muito, porque sempre havia alguma outra comunicação mais urgente que o assinante desejava fazer (geralmente contatos com agências de publicidade) e a nossa transmissão era interrompida. Por vezes, o assinante também desligava o telex porque achava que o noticiário que estávamos transmitindo não tinha interesse para ele.

A confusão ia crescendo. A fitas perfuradas eram cortadas em pedaços, nos pontos em que se interrompiam as transmissões. Em pregos e ganchos espalhados pelas paredes da divisória, multiplicavam-se as meadas de fitas (enroladas em forma de 8) transmitidas e por transmitir. No fim, era comum perder-se o controle dos telegramas que tinham seguido, ou não, para os assinantes via telex. O volume do noticiário era muito grande: média de 150 telegramas por dia, totalizando mais de 2500 linhas. Como a velocidade de transmissão dos telex e teletipos não passava dos 50 *bouds* - aproximadamente seis linhas por minuto - isso significava sete horas de ligação ininterrupta para passar todo o noticiário.

O ideal seria usar só teletipos com canais diretos. Além de a ligação permanente ser mais barata que o telex tarifado por minuto, ela podia ser usada em dupla mão: para distribuir o noticiário da *AE* e receber o material das sucursais ou correspondentes. Acontece que esses canais eram uma raridade na época. No começo de

1971, fizemos inscrições na Embratel para obter uns vinte canais interligando as principais cidades brasileiras. Em meados de 1976, apenas metade desses pedidos tinha sido atendida.

No cubículo ao lado, a confusão não era menor. Do meio da tarde até depois das vinte e duas horas, os telex, cabines telefônicas e ponto-a-ponto do *Estado* despejavam na redação um volume enorme de notícias de todas as partes do país. Aí, as cópias da agência entupiam a caixinha de entrada.

Sir e o Téo, que eram datilógrafos muito rápidos e tinham grande prática de copidesque, ainda conseguiam manter um fluxo razoável para o noticiário. Mas, quando substituí o Teo, foi um desastre. Até hoje não sou bom datilógrafo. Naquela época, era péssimo. Além disso, não tinha muita prática de "copi". Resultado: uma nota que o Teo ou o Sir reescreviam tranquilamente em cinco minutos, para eu era trabalho de meia hora. Para complicar ainda mais a situação, a toda hora, eu tinha de interromper a digitação para atender telefonemas de assinantes, geralmente reclamando de notícias que ainda não haviam sido transmitidas.

AS PRIMEIRAS MUDANÇAS

Nos primeiros dias, pensei em desistir da chefia da agência e voltar à reportagem do *Estadão*. Estava me sentindo completamente perdido e inútil dentro daquele cubículo sufocante e tumultuado. Depois, achei que aquele era um desafio que poderia ser vencido, se eu mudasse algumas regras do jogo. Tinha consciência de que havia sido levado para a *AE* justamente para mudar seus métodos. Mas, mudar o que? Começar a mudança por onde? Minha experiência em *A Crítica* não bastava. Para responder as essas perguntas, primeiro era preciso saber exatamente como a agência vinha funcionando e o que os assinantes gostariam que fosse mudado.

Senti que apesar da minha estreia um tanto desastrosa, eu contava com a confiança e apoio, tanto dos diretores e colegas, como dos assinantes. Aí, resolvi abusar dessa confiança, deixando cada vez mais de lado o meu serviço de "copi", para esticar a conversa com os assinantes. Ou seja, o que era interrupção do meu trabalho passou a ser a minha tarefa principal. Além disso, passei a chegar na redação antes das dez da manhã, para ler os jornais assinantes da *AE*, telefonar para seus editores e fazer uma estatística (um tanto precária, é verdade) do aproveitamento do nosso noticiário.

A partir daí, fui encontrando respostas a respeito do que deveria ser mudado. Algumas eram óbvias. Primeiro, era um enorme desperdício de tempo e dinheiro passar, por telex, mais de mil e quinhentas linhas de noticiário a jornais que não teriam condições de aproveitar nem um terço desse volume de notícias. Segundo, era desnecessário mudar a redação das notícias, só para elas não ficarem iguais às publicadas pelo *Estadão*, pois alguma mudança sempre era feita pelos copidesques, tanto desse jornal quanto pelos assinantes. Depois, era preciso levar em conta as questões de interesse regional. Ou seja, um aumento de salário para o funcionalismo paulista, por exemplo , não era notícia para ser publicada em Porto Alegre. Então, para que transmiti-la para a *Zero Hora*? Da mesma forma, notícias relativas a preços de soja ou lã não precisavam ser mandadas para Campinas.

Outra constatação importante — e também óbvia — era de que muitas notícias dignas de primeira página deixavam de ser publicadas, porque haviam chegado aos jornais depois das vinte e três horas. E mais: as íntegras de leis, decretos e discursos, que o *Estadão* sempre publicava, não tinham a menor condição de serem estampadas pelos nossos assinantes.

Assim, a primeira mudança foi acabar com o trabalho de reescrever todas as notas. Isso passou a ser feito apenas quando o texto original estava muito ruim ou quando era necessário agrupar informações de diversas origens em apenas uma nota (caso de repercussão nacional de fatos políticos e outros). Além disso, passamos a selecionar a transmissão das notícias mais de acordo com o interesse dos assinantes. Quanto aos discursos e congêneres, o jeito foi sintetizar o conteúdo desses documentos e só transmiti-los na íntegra, ao final do expediente , pela rede de teletipos ou por telex, se isso fosse solicitado. Inicialmente essas alterações causaram uma confusão ainda maior no controle de telegramas para o pessoal que os recebia por telex, uma vez que a sequência numérica deles deixava de existir. Em síntese, a palavra de ordem passou a ser substituir a preocupação com o volume do noticiário, pela de qualidade e urgência de transmissão do material mais importante.

Para facilitar uma primeira peneirada do material que seguiria por telex, havia surgido recentemente um aparelho da Olivetti (o modelo T315) que dispunha de um dispositivo eletromecânico para disparar o gravador de fitas. Bastava teclar três vezes a letra C e o teleimpressor que estava recebendo passava automaticamente a gravar uma fita. Para interromper a gravação, teclava-se três vezes o f. Com isso, passamos a usar esses códigos na gravação feita na "ceguinha"; substituímos o velho leitor de fita da rede de teletipos por um desses novos aparelhos e dele obtínhamos uma segunda fita, sem emendas, com o material selecionado.

Embora tímidas, essas mudanças deram resultado imediato. Nossos telegramas com os principais fatos do dia passaram a chegar mais cedo às redações. Bem antes que os telegramas da *AJB*, mesmo onde ela chegava por teletipo e a *AE* por telex. Passamos a encerrar as transmissões do nosso material mais importante por volta das vinte e duas horas, enquanto o da *AJB* continuava sendo transmitido até mais de meia noite, entremeado de notas sem grande interesse.

CRESCENDO AOS POUCOS

Não fosse a demora para a Embratel entregar os canais pedidos, a *AE* teria tido condições de se espalhar rapidamente por todo o país, graças ao grande prestígio do *Estadão*. Do Amazonas ao Rio Grande do Sul, não faltavam solicitações de jornais que queriam contar com o nosso excelente noticiário.

Naquela época, em plena ditadura do general Médici, havia ainda uma razão especial para esse interesse: por ordem da diretoria, os repórteres e editores do *Estadão* e *Jornal da Tarde* ignoravam as ordens da Polícia Federal para não noticiar fatos que desagradavam as autoridades.

Não sei qual a razão, mas esses policiais nunca se preocuparam em vistoriar o noticiário da *AE*. Então, distribuíamos tudo quanto era notícia proibida. É claro que os nossos assinantes não as publicavam (a não ser alguns desavisados em jornais de pouca expressão). Mas, pelo menos, o pessoal das redações ficava bem informado a respeito do que estava acontecendo no país e - em contatos com suas fontes e amigos - se encarregava de espalhar muita coisa censurada. Também a *Associated Press* era nossa assinante e retransmita para o mundo todo as notícias censuradas no Brasil.

Para que a expansão da *AE* não ficasse limitada aos passos de tartaruga da Embratel, tínhamos de nos desdobrar nos mais diversos artifícios. Exemplo: *A Tarde*, de Salvador, queria os serviços da *AE*, mas não havia disponibilidade de tempo nos telex de São Paulo para poder atendê-la. Aí, a solução foi passar o material pelo ponto a ponto para o Rio. Lá, os telegramas eram recebidos em um desses novos modelos da Olivetti, que gravava uma fita selecionada para ser transmitida por telex para Salvador.

Nos anos seguintes, na medida em que a Embratel foi atendendo os nossos pedidos de canais, essa "mágica" de receber telegramas em fita para retransmissão por telex foi se repetindo, sempre com a colaboração das sucursais de *O Estado*. A do Rio retransmitiu ainda para *O Fluminense* de Niteroi e para *A Gazeta*, de Vitória; a de Brasília, para *O Popular*, de Goiânia; a de Curitiba, para a *Folha de Londrina* e o *Jornal de Santa Catarina*, de Blumenau.

Demorou muito tempo para que esses e outros jornais pudessem ser atendidos com pela rede de teletipos.

"ESQUECENDO" O CARBONO

Outra grande dificuldade que a *AE* enfrentava era para conseguir notícias justamente da cidade de São Paulo. Do interior e de outras capitais não havia problemas. Embora alguns correspondentes e repórteres das sucursais reclamassem o pagamento de adicionais pelo aproveitamento de suas notícias pela *AE*, tínhamos cópias de todas essas matérias, pois elas chegavam pelos telex ou pelas cabines telefônicas.

O difícil era convencer os repórteres da sede — tanto do *Estadão*, como do *JT* — a nos darem uma cópia de seus trabalhos. Negar claramente poucos negavam. Mas quase todos "esqueciam" o carbono na hora de bater suas matérias. Aí, a cópia tinha de ser conseguida com o editor, mas também não era fácil, pois este quase sempre estava correndo para fechar sua página e não queria perder o tempo necessário para a matéria descer ao arquivo, onde havia a única copiadora disponível para as redações.

Assim, era um desespero quando o grande fato do dia acontecia em São Paulo. Aí, limitávamos a distribuir pequenas notas vindas da radioescuta ou alguém da *AE* tinha de ir correr atrás da notícia. As situações mais críticas ocorreram nos incêndios do Edifício Andraus -01/02/72- e do Edifício Joelma -24/02/74-. Em ambos os casos, só obtivemos cópias das matérias do *Estadão* lá pelas vinte e duas horas, quando nossos clientes já haviam esgotado a capacidade de reclamar dos nossos serviços.

Nos grandes acontecimentos em São Paulo, além do "esquecimento" do carbono, havia ainda um outro problema para atrasar o nosso noticiário: o prazo maior dado para a entrega das matérias aos diversos repórteres que faziam a cobertura. Isso era natural, pois se tratando de um fato importante na cidade de São Paulo a cobertura tinha de ser a mais completa possível e o pessoal ia buscar informações novas até o último minuto antes do *dead line*.

O que nos consolava nessas ocasiões era saber que a *AJB*, nossa principal concorrente, tinha os mesmos problemas. Quando o fato mais importante ocorria no Rio, era a *AE* quem dava a melhor cobertura.

NOVOS SERVIÇOS

Apesar desses problemas, a *AE* ia crescendo, tanto em número de assinantes, como em novos serviços, quadro de pessoal e até mesmo em espaço na redação. Ainda em 1971, eu e o Sir conseguimos sair do cubículo de redatores para ocupar duas mesas junto à reportagem local. Com isso, foi possível ampliar o espaço para os teletipistas. Não muito, porque parte da cabine onde estávamos passou a ser usada para um novo serviço: o de telefotos, montado com duas máquinas alugadas da *UPI* e mais a admissão de um garoto muito esperto: o Edras Parra Cruz, na época, com 17 anos.

Enviávamos, por teletipo ou telex, uma relação de oito a dez fotos por dia e os clientes telefonavam para recebê-las. Era uma correria para atender todos os pedidos, mas o Edras ainda arranjava tempo para ajudar os teletipistas, tomando conta das meadas de fitas que seguiam por telex e, até mesmo, "pilotando" a ceguinha.

A contratação de novos funcionários sempre esteve condicionada ao aumento de receita da *AE*. Ela estava diretamente subordinada ao diretor César Costa. Logo de início ele me disse não esperar que ela conseguisse dar lucro. Porém, era preciso evitar mais prejuízos. Procurei me manter nessa linha. Mas nem sempre. Hoje posso confessar que, diversas vezes, tive de superestimar a previsão de receita de um novo serviço, para poder contratar alguém ou ampliar a nossa rede de canais da Embratel. Tenho certeza de que a diretoria nunca acreditou nessas minhas previsões, mas fazia de conta que acreditava, pois também entendia que a *AE* precisava crescer e que seu grande lucro não era contábil, mas político, na medida em que a linha editorial do *Estado* passava a influenciar um número cada vez maior de jornais brasileiros.

Além disso, o bom relacionamento da *AE* com seus clientes permitia trocas de matérias — geralmente em situações de emergência — proporcionando bons "furos" para o *Estadão.*

O melhor "furo" que um cliente da *AE* proporcionou a *O Estado* e *JT* foi o noticiário a respeito da grande tromba d'água que caiu em Tubarão, Sul de Santa Catarina, no dia 26 de março de 1974. Essa tragédia matou mais de mil pessoas. Deixou toda a região inundada, sem eletricidade e comunicação. As primeiras notícias chegaram aos jornais e às rádios ainda de manhã. Eram muito desencontradas e contraditórias. Baseavam-se em pedidos de socorro transmitidos por radioamadores. Não havia como checar as informações porque ninguém conseguia ir ou sair de Tubarão. O mau tempo continuava. Isso dificultava ainda mais os contatos com radioamadores e não dava condições para sobrevoar e avaliar os estragos.

No começo da noite, entretanto, conseguimos o noticiário completo, com fotos impressionantes e dramáticos depoimentos de sobreviventes. Tudo isso, graças ao repórter Herculano Domício e ao fotógrafo Mario Barbetta, que estavam em Tubarão fazendo uma reportagem para *o Jornal de Santa Catarina*, quando caiu a tromba d'água. Os dois gastaram 12 horas — andando a pé, de canoa ou a cavalo — para sair da área inundada e chegar a Florianópolis, de onde passaram a matéria para a redação em Blumenau. O diretor do jornal, Raul Fedrizzi, colocou imediatamente todo o material, com exclusividade, à disposição da *Agência Estado.* Foi uma atenção muito especial para retribuir gentilezas da *AE*, pois o *Jornal de Santa Catarina* também era assinante da *AJB.*

Acertando a pirataria

Abre parêntese: A manutenção desse bom relacionamento com outros jornais foi o argumento principal que usei para resolver a questão causada pela pirataria das radiofotos de *O Estado*, que eu mesmo ajudei *A Crítica* fazer durante a Copa 70. Talvez por denúncia de algum concorrente do jornal amazonense, o Departamento Jurídico de *O Estado* ficou sabendo que *A Crítica* usara, sem autorização, as radiofotos do enviados especiais ao México e decidiu processá-lo, buscando o pagamento dos direitos autorais, com multas, juros, correção monetária e tudo mais que seria exigível. Dava uma soma enorme e a causa estava praticamente ganha. Atordoado, Umberto Calderaro abalou sc dc Manaus a São Paulo para tentar evitar esse rombo nos cofres de seu jornal.

Na sede de *O Estado*, informaram-lhe que quem cuidava da venda de fotos era o Salgado, chefe da *Agência Estado*. Ele não sabia quem era, porque me conhecia como Luiz Ribeiro e não imaginava que seu ex-funcionário fosse chefe de qualquer coisa no *Estadão*. Surpreso e aliviado ao me reencontrar, ele me pediu para resolver o caso que havia ajudado a criar. Jamais poderia falar dessa minha conivência para defender o jornal de Calderaro. Então falei de quantos "galhos" ele já havia quebrado para *O Estado*, lá no Amazonas e de quanto era importante manter um bom relacionamento com seu jornal.

O processo foi suspenso. Fecha parêntese.

Rádios, uma ilusão

Ainda em 1971, a Radio Caiuás, de Presidente Prudente, se interessou pelo nosso serviço. Expliquei ao seu diretor que não tínhamos condições de mandar o material por telex ou teletipo.

Ele disse que não tinha importância, pois fazia um informativo às sete horas da manhã, com notícias publicadas nos jornais do dia anterior. Nem mesmo as edições do dia ele podia ler diante dos microfones, pois elas só chegavam a Presidente Prudente por volta das dez.

O diretor da rádio propôs que mandássemos o noticiário por um ônibus que saia de São Paulo às vinte e duas horas e chegava à sua cidade às seis horas e trinta minutos. Achei que isso não ia funcionar, pois o material, em textos longos, impressos sem acentos em metros e metros de papel carbonado , chegaria quase na hora do programa ir ao ar e não teria tempo para se fazer qualquer seleção.

Engano. O programa passou a ser um sucesso e a Rádio Caiuás ficou felicíssima com o nosso serviço. Aí, pensei ter descoberto uma fórmula de expandir a *AE*, sem ficar na dependência da Embratel. Fiz as contas: na época o interior do Estado tinha mais de quinhentas emissoras de rádio; se 10% delas fizessem o mesmo que a Caiuás, poderíamos triplicar a quantidade dos nossos clientes. Achei que valia a pena investir na área das rádios.

Fizemos uma mala direta propondo o novo serviço para as quinhentas rádios. Mais de sessenta responderam que tinham interesse. Aí, mostrei uma bela estimativa de receita ao diretor César Costa e ele me autorizou a contratar mais um jornalista — o Névio Roberto Gomes, que tinha experiência em fazer textos curtos para noticiários radiofônicos — e comprar um mimeógrafo a álcool, para rodar os boletins, que ficaram ótimos. Seguiam o padrão da Rádio Eldorado, com as notícias agrupadas por assunto, em textos curtos e claros. Era um correria daquelas. Redigir, bater as matrizes do mimeógrafo e rodar folha por folha, até às vinte e uma horas, quando os boletins tinham de estar prontos e envelopados para serem mandados para a rodoviária ou para a Remessa de Jornais. Tínhamos certeza de que o novo serviço seria um sucesso.

Novo engano. Quando mandamos a remessa, com um preço super baixo e combinado anteriormente, apenas três rádios pagaram o serviço. Insistimos por mais alguns meses. Depois desistimos. Só a Rádio Caiuás continuou recebendo o noticiário: no velho esquema de rolos de notícias sem seleção.

Serviço econômico

Em 1972, a *Gazeta Mercantil*, de São Paulo, passou a ser assinante da *AE* e só se interessava pelo noticiário de economia e política, mas queria também todas as íntegras de leis, decretos, portarias, exposições de motivos e discursos. Então, montamos um circuito especial para ela e o Diário do Comércio, de São Paulo, que já era nosso cliente. Assim nasceu o Serviço Econômico, sob a coordenação do jornalista Cândido Cerqueira da Silva. Posteriormente, esse serviço foi comprado também pelo *Jornal do Comércio*, de Porto Alegre.

Ainda em 1972, passamos a distribuir artigos do *The New York Times*, que foram comprados com exclusividade em suas praças por uns dez assinantes da *AE*. Eram, principalmente, comentários e análises de política internacional, mas havia também boas matérias de economia, ciências e comportamento.

Viagem ao futuro

Em 1974, por meio do diretor José Homem de Montes, recebi dois convites para ir aos Estados Unidos. Um do *The New York Times* e o outro da *United Press International*. Em outubro, resolvi viajar e levei ao dr.Montes uma solicitação de passagens e diárias para ficar uma semana em Nova York. A reação do diretor só pode ser entendida por quem viveu aqueles bons tempos: "Para que tanta pressa? Por que ir só a Nova York? Você precisa ir a Miami, ao Meio-Oeste, ao Oeste. Precisa conhecer tudo o que há de novo em jornais e agências de notícias" - disse.

Resultado: fiz uma viagem de quarenta e tantos dias, de costa a costa. Comecei por um estágio de duas semanas no *The New York Times News Service*, alternado com visitas - na parte da manhã - às centrais da *UPI*, *AP* e *Dow Jones*. Depois fui conhecer as sucursais da *UPI*, em Washington e Salt Lake City; o San Diego Tribune e a Copley News Service, em San Diego, na California; o Miami Herald e uma fábrica de computadores, em Melbourne, na Flórida.

Foi uma viagem ao futuro. Em São Paulo, em meio a um corre-corre de contínuos, no sobe e desce de levar laudas rabiscadas da redação repleta de velhas máquinas de escrever para a oficina cheia de velhos linotipos, o máximo de modernização que tínhamos era um computador - alimentado com fitas perfuradas por digitadores, para fazer a fotocomposição do *Jornal da Tarde* e dos suplementos do *Estadão*. Enquanto isso, no San Diego Tribune, todas as páginas saiam eletronicamente prontas (copidescadas, editadas, diagramadas e inclusive com fotos) direta e silenciosamente do terminal de computador do editor para a oficina de fotolitos. No *Estadão*, gastava-se mais de uma hora entre o fechamento de uma edição, na redação, e o início da impressão pelas rotativas. No San Diego - onde já não existiam laudas diagramas e contínuos — esse tempo não ia além de quinze minutos. Em síntese, lá já estavam funcionando os equipamentos e sistemas de informática, que só começaram a aparecer no Brasil uns dez anos depois.

Nas redações das agências de notícias, nada de ceguinhas ou fitas perfuradas. Tudo escrito, traduzido, editado e transmitido por terminais de computação para diversos circuitos de teletipos, em velocidade que variavam de 50 a 200 *bouds*. A duras penas, embaralhando meadas de fitas, a *AE* tinha quatro circuitos diferentes: de São Paulo, do Leste e Nordeste, do Centro-Oeste e Amazônia, o do Sul além o do Serviço Econômico. Nas centrais da *AP* e *UPI*, cada um dos computadores (enormes, ocupando uma sala inteira) comandavam uns cinquenta circuitos, com transmissões diferenciadas por assunto e regiões geográficas onde estavam seus assinantes - Leste, Meio-Oeste, Norte e Sul dos Estados Unidos, mais Europa, Ásia, América Central, América do Sul e África (para as Américas Central e do Sul eram duas transmissões: em inglês e espanhol). Só para o noticiário da cidade de Nova York - dividido por editorias de esportes, polícia, política, economia, artes, variedades, etc - a *AP* dispunha de oito ou nove circuitos. Outros cinco ou seis transmitiam notícias de outros Estados e do resto do mundo. A *UPI* tinha um outro tanto.

Para a transmissão de telefotos, a *UPI* estava aposentando as máquinas do modelo alugado pela *Agência Estado*. Já estava usando uma nova, com raios laser, semelhantes aos atuais aparelhos de fax, porém com definição de imagem muito melhor.

Na agência Copley News Service, em San Diego, Califórnia, fiquei impressionado com a distribuição de *features* e fotos para mais de cem jornais americanos. As remessas pelo correio eram diárias e chegavam aos clientes no máximo em 24 horas, coisa que não se podia imaginar no Brasil de 1974.

De volta ao passado, senti que teria de esperar muito tempo para ver coisas semelhantes funcionando no Brasil. Apesar disso, achei que poderíamos montar pelo menos um serviço semelhante ao que havia visto na *Dow Jones*, em Nova York. Lá, estava começando a ser implantado um serviço econômico especial para empresas. Na época eram apenas uns 50 clientes - entre eles as maiores multinacionais americanas e europeias - que já proporcionavam à agência uma receita igual ou superior à recebida com o fornecimento de notícias para centenas de jornais de todo o mundo. Em síntese, tratava-se de uma nova clientela muito menor que a antiga, mas com muito mais interesse e dinheiro para custear o serviço.

Na *AE*, desde que havíamos montado o Serviço Econômico, uns dois anos antes, volta e meia recebíamos alguma sondagem de empresas interessadas nesse noticiário. Porém, nunca chegamos a discutir o assunto, por falta de interesse da diretoria da *Agência Estado*. Aí, achei que poderia motivar esse interesse, mostrando o sucesso que a *Dow Jones* estava alcançando. Fiz uma proposta e ela foi demolida com um argumento do dr. Montes: não poderíamos fornecer notícias diretamente às empresas porque, se os grandes empresários do país pudessem ler as notícias do *Estadão* antes de ele ser publicado, o jornal deixaria de ser lido por essa elite econômica. E, consequentemente, seus anúncios perderiam a força e o valor de serem lidos por esse público de alto poder aquisitivo.

Rédeas curtas

No ano de 1975 a *Agência Estado* tomou impulso com a obtenção de novos canais e com a aproximação da mudança para a moderna e ampla sede da Avenida Engenheiro Caetano Álvares. Lá teríamos um espaço nunca sonhado para instalar a redação e as cabines de telefotos e dos teletipistas. Os projetos para a nova sede eram tão grandiosos que, por vezes, cheguei a pensar que toda aquela tecnologia futurista, que havia visto nos Estados Unidos, não demoraria muito a chegar.

Esse embalo durou pouco. Realmente tivemos muito mais espaço e equipamentos na nova sede. Porém, logo surgiu a necessidade de contenção de despesas, acompanhada de uma série de mudanças administrativas. A *Agência*, que até ali estava diretamente subordinada à diretoria, ficou sob a supervisão do gerente Paulo Palleto Pontes. Além de cortar qualquer esperança de investimento, ele passou a gerir com rédeas curtas todos os contratos com os assinantes. Não admitia *déficit*, por menor que fosse. Compreendia que isso era a função dele, mas senti que para cumprir as novas regras, a *AE* teria de interromper seu crescimento.

Então, pela enésina e última vez, fui ao dr. César Costa pedir minha transferência para a reportagem do *Estadão*. Ele me mandou falar com o dr. Júlio Neto, a quem voltei a explicar os motivos que me levavam a deixar a *AE*. Dr. Júlio me ouviu sem fazer comentários. Depois, me perguntou se eu já havia recebido a promoção que ele havia mandado me dar no mês anterior. Respondi que não e acrescentei que um salário maior não era a minha preocupação naquele momento. Eu queria mesmo era voltar a ser repórter. Aí, ele me disse para esperar a promoção e que, logo em seguida, eu iria para a reportagem.

O aumento veio no salário seguinte. Assim, em setembro de 1976 - três meses após a mudança para a nova sede - eu deixava a *AE* nas mãos do Samuel Dirceu, para assumir a função máxima que poderia desejar: repórter especial de *O Estado de S. Paulo.*

"Inteligência insuficiente"

Apesar de a *AE* e o *Estado,* serem empresas do mesmo grupo, precisei passar por um ritual burocrático, para trocar de cargo: ser demitido da agência e ser admitido no jornal. Para a admissão, me mandaram fazer uma avaliação psicológica. A jovem psicóloga me submeteu a um daqueles longos testes, cheios de desenhos, para fazer, e quebra-cabeças, para resolver, com minutos cronometrados para cada item. Fui mal no teste. A psicóloga diagnosticou em seu laudo: "Inteligência insuficiente para o desempenho do cargo". Eu estava reprovado. Então, Milson Boyago, assessor do dr. Júlio Neto, foi resolver a questão. "Você precisa refazer este laudo, porque o Salgado já trabalha na casa, há anos, e tem apresentado um bom serviço. Além do mais, quem o indicou para o cargo é um dos donos do jornal. Portanto, QI é o que não falta para ele". O laudo foi refeito.

Ainda hoje, volta e quando, faço uma grande burrada, a reconheço e penso: "Aquela psicóloga do *Estadão* estava coberta de razão".

Como repórter especial, passei a integrar um seleto grupo de sete profissionais, onde estavam: Carlos Monfort, Carlos

Nos fins de 1971 a redação do *Estadão* passou a abrigar os jornalistas da *AE*

Sardemberg, Etevaldo Siqueira, Moacir Castro, Ricardo Kostcho e Sergio Motta Mello. Uma vez por mês, o grupo se reunia para escolher as reportagens que cada um iria fazer. À exceção de Moacir, que tinha pavor de viajar de avião, os demais sempre propunham assuntos no exterior. Um dia, Etevaldo propôs a evolução da cosmonáutica na União Soviética; Sergio, a cobertura da eleição presidencial nos Estados Unidos, Monfort, os 20 anos da revolução anticomunista na Hungria; eu, a precariedade da Transamazônica. Surpresos, meus colegas questionaram se eu não gostaria de conhecer a Europa, ou voltar aos Estados Unidos.

"Agora, não." – respondi – "Se eu demorar uns vinte anos para ir a Paris, a Torre Eiffel vai estar lá no mesmo lugar e o Louvre, ainda mais rico. A Amazônia está se transformando dia a dia. Em pouco tempo, já não será vista, como é hoje."

Continuei a me embrenhar nos confins da Amazônia e Centro-Oeste, fazendo as reportagens que eu sempre quis fazer. Estava muito satisfeito e nem imaginava que um dia pudesse deixar esse serviço.

Mas não sou mesmo de esquentar lugar e esse dia chegou um ano depois. Fui buscar informações a respeito da divisão do Estado de Mato Grosso. Apaixonei-me por um projeto de colonização em pleno cerrado, a trezentos quilômetros ao norte da cidade mais próxima, Barra do Garças. Voltei com três reportagens e pedido de demissão.

E lá fui eu - com minha Aninha e dois filhos - fazer *sozinho* o meu *Jornal da Terra*, em um povoado que era para ser a cidade sede de um novo e grande município e até hoje só chegou a ser distrito. Foi uma magnífica aventura que durou dois anos. Mas isso já é uma outra história.

À procura dos "índios gigantes"

Em janeiro de 1972, eu e o fotógrafo Rolando de Freitas acompanhamos o início da expedição dos irmãos Orlando e Cláudio Villas Boas, que procurava afastar os índios *kranhacârores* da rota da rodovia Cuiabá–Santarém. Esses índios, completamente isolados – não tinham contatos nem com outros índios da mesma nação. Viviam perto da divisa do Pará com Mato Grosso, na altura da Serra do Cachimbo. Deveriam ser levados para o Parque do Xingu, porque a sobrevivência deles estava ameaçada pela estrada.

Eles eram tidos como gigantes, por um fato curioso: anos antes, quando os Villas Boas contactaram os *txucaramães* encontraram na tribo um índio, chamado Mengrire, com 2,04 m de altura. Como os demais não chegavam a 1,80 m, isso chamou atenção. Os irmãos sertanistas procuraram saber a história de Mengrire e os *txucaramães* disseram que ele havia sido roubado, ainda criança, de uma outra tribo, a dos *kranhacârores* e que lá, todos eram altos como

jornal da tarde

Cr$ 0,50

O ESTADO DE S. PAULO

Primeiro contato com os índios gigantes: flechas contra o avião.

Foto do arquivo pessoal do autor

Matéria sobre o ataque dos "índios gigantes"

ele. Aí, é preciso explicar que as tribos guerreavam entre elas, não para conquistar riquezas ou territórios, mas para roubar mulheres e crianças. Isso era um recurso para injetar sangue novo na tribo, evitando a degeneração da raça, sem correr o risco de alterar seus hábitos, pois as mulheres eram mantidas submissas e as crianças cresciam como um integrante normal de sua nova tribo.

Os *kranhacârores*, alimentavam a crença de que eram gigantes, pelo tamanho avantajado dos seus utensílios. Enquanto as bordunas dos outros índios não passava de 1,5m, as deles tinham mais de dois metros. O mesmo acontecia com arcos e flechas. Com estes e outros ingredientes misteriosos, a busca dos *kranhacârores* passou a ser uma novela de sucesso nacional, mas ninguém sabia exatamente onde eles estavam.

Eu e Rolando acompanhamos a expedição dos Villas Boas até o acampamento da turma de topografia, que traçava a estrada e estava situado a uns trinta quilômetros ao sul da base da Aeronáutica, no alto da Serra do Cachimbo. Já estávamos de volta a Cuiabá, para pegar o avião para São Paulo, quando soubemos, já no aeroporto, que um piloto de táxi-aéreo. chamado Soler tinha localizado a aldeia desses índios. Fretamos o próprio táxi-aéreo do Soler para ir fotografar a aldeia.

O roteiro para chegar lá era o seguinte: localizar o rio Peixoto de Azevedo, na rota da Cuiabá-Santarém e seguir sobre ele, no rumo oeste, até encontrar um afluente da margem direita, chamado Braço Norte. Sobrevoar esse o rio e a uns dez ou quinze quilômetros, antes de sua foz, estava a aldeia dos *kranhacârores*. Fácil a descrição da rota. Difícil foi segui-la, naquele tempo em que eram muito precários os instrumentos de navegação aérea. Quando chegamos ao Peixoto de Azevedo as nuvens estavam baixas, a menos de 150 metros do solo. Então voamos abaixo do colchão de nuvens e mergulhamos num rasante em cima da aldeia. Imediatamente, tivemos de subir acima das nuvens porque, logo à frente estavam as montanhas da Serra do Cachimbo. Rolando pediu outros rasantes sobre a aldeia. Então, tivemos de voltar ao trecho onde o Peixoto de Azevedo

Na picada de topografia da Cuiabá-Santarém, em carreta puxada por trator

Foto do arquivo pessoal do autor

estava descoberto, a uns trinta quilômetros e repetir a operação, que demorava uns quinze minutos.

O avião de Soler era um piper. Monomotor, de asa baixa, o que obrigava uma grande inclinação lateral para tirar as fotos. E ainda havia um complicador a mais. Somente do lado do piloto, à esquerda, havia uma janelinha que permitia enfiar a objetiva, para fotografar livre das distorções provocadas pelo parabrisas. Aí, em pleno voo, Rolando resolveu trocar de lugar com Soler. Foi uma manobra bem difícil, porque os dois eram corpulentos e a cabine do avião tinha o tamanho da de um automóvel pequeno.

Demos novos rasantes sobre a aldeia. No primeiro, houve um alvoroço entre os índios, mas eles apenas correram cada um para um lado. No rasante seguinte, já começaram a atirar flechas no rumo do avião, mas sem calcular bem a velocidade do aparelho. Assim, as flechas passaram depois do avião. No outro rasante, já corrigiram esse erro e a asa do piper foi atingida por uma flecha. Não houve danos, porque foi uma colisão na transversal da flecha. Aí eu disse: "Vamos embora. Se eles perceberem que chegamos sobre a aldeia sempre na mesma posição, vão nos esperar de frente e, somando a velocidade das flechas com a do avião, vamos virar churrascos".

Valeu a pena todas essas nossas peripécias: no dia 22 de janeiro de 1972, isso foi manchete do *Jornal da Tarde*, que saiu com uma foto dos índios atirando flecha contra o avião, ocupando quase toda a primeira página. Só não contamos a loucura dos rasantes para não colocarmos em risco o brevê do Soler.

Disco voador

Naquele episódio me senti como se fosse tripulante de um disco voador frente a algum ataque de artilharia ou de algum avião de combate, cena comum em filmes de ficção. Imaginei que havia um degrau tecnológico de uns 10 mil anos. Entre nós, a bordo daquele aviãozinho, e os índios, ainda na Idade da Pedra Polida. Deve haver uma diferença de distância semelhante entre o estágio tecnológico em que nós estamos e o alcançado pelos homens dos discos voadores vindos de planetas situados nos confins do universo. Esse é o tema de uma ficção que desde 1972 eu pretendo escrever. Quem sabe, se agora escrevo?

A cidade que não existia

Depois de tantos rasantes sobre a aldeia dos *kranhacârores*, o piper precisou ser reabastecido para voltarmos a Cuiabá. Para isso, descemos na pista mais próxima: uma clareira comprida, recém-aberta na selva, em um ponto onde já chegava uma precaríssima estrada de terra. Junto da pista, um rancho de palha, cheio de tambores de gasolina de aviação e uma placa grande e bem desenhada: "Bem-vindo à Cidade Vera!" Não havia cidade, nem outras picadas, além da pista de pouso, que pudessem indicar a abertura de ruas no meio da floresta.

Rolando de Freitas achou aquilo muito curioso e fez belas fotos da placa, enquanto eu conversava com um topógrafo que fazia algumas demarcações. Ele me contou que aquela pista estreita e a estradinha cheia de atoleiros eram os primeiros passos para a colonização de uma gleba de 400 mil hectares, adquirida pela Sociedade Imobiliária Norte do Paraná –SINOP. Além da cidade principal que levaria o nome da empresa, seriam erguidas as satélites Cidade Carmem e Cidade Vera.

Sobe uma grande foto da placa, o *Jornal da Tarde* publicou um texto meu sobre aquele novo Brasil que estava surgindo, com o título: "Bem-vindo a Vera, a cidade que ainda não existe'.

Meses depois, eu estava no acampamento à margem direita do Rio Peixoto de Azevedo, onde a clareira para lançar mantimentos já havia sido ampliada para pista de pouso. Nela desceu o meu conhecido piloto Soler, trazendo uma correspondência para mim. Era um convite para inauguração da Cidade Vera. Nas margens do convite, Ênio Pepinho, o dono da Colonizadora Sinop tinha escrito em letras miúdas: "Salgado, bem-vindo a Vera, a cidade que já existe".

Soler me disse que Pepino o colocara à minha disposição para me levar à inauguração, que seria no dia seguinte e me trazer de volta ao acampamento, logo que terminassem as festas. Agradeci o amável convite mas não o aceitei porque, se o tempo fechasse eu poderia ficar dias sem voltar ao acampamento, onde acreditava-se que de um hora para outra os *kranhacârores* podiam aparecer.

Assunto pessoal

Na primeira viagem para acompanhar a expedição dos irmãos Villas Boas, na vanguarda da construção da Cuiabá-Santarém, conheci o chefe da equipe de topografia. Era um homem claro, magro, alto e forte. Tinha uns cinquenta anos, cabeça completamente branca e barba por fazer. Ele me falou bastante sobre seu trabalho, mas foi econômico quanto suas experiências e aventuras pelos confins da Amazônia. Conversei com ele sem fazer anotações. Em reportagem publicada pelo *Jornal da Tarde*, acabei citando seu nome um tanto complicado - que vi escrito em uma caderneta de topografia.

Mais de um mês após a publicação da matéria, em uma segunda-feira, cheguei à redação pouco depois do meio-dia e recebi um recado:

— "Tem um cara aflito para falar com você. Já ligou umas quatro vezes e não quis dizer o assunto. É assunto pessoal, alegou."

— "Como é o nome dele?"

— "Roberto Gu-mu-li-kaus-ki" - respondeu-me a colega Edi Cescatto, pronunciando uma por uma as sílabas que havia anotado.

— "Assunto pessoal, com um cara que eu não conheço? Estranho, mas vamos ver o que é."

Pedi a papeleta onde estavam o nome esquisito e o número do telefone, que tinha prefixo do centro da cidade. Enquanto discava, me veio uma vaga lembrança: Gumulikauski, já ouvi esse nome, mas não me recordo onde, nem quando.

Liguei. A secretária atendeu e disse: "Ótimo o senhor ter telefonado. O dr. Roberto está ansioso para falar com o senhor".

Enquanto esperava a transferência da ligação, imaginei que seria uma longa conversa. Não foi.

— "O senhor tem cinco minutos para conversar comigo aí na redação?"

— "Tenho", respondi.

— "Então, já estou indo..." - disse o homem, com jeito de quem não queria perder tempo.

Não demorou quinze minutos e lá estava ele entrando na redação. Bem vestido, terno, gravata, cabeça branca, alto, claro e... apressado. Olhei a figura e pensei: já vi essa cara em algum lugar. Aí, ele me contou a história:

— "Tenho um irmão que está desaparecido há 25 anos. Meu pai acha que ele já morreu, mas mamãe não perde a esperança de encontrá-lo. Agora, neste fim de semana, por acaso, vi o nome dele em um jornal velho, numa reportagem que o senhor fez" - disse, tirando de um envelope pardo uma página amarrotada do *JT* e disparando uma pergunta angustiada: "Será que esse Vitor Gumulikauski é o meu irmão?"

Nem precisei rever a reportagem para responder com toda certeza: "É ele mesmo!"

Não podia haver dúvidas. Primeiro, não acreditava que, em todo o país, pudesse haver duas pessoas com aquele nome tão raro. Segundo e definitivo - minha memória voltou com toda força e clareza - o doutor elegante que estava à minha frente era cópia fiel e muito bem acabada daquele homem rude, metido em botas e calças sujas de lama, que eu havia encontrado nas selvas do sul do Pará.

Ao ouvir minha resposta, Roberto botou pra fora uma emoção difícil de descrever. Sorria, com os olhos cheios d´água; disparava perguntas e, antes de ouvir as respostas, já estava fazendo outras, contando fragmentos da história do irmão, ou imaginando a alegria que teriam seus pais - já na casa dos oitenta anos - ao saber que o filho desaparecido estava vivo, forte e em pleno batente.

Antes que ele telefonasse para a mãe, dando a grande notícia, resolvi tornar aquela emoção ainda maior. Pedi ao arquivo do jornal que me mandasse as provas dos negativos do belo trabalho fotográfico feito pelo Rolando de Freitas, meu companheiro naquela reportagem. Com uma lupa, procurei o Vitor nas fotos pequenas e lá o encontrei, quase sempre de perfil, com jeito de quem não tinha a mínima vontade de aparecer no jornal. Mandei ampliar umas três ou quatro, caprichando nos detalhes, onde ele aparecia.

As fotos ficaram boas e mostravam bem as semelhanças entre Vitor e o irmão, que me agradeceu com um abraço comovido. Antes de sair, apressado como chegou, Roberto me perguntou como poderia fazer para entrar em contato com Vitor, lá naqueles confins do Pará. Informei que ele poderia mandar uma carta aos cuidados do 9º Batalhão de Engenharia e Construções, que construía a estrada e tinha sede em Cuiabá.

Alguns dias depois, véspera da Páscoa, recebi um enorme ovo de chocolate, com um cartãozinho escrito com letras miúdas e trêmulas. Era a mamãe Gumulikauski agradecendo por eu ter encontrado o seu filho. Pena ter perdido esse cartão, nas inúmeras mudanças que fiz nessa minha vida meio cigana. Por muito tempo eu o guardei, como um troféu transbordante de emoções.

Em maio de 1972, voltei à selva para fazer novas matérias sobre a expedição dos Villas Boas e os trabalhos na Cuiabá--Santarém. Mal cheguei ao acampamento da topografia e lá veio o Vitor, furioso! Teria me batido, se não fosse a tradicional turma do deixa-disso. Contido e mais calmo, o topógrafo desabafou:

— "A gente faz um esforço tremendo para romper todos os laços de família, para sumir do mapa e da civilização e, nesse fim de mundo, vem um filho da puta de um repórter para botar o nome da gente no jornal. Agora vai começar tudo de novo. Vou ter de visitar meus pais, escrever cartas para eles, contar o que estou fazendo, ouvir sermões para mudar de vida e arranjar um trabalho menos selvagem. Vai ser uma merda..."

Levei um susto com aquela reação. Poderia até imaginar que o cabeça branca tivesse se metido no mato, fugindo da polícia, como era muito comum naquelas bandas, mas nunca iria supor que ele estivesse querendo toda distância possível de pessoas tão amáveis, como seu irmão e sua velha mãe. Desculpei-me, encabulado e até sentido um pouco de remorso pelo transtorno que - por xeretice - eu tinha causado àquele homem, até então, vivendo em completa paz e tranquilidade, rasgando trilhas e fazendo medições em uma natureza intocada.

Passei quatro meses lembrando constantemente daquela história estranha, que me deixava a consciência um tanto pesada. Aí, novas reportagens me levaram de volta ao acampamento, que já estava em Mato Grosso, a mais de cem quilômetros ao sul do primeiro, avançando cada vez mais no território dos *kranhacâncores*, na rota da Cuiabá-Santarém.

Aí encontrei um outro Vitor. Novamente tranquilo, em paz com a natureza e - pela primeira vez, em muitos anos - com a família. Muito amistoso, ele veio me cumprimentar. Contou que tinha viajado a São Paulo, com a mulher e filhas (que moravam em Cuiabá), para apresentá-las aos seus pais. Falou que foi um encontro alegre, feliz, sem sermões, reprimendas ou ressentimentos pelos tempos que ele passou desaparecido. No fim da conversa, bateu no meu ombro e disse:

— Até que não foi tão ruim você ter me encontrado...

Consciência pesada

Quem gosta de final feliz, não deve ler este adendo: Depois de escrever esta história, trinta anos após ela ter acontecido, tive a curiosidade - ou melhor, a xeretice — de saber como teriam evoluído essas relações familiares de lá para cá. Descobri o telefone de Roberto. Liguei e ele me contou outra versão: Vitor e a família, realmente vieram visitar os velhos pais. Porém, não houve qualquer reconciliação. Vitor tocou em velhas feridas, provocou discussões, xingou todo mundo e sumiu mais uma vez. "Mamãe chorou mais depois daquele reencontro, que nos 25 anos em que Vitor estava desaparecido" - resumiu Roberto que nunca mais quis saber do irmão.

Resultado da xeretice: minha consciência voltou a pesar.

Trabalhador flechado

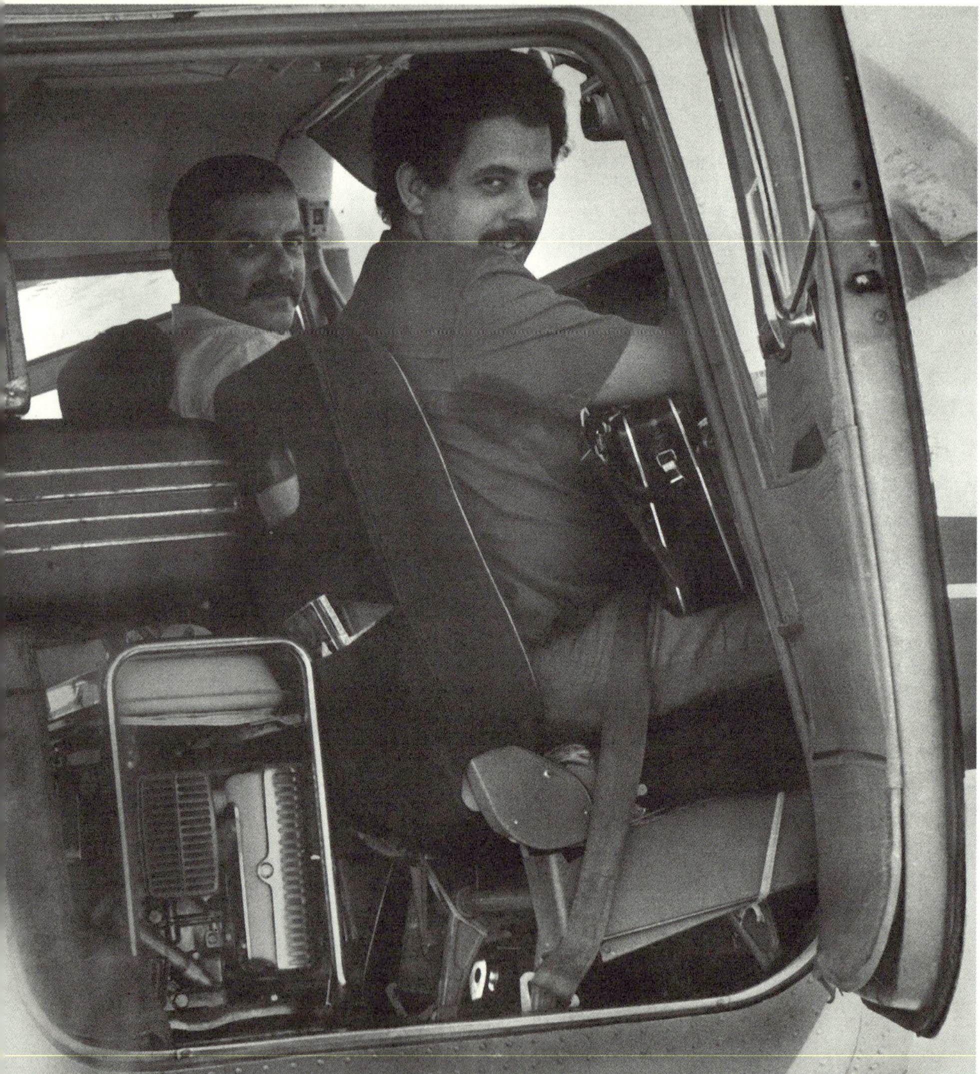

Foto do arquivo pessoal do autor

Táxi-aéreo lotado de tralhas para transmitir notícias em plena selva. Hoje, bastaria um celular via satélite.

NA SEGUNDA VEZ que fomos acompanhar a expedição dos Villas Boas - em maio de 1972 - ela já estava em um acampamento a uns 120 quilômetros ao sul da base de Cachimbo. Chegava-se até esse acampamento por um voo de uns 80 km em um aviãozinho da FAB – o O-19 – que só levava o piloto e um passageiro; o restante por um caminho de serviço transitável por uma caminhonete com tração nas 4 rodas. Foram trocados meus companheiros de viagem. Alaor Martins foi como operador de rádio e Reginaldo Manente, como fotógrafo. Até Cachimbo, fomos em um táxi-aéreo lotado de tralhas. Levamos um pequeno motor a gasolina, que movia um gerador de eletricidade, um laboratório fotográfico, o rádio transmissor e o aparelho de telefoto, nossas malas de roupas; para dormir, redes que seriam penduradas em árvores e uma pequena lona para cobri-las, o que não adiantava nada, pois quando chovia, a água escorria pelo tronco da árvore e pelos punhos da rede e nos deixava molhados, como se estivéssemos ao relento.

Alaor nem saiu da base. Instalou-se em um apartamento cedido pelo pessoal da Aeronáutica e achou dispensável alimentar mosquitos na mata. Manente foi comigo, mas preferiu voltar à base de Cachimbo, logo no dia seguinte, quando soube que a expedição faria uma caminhada de 24 quilômetros até a margem do rio Peixoto de Azevedo, onde seria o novo acampamento. Orlando achava mais prudente fazer esta caminhada em uma tacada só, a interrompê-la e fixar acampamento, mesmo que por uma noite só, no meio de uma área frequentada pelos *kranhacârores*. Meus companheiros mesmo, nessa aventura, foram o fotógrafo Pedro Martinelli e o repórter Etevaldo Dias, enviados por *O Globo*. A caminhada foi muito cansativa. Caminhar 24 quilômetros em pista plana, pavimentada, já é uma prova bem dura. E é duríssima, quando se caminha em terreno escorregadio, tropeçando em cipós, subindo e descendo ladeiras. Tarefa mais difícil ainda para o Pedro, que levava uma pesada mochila, com câmeras e objetivas e mais os seus 115 quilos, peso que ele tinha, quando começou a participar da expedição.

Logo que chegou à beira do Peixoto de Azevedo, a expedição tratou de abrir um clareira para que o O-19 jogasse alimentos. O mais aguardado era o sal. Com a preocupação de só levar o essencial para o novo acampamento aliviando ao máximo a carga para transportar nas costas, o cozinheiro esqueceu-se do sal. Aí, passou a cozinhar todos os alimentos na água em que ele deixava de molho a carne seca, ou jabá. Resultado: feijão, arroz, peixe, legumes, tudo ficava com gosto de jabá. Passaram-se duas semanas assim. Ninguém aguentava mais o gosto de jabá em tudo que se comia.

Aí, foi aberta a clareira, jogados os alimentos e o acampamento caiu em uma pasmaceira, insuportável para repórteres. Os trabalhos de topografia prosseguiam, mas isso não era notícia. Eu e o Etevaldo resolvemos ir embora. Havia uma recomendação dos Villas Boas para que não se andasse na selva em grupo de menos de oito pessoas. Isso porque acreditavam que os *kranhacãrores* não atacariam um grupo numeroso. Então, aproveitamos para acompanhar um grupo de dez trabalhadores da turma de topografia, que veio trazer instrumentos de medição ao acampamento do Peixoto de Azevedo, e estava de volta a um outro acampamento estabelecido há poucos dias a uns doze quilômetros dali, em local que já era atingido pela caminhonete.

Caminhamos os doze quilômetros sem problemas e, no outro acampamento, ficamos à espera da caminhonete. Esperamos um, dois dias. Ela não veio. No terceiro, decidimos caminhar até o acampamento em que pernoitamos antes da caminhada de 24 quilômetros. Aí, não teríamos companhia de outras pessoas. Só eu e o Etevaldo. Seis da manhã, já estávamos na picada. Esperávamos chegar ao outro acampamento na hora do almoço. De fato, chegamos pouco depois do meio-dia. Mas não havia almoço, nem ninguém no acampamento. Panelas com restos de comida, sobre o fogão; roupas penduradas em varais eram sinais de que o acampamento havia sido abandonado às pressas. Por que? Não tínhamos a mínima ideia.

Decidimos continuar a caminhada, após um banho em um riacho, para refrescar, que o calor já estava muito forte. Forte também estava a fome. Os restos de comida que encontramos não pareciam muito saudáveis e os ignoramos. Então almocei o último tablete de chocolate que havia na minha mochila e o Etevaldo bebeu o último gole de seu Biotônico Fontoura. Andamos até começar a anoitecer, quando chegamos ao acampamento situado junto à pista de pouso e o rio Braço Norte. Lá soubemos que o trabalhador Aureliano Bispo de Oliveira fora flechado por um *kranhacârore*, quando abria uma picada de topografia, na área do acampamento Peixoto de Azevedo.

Já fazia três dias que ele estava ferido, mas ainda aguardava um helicóptero que o retirasse do meio da selva e o levasse para algum lugar, onde ele pudesse ser operado. Naquela época, helicóptero era uma raridade no Brasil e o que veio socorrê-lo saiu de uma base em Florianópolis. Aureliano sobreviveu porque era muito forte, parecia um campeão de boxe, categoria peso pesado. A flecha, com uma ponta serrilhada de quase 30 centímetros, atravessou seu bíceps esquerdo, entrou no tórax, resvalou em uma costela e ficou com um pedaço da ponta aparecendo sobre o mamilo esquerdo. Como era serrilhada, com dentes de uns dois centímetros, a flecha não podia ser arrancada, a não ser por cirurgia, feita de maneira meio improvisada, logo que Aureliano chegou na base de Cachimbo.

Quando chegamos à base, levamos uma grande bronca de Orlando, por passarmos um dia inteiro caminhando, sozinhos, pela mata:

"Vocês também poderiam ter sido flechados. Não façam mais esse tipo de irresponsabilidade!"

O "apanha-mensagens"

No começo de agosto de 1972 tinha-se como iminente o contato dos *kranhacârores* com a expedição dos Villas Boas. Lá fui eu, pela terceira vez, cuidar daquele que era um dos mais empolgantes assuntos nacionais. A lenda dos índios gigantes era discutida em todo o país. Naquele mês a clareira do acampamento do Peixoto de Azevedo, já tinha sido transformada em pista de pouso para o O-19 da FAB e ficou muito mais fácil chegar à frente de trabalho. Alaor e Manente acompanharam-me até lá. Montaram a "sucursal do Peixoto de Azevedo"– uma barraca de camping que abrigava o radiotransmissor e o aparelho de radiofoto. As fotos só podiam ser reveladas e copiadas à noite, porque não dispúnhamos de um quarto escuro.

Ficamos nesse acampamento por uma semana. Então, Orlando resolveu levar a expedição para mais perto das aldeias *kranhacârores*. Foi um dia de viagem de canoa, descendo o Peixoto de Azevedo, até a foz do Rio Braço Norte. Alaor preferiu voltar para Cachimbo. Manente foi até o novo acampamento,

Foto do arquivo pessoal do autor

O 019 dando o rasante para o apanha-mensagem

A "sucursal do Peixoto de Azevedo" em uma clareira na selva

mas só ficou um dia por lá. Também voltou para Cachimbo. Nesse meio de tempo, pifou o rádio transmissor da expedição, uma sucata da Segunda Guerra Mundial, como quase tudo que se usava no Exército, naquela época. Ficamos preocupados, porque Orlando não estava muito bem de saúde – sua pressão ia além de 30 – e, a qualquer hora ele poderia precisar de socorro ou medicamentos.

O O-19 da FAB, baseado em Cachimbo, passava todo dia de manhã pelo acampamento. Jogava no rio pacotes de correspondências e fardo de alimentos. Esse aviãozinho, dando rasantes sobre o rio e o acampamento era nosso único vínculo com a civilização. E, desde a pane em nosso transmissor, um vínculo em mão única, pois não podíamos falar com seu piloto, o tenente.

Aí, eu me lembrei que, quando servi o Exército, aprendi uma maneira um tanto estranha de se comunicar com pequenos aviões de observação: o "apanha-mensagens" Basicamente era

Foto do arquivo pessoal do autor

Um dia viajando de canoa pelo Peixoto de Azevedo. Único jeito de se chegar ao acampamento.

o seguinte: no alto de um morro descoberto de vegetação alta, cravavam-se duas varas de madeira, com uns quatro metros de altura. No alto das varas, cravavam-se pregos longos que as atravessavam. Aí, passava-se uma linha grossa pelas pontas dos pregos, fechando-a em um pacote com as mensagens. No chão, uma flecha sinalizava o sentido em que o aviãozinho tinha de passar e jogar um gancho, feito de três anzois, pendurado em uma corda para puxar a linha esticada entre as varas e o pacote de mensagens. Havia, porém alguns problemas para montar aquele apanha-mensagens, na situação em que estávamos. Não havia um morro descoberto, nem chão para sinalizar o sentido em que o aviãozinho deveria passar. Muito menos teríamos como combinar a operação com o piloto. Como não havia outro jeito, só nos restava tentar. Na falta de um morro, usaríamos um trecho menos curvo do rio, que permitisse o O-19 dar um rasante. O sentido do rasante seria o mesmo da correnteza do rio. Tinha certeza de que a operação ia dar certo, porque o tenente , entre as lições que recebeu para pilotar aquele avião de observação, deveria ter aprendido reconhecer e operar um "apanha-mensagens".

De fato, deu certo. O aviãozinho passou devagar, deu uma balançada de asas e foi a Cachimbo buscar o gancho que precisava. Deu novo rasante e levou um pacote com notícias e filmes para revelar fotos e remeter por radiofotos. A partir daí, graças à ajuda dos meus concorrentes Etevaldo Dias e Pedro Martinelli, eu podia mandar notícias diárias do meio daquela selva, como se estivesse em algum lugar civilizado. Mas não era nada fácil. Fincamos as varas de madeira em um banco de areia, no fundo do rio e volta e meia uma correnteza mais forte derrubava as varas com as mensagens. Tudo precisava ser montado de novo, rapidamente, antes que o aviãozinho aparecesse.

No começo, não havia problemas por fincar as varas no fundo do rio, com a água pouco passando de nossas cinturas. Bastava o Pedro pendurar-se nelas, com seus 115 quilos e pronto. A coisa ficou mais difícil depois de um ataque de piranhas. Foi o seguinte: resolvemos tomar banho em uma praia linda, que ficava a uns quinhentos metros do acampamento. Na caminhada pela mata, um indiozinho de 14 anos, que integrava a expedição, deu uma topada e ficou com o dedão do pé direito sangrando levemente. Foi só ele entrar na água e já gritou: "Piranha!" e saiu correndo. Deu meia dúzia de passos para atingir um lugar seco e já estava com o dedão descarnado, osso aparecendo, unha caindo. dr. Gerd Henrique Stoeber, o médico da expedição, teve

Foto do arquivo pessoal do autor

Em plena selva, à luz de velas, escrevendo notícias que, no dia seguinte, estariam no jornal.

de improvisar uma operação plástica, ali no meio da selva, para reconstruir o dedão do indiozinho.

A partir daí, nenhum de nós tinha coragem de entrar no rio. Banhos, só de caneca. Com isso ficou muito mais difícil de fincar as varas no fundo do rio, de dentro de canoas. Apesar desses problemas, continuamos mandando nossas notícias diárias, inclusive, a da nossa visita às duas aldeias *kranhacârores*, onde tudo foi encontrado queimado. Resultado: se não havia aldeias e os *kranhacârores* estavam espalhados pela mata, era impossível o tão esperado contato. Era preciso dar tempo ao tempo.

Prêmio Esso de reportagem

Em 1973, eu estava para ir pela quarta vez acompanhar a expedição dos Villas Boas. Aí, o Raul Bastos me disse: "Tem um colega nosso da sucursal do ABC, o José Marqueis, que está sufocado pela poluição de lá e quer respirar um pouco de ar puro na Amazônia. Ele me pediu para perguntar se você não abre mão desta viagem para ele".

"Não tem problema. Ele pode ir no meu lugar" - respondi e ainda emprestei algumas coisas que o Marqueis iria precisar: mochila, coturnos, cantil e rede para dormir. Ele teve sorte: chegou no acampamento em um dia e os *kranhacârores* apareceram por lá no dia seguinte. Marqueis conseguiu umas boas fotos do histórico encontro com o novo médico da expedição, Rubens Belfot Filho e pronto, ganhou o prêmio mais cobiçado pela imprensa brasileira: o Esso de Reportagem de 1973.

O contato revelou que os *kranhacârores* não eram gigantes. Tinham a altura média dos integrantes do grupo Gê, de mais ou menos 1,70 m. Mengrire, com seus 2,04 m., que deu origem à lenda, era uma exceção. Sua altura foi generalizada para toda tribo, pelos *txucarramães*, que o capturaram quando criança, para valorizar suas vitórias contra a tribo inimiga.

Mas, certamente, os *kranhacârores* tinham mania de grandeza, porque seus utensílios - bordunas, arcos, flechas, balaios etc - eram muito maiores que os usados por outros índios do mesmo grupo étnico. Dos trezentos e tantos *kranhacârores*, que se calculava haver na região, apenas setenta e poucos foram transferidos para o Parque do Xingu. Os demais, a maioria, morreu contagiada por doenças transmitidas pelos brancos, principalmente a gripe, que é fatal, se alastra com enorme rapidez e contra a qual os índios não têm qualquer resistência.

O outro lado da Transamazônica

A construção da Transamazônica foi a principal peça de propaganda do governo Médici. No início dos anos 1970, todos os jornais e revistas do país estampavam reportagens ufanistas a respeito da estrada, apresentando-a como a grande solução para integrar e desenvolver a gigantesca região coberta de selvas e, até então, praticamente intocada. Todos, não. Desde a tal entrevista dada e negada pelo diretor do DER do Amazonas, o *Estadão* apresentava críticas contundentes ao grande projeto federal, apontando falhas que iam da sua concepção, até a contratação de empreiteiras e às ideias de colonização de suas margens, predominantemente por agricultores fugidos da seca no Nordeste.

Em maio de 1971, em ritmo acelerado, a estrada já abria uma enorme picada no meio das selvas, partindo de Altamira, no rumo de Itaituba. A frente de trabalho atraia gente de todos os cantos do país, principalmente colonos trazidos pelo Incra, que – machados nas mãos, enfrentando a malária - começavam derrubar matas para plantar suas lavouras de subsistência.

Já havia estado lá em 1970, acompanhando os primeiros serviços de topografia. Voltei um ano depois para ver o gigantesco trabalho de terraplenagem que já estava sendo feito, para entrevistar colonos e avaliar o andamento da obra. Quando cheguei a Belém, Fiz uma matéria bem crítica e a despachei para a redação, para publicação dois dias depois. Nesse meio tempo, fui a Salvador, para resolver algumas questões com assinantes da *Agência Estado.*

No dia em que a matéria foi publicada, procurei o *Estadão* em diversas bancas e não encontrei. No começo da noite, tomei um Caravelle para São Paulo. Sentei-me em uma poltrona junto à janela. Ao meu lado, ficou um homem grandalhão, empresário catarinense, de físico e sotaque bem germânicos.

Logo após a decolagem, veio a aeromoça distribuindo jornais. O alemão pediu um *Estadão* e eu, também. Só restava um, que ficou com meu vizinho de poltrona. Pedi outro jornal, mas mantive meus olhos curiosos no *Estadão*, que o alemão ia folheando rapidamente, sem se fixar em qualquer página. Até que chegou aquela em que estava a minha reportagem. Dobrou a página ao meio e firmou os olhos nela, lendo linha por linha.

Eu me contentei em ver os títulos dados para meus textos e as fotos que haviam sido escolhidas. Mal o alemão acabou de ler a reportagem, voltou a aeromoça servindo o jantar. Guardamos os jornais e começamos a conversar. Logo de início, ele comentou: "Interessante. Todos os jornais elogiam a Transamazônica e o *Estadão* faz sérias críticas à estrada."

Respondi que realmente a rodovia criaria mais problemas que soluções e citei, de memória, diversas críticas que havia escrito. O alemão me olhou meio espantado e disse: "Você não leu a reportagem. Como sabe dessas coisas?"

"É... não li, mas fui eu que escrevi". – respondi. Aí começou uma longa e agradável conversa, que só acabou quando chegamos a Congonhas.

Foca, sempre foca

Por mais experiente que seja, um repórter tem que se comportar como um foca. Nada de sentimento de autoconfiança, ou autossuficiência. Nada de "isso eu já sei". Tem de ver e perguntar tudo. Muito mais do que vai precisar para escrever a reportagem. Aprendi esta lição com Lúcio Barbosa, meu chefe na *Gazeta*, quando fui à rua para minhas primeiras reportagens.

Sempre segui a lição e me dei bem, até um dia em que era muito tentadora a ideia de deixá-la de lado. O *Estadão* me mandou fazer uma reportagem sobre as cheias no Pantanal Matogrossense. Já havia estado lá umas quatro ou cinco vezes. Tinha visto aquela grande planície inundada e completamente seca. Sempre correndo, sem tempo para apreciar detidamente aquela natureza exuberante; os milhares de pássaros, em bandos, voando de um lado para outro; o pôr do sol tingindo de vermelho toda a paisagem e, muito menos, para ouvir interessantes causos da região, contados por peões boiadeiros, pescadores e caçadores de onça com zagaia.

Aí, tomei uma decisão: desta vez, vou lá como turista. Tinha uma semana para fazer a matéria, que seria publicada em um domingo. Quis aproveitar bem minhas "férias", fui para Campo Grande no domingo anterior. Segunda cedo, encontrei no hall do hotel, um jornalista novato, que já havia feito uns freelancers de esportes para a *Agência Estado*, enquanto procurava seu primeiro emprego. Tinha conseguido. Agora, era repórter do *Jornal do Brasil* e também estava encarregado de uma matéria sobre a enchente no Pantanal. Dei a ele algumas dicas e telefones de fazendeiros que poderiam ser boas fontes de informações. Ao nos despedirmos, desejei sinceramente que ele fizesse um bom trabalho.

Ele foi enfrentar sua primeira grande reportagem e eu fui passear no Pantanal. Visitei fazendas, comi bons churrascos, ouvi belas modas de viola, admirei pássaros, peixes e jacarés. Na sexta-feira, depois de colher material que julgava suficiente para uma boa reportagem, fui para Cuiabá. Sábado pela manhã, fui à banca de jornais em frente ao hotel. Lá estava o *JB* com a matéria, que até então, não acreditava poder ser concorrente da minha. Engano. Ela focava mil coisas e fatos que eu não havia visto ou ouvido em nenhuma das minhas viagens ao Pantanal. Tinha números e números, estimando prejuízos e custos para reparação de danos.

Tentei, por telefone, obter mais algumas informações para a desmilinguida reportagem que estava começando a escrever. Tentativa inútil. A matéria do *JB* era insuperável.

Levei aquela surra e voltei a ser foca.

Nome do repórter do *JB*: Luiz Fernando Silva Pinto, hoje correspondente da Rede Globo em Washington. Aquele foquinha, realmente, tinha futuro...

O Kuarup

Entre as muitas reportagens que fiz na Amazônia, a que mais gostei foi a do ritual do *kuarup*, no Parque do Xingu, em setembro de 1973. Foi a primeira vez que fiquei por diversos dias hospedado em uma aldeia indígena, a dos *kamaurás*. Conheci bem os seus costumes, comi a comida deles, dormi na maloca dos homens, no centro da aldeia e presenciei um ritual de pompa e riqueza incomparáveis. Hoje o *kuarup* já foi tema de livro e de muitos documentários na televisão. Mas, naquela época era algo completamente inusitado na mídia. A ida ao Xingu rendeu uma série de três grandes reportagens, cujas duas primeiras são transcritas a seguir:

KUARUP, RITUAL QUE A CIVILIZAÇÃO NÃO DESTRUIU

Preservados da influência cultural dos civilizados, índios do Parque Nacional do Xingu repetem, ainda hoje, rituais primitivos tão autênticos quanto de seus antepassados contemporâneos ou anteriores à chegada de Pedro Alvares Cabral. Jakuí, Javari, Moitará e Kuarup são alguns desses raros rituais que sobreviveram a avassaladora influência cultural-religiosa de conquistadores e missionários que durante séculos destruíram quase toda a autenticidade do índio brasileiro e acabaram por transformar tribos fortes e independente em frágeis grupos de párias da sociedade civilizada.

Entre os rituais xinguanos, o mais importante é o *kuarup*, uma festa em homenagem aos mortos que revive a lenda da criação. Nas suas pomposas cerimônias está uma síntese das tradições, bravura e nobreza das tribos participantes.

Milagre da criação, a origem

Mavutsinim, o primeiro homem, resolveu criar o seu povo a partir de seis casais. Cortou seis toras de madeira escura (homens) e seis toras de madeira clara (mulheres) o fincou-as na praia de Morená, na confluência dos rios que formam o Xingu. Enfeitou as toras com cocares, cintos de algodão e pintou-as com tinta de urucum e genipapo. Nas toras dos homens, desenhou sucuris, nas das mulheres, o peixe pintado. Depois, fez uma pequena fogueira ao pé de cada uma para que elas se transformassem em gente.

Cantou durante o resto do dia e parte da noite e as toras não se transformavam em pessoas. De madrugada, começou a chorar por não estar conseguindo o que queria. Quando o sol raiou, as toras foram lentamente se transformando. Vieram primeiro os braços e a cabeça, depois o tronco e as pernas.

Por esse motivo, o ritual se chamou kuarup, que significa exposto ao sol (esta a raiz das palavras quarar e quaradouro, incorporadas ao vocabulário brasileiro).

Mavutsinim cantou e dançou. Nesse momento, para participar da alegria do gênio criador, os peixes saíram dos rios e as onças vieram das matas para - lutar em frente dos Kuarup. Ao participarem do ritual, as onças e os peixes também foram transformados em gente, mas não passaram de índios comuns, pois os nobres foram aqueles nascidos das toras cortadas e enfeitadas por Mavutsinim Resssurreição.

Tempos depois, Mavutsinim resolveu usar o mesmo ritual para ressuscitar os mortos. Cortaram os paus enfeitou-os e colocou-os no meio da aldeia. Começou o ritual e disse que as toras não poderiam ser vistas por mulheres ou por homens que tivessem mantido relações sexuais na noite anterior. Um apenas estava nesta situação e ficou dentro das casas com as mulheres.

Os toros já se estavam transformando — os braços já estavam crescendo, a cabeça e o tronco estavam formados, uma perna já tinha carne, enquanto a outra continuava pau. Meio gente, melo toras, os *kuarup* começavam a se mexer. Os índios gritavam no pátio da aldeia.

Mas, não agüentando a curiosidade, o homem que estava dentro da casa saiu para ver. Instantaneamente, os *kuarup* pararam de se mexer e voltaram a ser apenas toras. Mavutsinim ficou bravo e ralhou com o moço:

— Eu queria fazer os mortos voltarem à vida. Se você, que deitou com sua mulher, não tivesse saldo de casa, os *kuarup* já teriam virado gente. Os mortos voltariam a viver toda vez que se fizesse *kuarup.* Agora vai ser sempre assim. Os mortos não reviverão. O *kuarup* vai ser apenas festa.

Festa dos nobres

O *kuarup* continuou a ser feito. Mas não para homenagear qualquer morto. Apenas os nobres, parentes do chefe — Morerequat — e portanto descendentes das toras transformadas em gente, é que têm direito ao ritual.

A morte de um índio comum — Esmera — descendente das onças e dos peixes, pode ser reverenciada no ritual de homenagem ao nobre. mas nunca poderá ser motivo para um *Kuarup.* Das lutas de huca-huca, que compõem o ritual participam apenas os índios, sem linhagem. Os nobres todos enfeitados com colares de conchas, cocares de penas, braçadeiras e cintos apenas assistem ao espetáculo, como fizeram seus ancestrais, que depois de transformados das toras viram as lutas entre os peixes e as onças.

TUVULÊ MORRE, AGORA HÁ MOTIVO PARA FESTA

Falando um português compreensível e usando apenas um cinto de fios de algodão e duas braçadeiras retezadas sobre seus volumosos bicepes, "O chefe Tacumã —dos kamaiurá— recebeu com muitas gentilezas os vinte e poucos civilizados —entre eles cinco mulheres— que foram à sua aldeia para assistir ao espetáculo. Franqueou sua casa aos visitantes e, como os demais índios e índias também totalmente despidos, não se impressionou nem um pouco com as modernas filmadoras, máquinas fotográficas, flashs e gravadores trazidos pelos brancos. Só tinha olhos para apreciar, com, muito orgulho, os preparativos da maior festa de seu povo: o *kuarup.*

Há anos os kamaiurá não realizaram uma festa como aquela que estava começando, porque não houve mortos entre os nobres. Em agosto do ano passado, entretanto, veio o motivo para um grande Kuarup.

Tuvulé, primo de Tacumã e então chefe da aldeia, morreu de uma varize esofágica aos trinta e poucos anos. Tuvulè era muito querido não só entre os kamaiurá como entre todas as outras tribos do alto-Xingu. Isso já era uma garantia para que a festa tivesse o máximo de esplendor. Os Kamaiurá e todas as tribos convidadas se esforçariam ao máximo para fazer uma festa a altura do grande morerequat.

Convites

O cerimonial do *kuarup* começa praticamente com os convites. Apesar de todas as tribos já estarem certas de participar da festa, uma semana antes Tacumã enviou seus pariát para convidar as tribos dos kalapaio, meinapu, waurá-laualapiti e matipu. Os kuikuru deixaram de ser convidados, pois vivem muito distantes e já estavam, preparando um outro *Kuarup*

Os convites foram todos aceitos, mas não antes de se cumprir todo o ritual, que consiste no seguinte: os dois enviados - os pariát - chegam a aldeia a ser convidada ao amanhecer. O chefe os recebe e deixa que eles fiquem sentados durante horas no meio da aldeia, completamente calados. Depois chega até eles e pergunta qual o motivo da visita.

Os *pariát* respondem que vieram convidar para o *kuarup*. O chefe da aldeia responde que não sabe se seu povo poderá participar. Alega sempre que seus lutadores já não são, mais tão fortes como antigamente.

Diz que eles estão muito fracos e que perderão todas as lutas. Os discursos de modéstia exagerada duram meia hora e os pariát permanecem mudos.

Depois, o chefe diz que vai consultar o seus lutadores e volta, geralmente ao fim da tarde, para confirmar que irão ao Kuarup. Só então é que se serve comida – peixe e beijus de farinha de mandioca aos visitantes, antes deles voltarem à aldeia.

Preparativos

Enquanto são feitos os convites, na aldeia kamaiurá são intensos os preparativos para a festa. As mulheres preparam os beijus e homens fazem grandes pescarias, pois sabem que terão de alimentar mais de trezentos índios visitantes, homens, mulheres e muitas crianças (esse ano os kamaiurá prepararam mais de quinhentos quilos de peixe).

Apesar do intenso trabalho, os lutadores não se descuidam de seus treinos. Eles terão de enfrentar lutadores de todas as tribos visitantes e não podem fazer feio.

Quando os civilizados foram recebidos por Tacumã, as quatro toras do kuarup (Tuvulê, mais dois índios e uma índia comuns) já estavam cortadas na mata. Tacumã chamou então os civilizados para ver a preparação dos kuarup. Nesse momento, as mulheres (inclusive as civilizadas) foram recolhidas para dentro das casas, pois não podiam ver as cerimônias. As toras foram trazidas até a borda da aldeia, onde diante de dois cantadores — enfeitados de penas, tocando um maracá com a mão direita e empunhando um arco na esquerda — começaram a ser preparadas.

Enquanto os cantores dizem como deve ser feito, outros índios retiram parte da casca dos paus e pintam os símbolos dos homens (sucuri) e da mulher (peixe pintado). O canto triste dos maracá-êp é alternado por

Foto de Rolando de Freitas

Enfeitados com pinturas, cintos de algodão e cocares, os troncos são o foco das atenções durante toda a festa.

gritos uníssonos de todos os homens, como se fosse uma ladainha.

Hora de chorar

Por volta do meio-dia, preparadas as toras, elas são levadas fincadas no meio da aldeia. Aí, então, as mulheres podem sair das malocas e vir chorar ao pé dos Kuarup. O choro é convulsivo e comovente. Parece que os mortos estão ali, ainda quentes. Em meio a toda choradeira acabam de ser enfeitados com cocares e braçadeiras de penas como as que foram usadas pelos mortos. Meia hora depois o choro é interrompido pela triste ladainha dos cantadores.

Assim a choradeira e a cantoria se sucedem por períodos de aproximadamente meia hora, pelo resto do dia e pela noite adentro.

As outras tribos, que já estão acampadas nas proximidades da aldeia, aparecem para desfilar diante dos kuarup, chorando, cantando e empunhando tochas. Enquanto isso, demonstrando muita tranquilidade, os chefes estão sentados junto ao fogo, ao pé das toras, fumando seus longos e fortes charutos de fumo e folhas de erva.

Os homens não dormem nesta noite. Dizem que poderão sonhar com uma perna quebrada e então, fatalmente, quebrarão suas pernas na luta do dia seguinte.

O grande dia

A festa principal do kuarup vem no dia seguinte. Ao amanhecer ninguém mais chora seus mortos, pois eles já deixaram definitivamente a aldeia e foram incorporados ao Ivat, uma espécie de céu.

É hora de comemorar a libertação do morto das coisas terrenas. Ele nunca mais será chorado nem lembrado.

Está completamente feliz em seu novo mundo. Seu povo explode. em alegria, e as outras tribos vêm participar dessa felicidade.

O ritual de entrada das tribos visitantes supera em pompa e nobreza a grande maioria dos cerimoniais civilizados. Tacumã, o chefe da aldeia —todo paramentado com plumas coloridas, colar de conchas, cintos de algodão colorido, corpo pintado de urucum e genipapo— está sentado junto aos kuarup. O chefe da cerimônia (kuarup-aiat), também todo enfeitado, anuncia uma por uma a chegada dos visitantes. Faz um pequeno discurso, meio cantado em sua língua incompreensível, e depois vai até a borda da aldeia, toma a mão do chefe visitante (que geralmente está junto de seu provável sucessor) e o traz até o lugar reservado para a tribo visitante no pátio da aldeia.

As tribos visitantes ficam dispostas em semicírculo, cada uma com seu chefe à frente. Há um silêncio muito grande que só é quebrado pela movimentação dos fotógrafos e cinegrafistas, que não chegam a chamar a atenção dos índios nem quebrar a pompa da cerimônia.

A POMPA E A NOBREZA EM DUELO DE FORÇA E TÉCNICA

Acomodados os visitantes, o chefe de cerimônia anuncia o início das lutas. Faz novamente um pequeno discurso meio cantado e depois chama um a um os campeões de sua aldeia. os lutadores (normalmente cinco ou seis) vão até o centro do pátio e se ajoelham, colocando também as mãos no chão.

O chefe da primeira aldeia visitante repete o mesmo cerimonial, chamando os campeões de seu grupo. Feitas as apresentações, começam as lutas.

O huca-huca é uma luta nobre e limpa por excelência. Não se trata de bater no adversário. Ela apenas mede a força e a técnica dos lutadores sem golpes baixos ou violentos. De certa maneira se parece com o sumô, dos japoneses.

Os fortes lutadores, de músculos lustrados pela tinta de urucum, ficam apoiados sobre as mãos e os joelhos e depois partem para o corpo-a-corpo, procurando segurar a perna do adversário para puxar e desequilibrá-lo. É um duelo de força e de técnica, que deveria terminar com um dos lutadores caído de costas.

Entretanto, em decorrência da própria nobreza dos contendores, a luta quase sempre não chega ao final. Basta que um lutador segure firme a perna do adversário para que ele mesmo dê a luta por terminada, sem aplicar o golpe final. Isso só é feito quando os lutadores têm alguma rixa entre si e, portanto, não deixa de se caracterizar como um gesto de descortesia, bastante censurável quando o vencedor pertence à aldeia promotora da festa. Sempre que isso acontece o pai do vencedor vai se desculpar com o vencido, limpar suas costas e pedir perdão aos visitantes.

Apesar de muito polida, a huca-huca *é* muito movimentada é empolga as torcidas de cada um dos grupos. Nessa torcida destacam-se principalmente as mães dos lutadores, que vêm até junto deles para incentivar ou censurar os filhos fracos. Gritam desesperadamente durante a disputa, que normalmente não passa de um minuto ou um pouco mais.

Após a luta dos campeões, seguem-se os desafios entre todos os heróis adultos, adolescentes e crianças — numa confusão generalizada, que dura mais de uma hora e só é interrompida para o início das lutas com os campeões da tribo seguinte.

No fim as reclamações

As lutas vão até mais de meio-dia e os lutadores Kamaiurá já estão estafados, porque tiveram de enfrentar todos os campeões das tribos visitantes depois de uma noite sem dormir.

Mesmo assim, não fizeram feio. Perderam poucas lutas, principalmente as contra o invensível Aritana, dos Iauatapiti, um jovem de 22 anos, dono de muita técnica e muitos músculos, que há anos é o maior campeão de todo o Xingu.

Terminadas as lutas são servidas as comidas aos visitantes, enquanto dois tocadores de flautas gigantescas, de cada uma das tribos visitantes, continuam percorrendo as malocas da aldeia, dançando e tocando sem parar, num ritual de amizade que também tem a finalidade de espantar os maus espíritos.

Bem alimentados pelos kamaiurá — como já haviam sido mesmo quando estavam acampados nas matas vizinhas à aldeia — os visitantes vão embora, Inevitavelmente reclamando contra a hospitalidade da tribo visitada. De barriga cheia, reclamam que perderam as lutas porque estavam mal alimentados. Todos eles sabem que isso não é verdade. Mas, reclamações também faz parte do ritual.

Fim de festa

Mais de duas horas da tarde os visitantes foram embora, os homens e mulheres dormem para se recuperar da agitada noite anterior. Os Kuarup permanecem fincados no centro da aldeia deserta. Ainda estão enfeitados, mas já não há ninguém para chorar, rir ou lutar junto deles.

Foto de Rolando de Freitas

Fim de festa.Os kuarup já não representam os mortos. São rolados sem qualquer cerimônia para apodrecerem na lagoa.

Lá pelas cinco horas, os homens acordam e, sem qualquer cerimônia, , despem os toros de madeira que são tombados para que os jovens e as criança rolem-nos aos empurrões e pontapés até a lagoa próxima à aldeia.

As toras pintadas, que durante dois dias foram o foco da atenção de mais de quinhentos índios, já não representam mais os mortos que foram incorporados ao **Ivat**. O Kuarup não passam de pedaços de pau. Vão rolando e perdendo suas pinturas até caírem na lagoa — dourada pelo sol no poente — onde vão apodrecer, a festa acabou.

Em plenos "anos de chumbo" da ditadura militar, aproveitei a segunda reportagem da série — que tratava dos costumes indígenas — para destacar o clima de total liberdade reinante entre os índios. O editor José Novoa Conde realçou as ideias libertárias com títulos e intertítulos que eram mais um disfarçado drible à censura:

E AINDA EXISTE UMA TERRA DE HOMENS LIVRES

Uma sociedade onde não há fome, nem desemprego; onde ninguém manda e não há anarquia onde a propriedade privada é a base do sistema de vida, mas não existe monopólio; onde todos são livres. Extremamente livres.

Isso pode parecer utópico e fantástico, mas é a realidade entre as tribos que habitam o Parque Nacional do Xingu. É muito difícil acreditar na existência de uma sociedade nesses moldes, sobretudo quando se pretende compará-la ao sistema de vida dos civilizados. Mas não será impossível compreendê-la, se admitirmos a existência do índio como um ser humano, com todas as virtudes e defeitos inerentes a essa condição, mas desprovido de qualquer ambição, a não ser a mais simples de todas: viver.

Viver apenas e plenamente o momento presente. Sem se preocupar com o futuro, a morte ou a outra vida que pode vir depois dela. Sem ambicionar poder, riquezas ou qualquer coisa que vá além da felicidade e alegria de poder viver tranquilo, amando e sustentando sua mulher e seus filhos.

AUTORIDADE, SEM OPRESSÃO

Um jovem antropólogo europeu passou vinte e poucos dias em uma aldeia indígena do Parque Nacional do Xingu, fazendo uma pesquisa que serviria de base para sua tese de doutoramento. Viu que diariamente, ao amanhecer, o chefe da aldeia reunia sua tribo, falava o gesticulava durante uma meia hora. Os índios prestavam muita atenção e depois saiam para seus trabalhos. Os homens iam derrubar mata para novas plantações, pescar ou caçar.

As mulheres iam cuidar das roças, fazer fios de algodão, preparar farinha de mandioca ou trançar balaios de taquara.

Sem entender nada da língua. indígena, o antropólogo concluiu que o chefe reunia a tribo para distribuir os serviços diários e mandava cada um cumprir uma tarefa. Provavelmente sua tese foi aprovada, até mesmo com distinção, pois estava bem de acordo com a lógica civilizada e com quase tudo que já se escreveu a respeito do poder e autoridade dos chefes indígenas. Entretanto, cometeu um erro fundamental: o chefe não mandou fazer coisa nenhuma e nem nunca mandaria, pois isso seria humilhante para ele e para seu povo.

Apenas um conselheiro

Depois de quase trinta anos de convívio com os índios a muita leitura a respeito de antropologia e filosofia, Claudio Villas Boas está em condições de contestar muitas teses elaboradas por antropólogos apressados e consagradas por estudiosos de gabinete:

— Há um erro fundamental em tudo isso. O chefe não manda nada. É apenas um conselheiro, um orientador, um líder natural. Cada elemento da tribo sabe o que tem de fazer e tem liberdade para, fazer, se quiser. Ninguém o obriga a nada.

Claudio explica que, quando o chefe reúne a tribo de manhã, ele faz apenas uma critica geral de tudo aquilo que observou. Pode aconselhar a derrubada da mata para novas lavouras, se julgar que as terras usadas já estão cansadas; observa que as plantações de milho ou mandioca não são suficientes para o sustento das famílias; que as crianças estão brincando muito e se descuidando do aprendizado de fiação e algodão, feitura de arcos, treinamento de lutas e outras atividades próprias do grupo.

Se os conselhos e recomendações do chefe são ou não, seguidos, isso não é problema dele, pois a responsabilidade de alimentação e a educação, das crianças bem como a sobrevivência dos adultos depende de cada um dos chefes de família da tribo. Até mesmo em caso de guerra, o chefe não pode obrigar que todos lutem. Normalmente ele consegue convencer seu povo da necessidade da luta. Mas se um ou vários índios da tribo decidirem não participar, não terão a menor obrigação de guerrear.

Autonomia é a base

Por formação que tem raízes em sua mitologia e é firmada por ensinamentos e exemplos que recebe durante toda a vida, o índio aprende a não depender de ninguém para sustentar sua família. Aprende que é humilhante pedir que alguém faça alguma coisa por ele, pois isso demonstrará que ele não tem capacidade, que ele não é autônomo.

Isso não quer dizer, entretanto, que não haja colaboração para obras comuns, como a construção de uma nova aldeia para realização de uma grande festa. Mas, mesmo nesse caso, há uma espécie de pagamento, por meio de presente ou alimentos que os beneficiados fazem questão de oferecer a seus benfeitores.

Livres, sempre

A liberdade para o índio não é algo conquistado. Ele aprende a ser livre desde que nasce. Nunca um pai obrigará filho a fazer alguma coisa que ele não goste. Nunca o fará trabalhar para o sustento da família se ele achar que não precisa colaborar. Jamais um pai baterá em seu filho, para puni-lo por uma travessura.

Pela crença dos índios do Xingu, o avô de certa forma volta na pessoa dos netos. Não se trata da reencarnação, como entendem alguns civilizados. Mas algo como a própria continuidade da raça, sempre identificada com os mesmos princípios. Nessa confusa ordem de idéias, o pai considera o filho quase que como seu pai. E, portanto, jamais castigará seu filho, porque seu pai nunca castigou.

Orlando Villas Boas conta um fato que serve bem para exemplificar a tolerância dos pais com os filhos:

— Uma índia *waurá* estava fazendo panelinhas. Moldava barro com muito cuidado e arte e, quando colocava a peça para secar, lá vinha seu filho e quebrava a panela com um pedaço de pau. Lá pela quinta vez em que o fato se repetia perguntei à índia por que e não ralhava com o filho. "Porque ele quer quebrar panelinhas" — me respondeu. "E porque você não pára de fazer, para não perder o trabalho?" "Porque que ele quer quebrar panelinhas" — foi a mesma resposta, num tom de quem pergunta: "o que é que você tem com isso?".

A prisão nunca é um castigo

Na festa do *Kuarup*, realizada na semana passada, quatro índias e um índio se destacavam dos demais por terem pele muito mais clara. Com idades que variam de 14 a 18 anos, acabavam de ser libertadas de unia prisão que durou mais de um ano. Estavam com a pele mais clara simplesmente porque não tomavam sol.

Que crime teriam cometido para ficarem presas durante tanto tempo? Como se justifica uma prisão de menores por um povo que tanto ama a liberdade?

Simplesmente, não houve crime nenhum e nem as prisões tiveram sentido de punição. Trata-se apenas de um costume tribal, que é interpretado com a maior naturalidade tanto pelos jovens presos como por seus pais, que os prendem.

"Colégio interno"

No canto de cada maloca há um compartimento vedado por uma alta esteira, onde o adolescente é confinado ao atingir a puberdade. Ali permanece isolado por um período sempre superior a um ano para aprender as grandes lições dos velhos mestres.

O pai seleciona entre os adultos da aldeia aquele que sabe fazer os melhores arcos, quc conhecem melhor as lendas ou as técnicas da luta de huca-huca para ir ajudá-lo no ensino de seu filho. "Aluno" e "professor" passam dias inteiros conversando, treinando ou trabalhando juntos. O mesmo acontece com as moças, que nesse período aprendem o paciente trabalho de fiar e tecer, além das técnicas culinárias. O adolescente só pode sair da "prisão" ao anoitecer, para tomar banho na lagoa e andar pelos caminhos da aldeia. Não pode conversar e nem mesmo olhar para ninguém. Durante o período em que está preso, recebe também uma super alimentação e constantes sangrias e vomitórios, que tem a finalidade de torná-lo mais forte.

Apesar de estranho, parece que o método de ensino é bastante eficaz. Aritana, o campeão de lutas do Xingu e provável sucessor do chefe dos laualapiti, passou quase cinco anos preso com períodos nunca menores que um ano:

— É duro ficar preso muito tempo. Mas isso é preciso para se aprender a fazer as coisas como gente grande.

Outros motivos

Além da necessidade de se isolar o adolescente das brincadeiras e algazarra próprias da idade, para que ele tenha capacidade de concentração e aprendizado, no caso das mulheres ainda há um outro motivo muito importante: evitar que ela tenha filhos antes de se casar.

Como entre os índios não existe o tabu da virgindade, é preciso que ela seja isolada, ao atingir a puberdade, para não conceber antes de ter um marido que será o responsável pelo sustento e educação do filho. Assim, as moças normalmente ficam presas até o casamento com um jovem escolhido por seus pais. Geralmente elas se casam entre os 15 e 17 anos.

Apesar de os índios não se importarem com as relações pré-matrimoniais e pouco se importarem com eventuais adultérios, são muito rigorosos com a mãe solteira. Ela jamais poderá criar o seu filho. Terá de abortá-lo ou matá-lo, logo que ele nasça. O filho não poderá crescer sem pai, porque ninguém vai cuidar de seu sustento e educação e ele sempre será um marginalizado e criador de problemas para a tribo.

O sacrifício do filho sem pai é feito pela própria mãe, com a maior naturalidade. Sem choro ou qualquer emoção, ela dá à luz sozinha, sem assistência de parteiras, mata e enterra o recém-nascido. Depois volta à comunidade tribal como se nada houvesse acontecido.

Uma comunidade que sempre viveu em completa paz

Onze tribos diferentes — dos grupos Tupi, Aruak, Karib e Jê — num total aproximado de 1.800 índios, vivem no Parque Nacional do Xingu. Com exceção das pertencentes ao grupo Jê — ainda bastante arredias e primitivas — as demais formam praticamente uma comunidade de nações, que já vivia em harmonia muito antes dos seus primeiros contatos com os brancos. Embora cada uma fale sua própria língua, existe uma identidade muito grande entre seus costumes, rituais e lendas.

Essa identidade passou a ser ainda maior com os casamentos intertribais, incentivados pelos irmãos Villas Boas desde que eles chegaram à região, em 1946.

Não integrar

Impressionados com o drama dos guaranis e outros grupos indígenas que foram transformados em parias da sociedade civilizada, os Villas Boas, desde o inicio dos seus trabalhos no Xingu, se preocuparam em preservar a autenticidade e independência das tribos primitivas com as quais entraram em contato.

— Uma experiência, ou tragédia, secular já demonstrou que não há como integrar o índio, em nossa sociedade —diz Orlando —Jamais o índio trocará sua liberdade para pegar no cabo de uma enxada e ir trabalhar para o branco a troco de um salário de fome. Jamais um índio aceitará cumprir ordens, porque nunca ninguém mandou em sua gente.

Dentro dessa maneira de pensar, os Villas Boas se preocupam em não intervir na vida tribal e evitar que outros interfiram. Parece um trabalho simples, mas exige muita luta.

Luta contra as doenças do branco — gripe, sarampo, varíola — que podem dizimar aldeias inteiras; luta contra aqueles que não entendem que o índio deve ser preservado e insistem em aculturá-lo e violentar seus principais culturais e religiosos; luta contra os que pretendem se apossar das terras indigenas.

O combate às doenças tem sido vencido com as constantes vacinações e assistência médica prestada por estudantes e professores da Faculdade Paulista de Medicina. A preservação das culturas indigenas tem sido mantida porque ninguém ousa ditar uma outra linha de conduta aos Villas Boas. E, pelo menos enquanto eles dirigirem o Parque, isso não será uma ameaça tão grande.

O mais difícil, entretanto, é o respeito às terras indígenas. Uma estrada já cortou o parque e dele foi desmembrada uma grande parte. As frentes da civilização já estão envolvendo toda a reserva. Há muita gente achando que é necessário sacrificar os índios para que milhares de bois sejam criados no Brasil Central.

"Coitado"

Quando terminou o *kuarup* e eu já me preparava para tomar o táxi-aéreo de volta para São Paulo, resolvi presentear o chefe Tacumã, com uma antena elétrica, um cantil e uma rede de dormir, que havia levado para o Xingu. Em retribuição, Tacumã quis me dar o panelão de cerâmica mais bonito que ele havia ganhado do chefe dos *waurá*. Tinha 1,1 m. de diâmetro e desenhos geométricos muito interessantes. Fiquei muito honrado com o presente, mas disse que não poderia aceitá-lo, porque ele era muito grande e não iria caber no táxi-aéreo, que levaria também o piloto Paulo de Freitas, o fotógrafo Rolando de Freitas e o repórter do *Jornal da Tarde*, Inajar de Souza. Tacumã disse que não haveria problema. Mandaria-me o panelão pelo DC-3 do Correio Aéreo Nacional. Agradeci, mas disse que preferia levar um panelão menor, com metade do diâmetro do outro, porque morava em uma casa pequena.

— “Você mora em casa pequena! Ah, coitado!” — disse-me Tacumã, condoído, e eu me senti realmente um coitado, por viver tão espremido em São Paulo, depois de ver tanta largueza na aldeia *kamaiurá*. O panelão menor, também muito bonito, ficou na minha sala por mais de vinte anos, como porta-revistas. Lamentavelmente, quebrou-se na minha mudança de Brasília para Pindamonhangaba.

Charge do arquivo pessoal de Moacyr Castro

A mudança para o bairro do Limão, na visão da grande chargista Hilde

A mudança para a marginal

Nunca imaginei que o maior e mais organizado jornal do país, ao trocar o sistema de impressão, fosse reviver os mesmos traumas que sofreu a pequena *A Crítica*, de Manaus, no longínquo 1969. Tudo vinha sendo planejado nos mínimos pormenores, há mais de um ano. Em reuniões semanais. Discutia-se até a cor, o modelo e o tamanho das letras das placas de plástico, que indicariam o local das diversas seções do jornal, na nova e gigantesca sede que estava sendo construída, na avenida Celestino Bourrol, junto à Marginal, no Bairro do Limão. Como representante da *AE*, participei dessas reuniões, que debateram tudo como ia funcionar no prédio novo.

Tudo, menos o novo sistema de impressão. Uma comissão de três engenheiros fora designada, meses antes, para estudar os mais modernos equipamentos existentes nos jornais de todo o mundo. Foi aos Estados Unidos, Europa e Japão. Após muitos estudos pormenorizados de cada um deles, chegou à conclusão de que nenhum deles servia para o *Estadão*. Os grandes jornais americanos ainda usavam a mesma tecnologia a *letter-set*, que tínhamos no prédio antigo, à Rua Major Quedinho, 28. Isso, porque tiveram de fazer acordos com os sindicatos de gráficos para só introduzirem novas tecnologias, que causavam desemprego, na medida em que os profissionais da arte de compor jornais em chumbo fossem se aposentando. Nos pequenos jornais, já se usava as tecnologias mais avançadas do *offset* e do *nylon-print*, que já permitiam o uso dos modernos e rápidos computadores para fazer a foto composição, em papel fotográfico. Aí, os títulos, desenhos, fotos e as colunas de composição eram colados em uma página de papel milimetrado, formando o *pest-up*, do qual era feito um fotolito para confecção da chapa plana de impressão de *offset* ou a chapa de plástico, em relevo, para a impressão no sistema *nylon-print*. Este foi um sistema intermediário, que permitia a utilização das antigas rotativas do *letter-set*, só substituindo a telha de chumbo, pela folha de plástico.

Na Europa, esses dois sistemas já eram bem usados, bem como no Japão, mas eles tinham um inconveniente: as chapas de um e de outro desgastavam-se muito rapidamente e, na época, não suportavam tiragens superiores a 100 mil exemplares. Para imprimir mais do que isso, as rotativas tinham de parar para trocar as chapas de impressão. *O Estado* já vendia mais de 400 mil exemplares por dia e não queria se sujeitar a tantas trocas de chapas.

A comissão de engenheiros achou que poderia resolver a questão, aproveitando vantagens dos três sistemas. Usaria do *offset* as etapas da fotocomposição, até o *pest-up*. Aí, fariam as chapas de *nylon print*, que em vez de irem diretamente para a grande rotativa, seriam prensadas, para obtenção dos *flans*, em baixo relevo, nos quais seriam fundidas as telhas de chumbo, do velho sistema *letter set*, que não tinham limites de durabilidade, para serem usadas na impressão. Solução engenhosa, única no mundo e perfeita no papel. Somente no papel, na hora de funcionar é que apareceram os problemas.

Essa hora chegou bem antes do que todos imaginavam. O prédio do *Diário Popular*, foi desapropriado pelo metrô, para a construção da Estação Sé. Não havia tempo para o jornal construir um novo prédio e transferir seus equipamentos. Então decidiu comprar a antiga sede do *Estadão*, na Major Quedinho, de "porteira fechada", com móveis e todos os equipamentos gráficos, que ainda estavam sendo usados. Aí, *O Estado* teve de mudar para a Marginal, rapidamente, pois o pessoal contratado pelo metrô já estava vendo onde colocaria as dinamites para implosão do velho prédio do *Diário Popular*. No clima de "tem de mudar já e de qualquer jeito", a data de mudança para a construção na Marginal foi marcada de uma hora para a outra.

Na sábado, anterior à mudança, já com nossas tralhas em caixas e pacotes espalhados pela redação, fizemos uma festa de comemoração da última edição do jornal no seu antigo prédio. Teria sido uma festa muito modesta, só com o dinheiro de uma "vaquinha" feita entre repórteres, editores e redatores, se Marina Mesquita, que trabalhava na diagramação dos suplementos, não tivesse resolvido fazer a festa correr por conta de sua família. Encomendou salgadinhos, bolos, champanhes, uísques e garçons, no Hotel Jaraguá, instalado no mesmo prédio, logo acima do *Estadão* e a festa foi farta em comes e bebes. Ruy Mesquita, diretor do *Jornal da Tarde*, compareceu, levando sua mulher e filhos. Divertiram-se muito com paródias contadas pelos jornalistas falando da troca de uma sede no centro da cidade, por outra no então periférico bairro do Limão, às margens do Tietê, que naquela época já era um rio mal cheiroso. A cantoria, de um coral improvisado de jornalistas era acompanhada pelo bandolim de Etewaldo Siqueira e o violão de Nentinho, o diagramador. Lembro-me que, ao final da festa, não achei prudente ir dirigindo até o Bairro do Jabaquara, onde morava. Dormi sobre o carpete do salão nobre.

Na segunda-feira, começou o drama de fazer o jornal no prédio novo. A surpresa de ter de chegar à redação no sexto andar. Subir em uma gaiola que servia de elevador para a obra, não foi nada, perto dos problemas a serem enfrentados na composição. Eles começaram já na fase de montar os *past-ups*. Os encarregados desse trabalho não haviam sidò treinados e, pior, a redação não havia sido avisada da mudança de toda tipologia. Resultado, nada dava certo. Os editores que já haviam ido para casa, após entregar os originais à oficina, foram convocados para voltar e empunhando estiletes, que eles chamavam de "faquinhas" foram ajudar fazer os *past-ups* suprimindo trechos das matérias que não cabiam nas páginas. Os problemas continuaram em outra fase mais à frente, As chapas de plástico não aguentaram ser prensadas para a confecção dos *frans*. As letras ficavam achatadas ou tortas com a pressão. Afinal, não tinham sido sidos feitas para a finalidade que os três engenheiros do *Estadão* bolaram para elas. A solução foi aumentar o tamanho dos tipos das composições, para eles ficarem mais resistentes. Isso motivou reiniciar todo o trabalho da fotocomposição em diante e todas as matérias tiveram trechos reduzidos para caber nas páginas. Aí, o jornal que era rodado nas primeiras horas da madrugada e, ao amanhecer, já estava nas bancas e nas mãos dos assinantes, só começou a circular após o meio-dia. Foram necessários quinze dias de trabalho duro para o *O Estado* voltar a circular ao amanhecer. Uma comissão nomeada pelo editor chefe Oliveiros Ferreira fez adaptações de fontes e diagramação para recuperar o antigo layout do jornal. Até certo ponto, o objetivo foi conseguido, tanto é que, duas semanas depois, o jornal *O Globo*, que também tinha mudado o sistema de impressão e enfrentava as mesmas dificuldades, mandou um emissário a*o Estado*, para saber como o jornal tinha conseguido vencer os problemas. Mas, na verdade, o jornal nunca mais foi o mesmo. Sua cara mudou com a nova tipologia e seu conteúdo também, porque os jornalistas deixaram de fazer seus serões de "horas extras" nos bares em volta da redação, onde criavam pautas de reportagens inusitadas, provocantes e muito inteligentes. Na vizinhança da nova sede, o que havia de melhor era uma churrascaria, junto a um posto de abastecimento, só frequentada por motoristas de caminhão. Os atrasos na edição e o noticiário menor serviram muito para fazer avançar os concorrentes do tradicional *Estadão*.

Cumprindo ordens

Estava em Cuiabá, dando por terminada uma maratona de quinze dias por diversos municípios matogrossenses, para escrever uma reportagem sobre violência e corrupção na Polícia Militar de Mato Grosso. Era manhã de sábado, 27 de outubro de 1976, e já me preparava para pegar o avião de volta para São Paulo. Aí recebi um telex do Raul Bastos, então, já promovido a um dos chefes de redação do *Estadão*. Juntamente com Clóvis Rossi e Ludenberg Góes. Dizia que, na terça-feira seguinte, o presidente Ernesto Geisel iria inaugurar a Cuiabá-Santarém e que o jornal queria que eu fizesse uma ampla matéria de apresentação da estrada, com seus 1777 quilômetros de chão batido. A reportagem deveria ser publicada com a notícia da inauguração.

Minha vontade de voltar para casa sumiu na hora. Acompanhando a expedição dos irmãos Villas Boas, eu conhecia a obra, desde a abertura das picadas de topografia. Agora teria a satisfação de vê-la pronta, embora tivesse pouco tempo, achei que não teria grande dificuldade para cumprir a nova encomenda, pois em reportagens anteriores tinha tido apoio do 9º Batalhão de Engenharia de Construções, um dos responsáveis pela obra e que, até recentemente tinha estado sob o comandado do Coronel José Meirelles, meu amigo pessoal de longa data.

Parti imediatamente para a sede do 9º BEC, que ficava no bairro do Coxipó, nos arredores de Cuiabá. Queria saber as condições de tráfego na estrada, se poderia alugar um fusca para a viagem ou seria necessário um jipe; se havia lugares para pernoite ou eu teria de levar uma rede para pendurar nas árvores. O quartel estava fechado e o oficial do dia só me informou que o coronel comandante e outros oficiais tinham ido ao aeroporto, para receber um general. Lá fui eu.

No saguão do aeroporto, identifiquei o novo comandante. Dirigi-me a ele, disse quem eu era e tentei fazer-lhe as perguntas sobre a estrada. De um jeito ríspido, ele me interrompeu e me mandou falar com um capitão jovem, alto e magro. Este também se manteve seco, mas pelo menos, ouviu minhas perguntas. Ao final, me disse:

— "A estrada está perfeita, um tapete. Você poderia ir até de Galaxie*, só que não vai de jeito nenhum. Por ordens da segurança do presidente, a estrada está fechada até a inauguração."

Tentei argumentar que eu, sozinho, não seria ameaça à segurança do presidente, pois nem queria parar no local escolhido para a inauguração, mais ou menos no meio da estrada, junto à cachoeira do Curuá-Una, a poucos quilômetros ao sul da base de apoio da Aeronáutica, em Cachimbo, Sul do Pará. Só queria fazer uma reportagem que, certamente, mostraria um bom trabalho feito pelo Exército. Mas, não consegui convencer o capitão, que cortou a conversa com um refrão bem militar:

— "Estou cumprindo ordens!"

Aquela resposta me irritou e eu lhe disse, no mesmo tom áspero:

— "Tudo bem! Então, trate de cumprir as suas ordens, que eu vou tratar de cumprir as minhas!"

* O carro mais luxuoso da época

Só depois de ter dito isso, é que avaliei a idiotice que era fazer aquele desafio. Como é que eu vou passar na estrada, se o Exército não deixa? Saí do aeroporto decidido a vencer aquela parada e, a primeira coisa que precisava era ter resposta às perguntas que nem o coronel, nem o capitão, haviam me dado. Resolvi buscar informante de menor graduação: fui à casa do sargento Waldir, que eu havia conhecido na minha primeira viagem às picadas da Cuiabá-Santarém.

De bom humor, contente por me reencontrar, o sargento considerou normais as grosserias do coronel e do capitão: "É gente que veio dos órgãos de repressão. São duros de aguentar!". Disse que a estrada não estava inteiramente interditada, mas "apenas" um trecho de quase oitocentos quilômetros entre uma cancela de um batalhão de infantaria, logo após Itaúba (640 km de Cuiabá) e o entroncamento com a Transamazônica (km 1437). Confirmou que estrada estava ótima, toda apedregulhada, sem buracos, sem lamaçais, pronta para o trânsito de qualquer veículo.

Só havia um problema: eu não poderia ir de fusca, o único tipo de carro disponível para aluguel em Cuiabá. Motivo: no trecho interditado, não havia qualquer lugar para pernoite e refeições. Também não tinha um único posto de reabastecimento. Além disso, era comum faltar gasolina em outros postos ao longo da rodovia. Naquele calorão amazônico, encher o banco traseiro do fusca com galões de gasolina seria um risco muito grande. E mais, eu precisaria levar alguém comigo para trazer o carro de volta. A solução seria arranjar uma caminhonete, que poderia levar todo o combustível necessário mais as tralhas de uma expedição: água, alimentos, redes, mosquiteiros, etc.

Com quem eu arranjaria a tal caminhonete? Estava procurando essa resposta, quando me lembrei do problema maior: como passar na estrada sem autorização do Exército? Claro, conseguindo uma autorização do Exército! Se o coronel e o capitão eram simples e antipáticos cumpridores de ordens, o jeito era arranjar uma autorização de alguém que ministrasse ordens para eles. Agora eu precisava apelar a patentes bem mais elevadas.

Voltei ao telex* e passei para o Raul um relato das dificuldades que estava encontrando e pedindo que a sucursal do *Estado* em Brasília entrasse em contato com o Ministério do Exército, solicitando a tal autorização. Por via das dúvidas, pedi que o mesmo fosse feito pelo correspondente em Manaus, no Comando de Engenharia de Construção. Como já era tarde de sábado, sabia que esses contatos só poderiam ser feitos na manhã de segunda-feira.

No começo da noite, ainda procurava uma caminhonete e alguém disposto a me ajudar na tentativa de ir a Santarém, quando resolvi relaxar um pouco. Fui tomar umas cervejas com uns amigos em um barzinho da moda. Lá estava contando minhas trapalhadas, quando a namorada de um amigo me disse:

— "Conheço um cara que é capaz de topar essa aventura."

— "Quem é?"

— "O Paulo Camargo. Ele é topógrafo e tem uns quarenta anos. Mora em Várzea Grande** e, se não estiver medindo matas por aí, pode lhe dar uma boa ajuda."

— "Vamos à casa dele, agora?"

A moça, devidamente acompanhada pelo namorado, aceitou o convite e lá fomos nós procurar a casa do Paulo, nos arredores de Várzea Grande. Encontramos. Era uma chácara, sem muros nem cercas, com grandes árvores e mato rasteiro. Na frente da casa simples, uma velha caminhonete Ford, de cor indefinida. Já havia levado tantas batidas, em árvores e barrancos, e tantos retoques improvisados na pintura, que parecia com aqueles carros psicodélicos dos hippies dos anos 1960.

Paulo topou a proposta na hora, antes mesmo de eu lhe dizer quanto e quando poderia lhe pagar:

---

* Usei o aparelho instalado no apartamento do correspondente do *Jornal do Brasil*, Pedro Paulo, que resolveu me abrigar logo que leu minha reportagem sobre a violência da polícia, publicada na sexta-feira, e soube que dois policiais à paisana tinham passado um tempão à minha espera no hotel em que eu estava hospedado.

** Cidade vizinha a Cuiabá

— "Fiz trabalhos de topografia em diversos trechos dessa estrada e meu sonho era correr por ela. Agora vou ser o primeiro paisano a percorrer a estrada de ponta a ponta" - comemorou o topógrafo, como se a longa viagem fosse o seu passeio mais desejado.

— "E será que essa caminhonete chega a Santarém?" - perguntei meio desconfiado, ao verificar melhor o precário estado de conservação do veículo.

— "Claro que chega. Ela nunca me deixou na mão, nessas picadas no meio da selva e não vai pifar justamente em uma estrada boa."

Confiei na resposta e dei ao Paulo algum dinheiro para ele comprar as "tralhas de expedição", combustível e, pelo menos, mais dois estepes, pois os pneus estavam bem carecas.

Às cinco horas da manhã seguinte, domingo, Paulo foi me pegar. A carroceria da caminhonete estava repleta: um tambor de 200 litros de gasolina garantia autonomia mínima de 1200 quilômetros; redes, mosquiteiros que fariam suportáveis eventuais pernoites na mata; queijos, salames, presuntos, pães, leite e refrigerantes matariam nossa fome por uns quinze dias. E mais: as latinhas de cerveja que completavam a carga do grande isopor cheio de gelo dariam um ótimo porre. Só notei um porém: os três estepes estavam tão carecas quanto os pneus em uso. Paulo justificou:

— "Em um sábado à noite em Cuiabá, onde eu iria encontrar pneus novos?"

Iniciamos a viagem. Sabíamos que a rodovia estava liberada ao trânsito nos seus primeiros seiscentos e tantos quilômetros, que davam acesso a cidades e vilas, algumas antigas, como Nobres e Rosário Oeste, outras que haviam surgido e crescido, ainda no tempo em que a estrada estava sendo aberta, como Rio Verde, Sinop, Cidade Vera e Itaúba.

A pista boa permitia andar a mais de cem quilômetros por hora. Paramos para reabastecer e almoçar em Sinop (493 km de Cuiabá). Lá encontramos dois ônibus lotados de pessoas que queriam conhecer o trecho proibido da estrada. Tinham saído de manhã, e já voltavam, após permanecerem barrados em uma cancela de um batalhão de infantaria do Exército, situado a uns cem quilômetros mais ao norte.

— "Podem voltar daqui mesmo, os "milicos" não deixam passar de jeito nenhum" - disse um dos desiludidos passageiros com quem conversamos em uma churrascaria no centro de Sinop.

Decidimos ir em frente, para pernoitar em Itaúba, que ficava a uns 45 quilômetros antes da tal cancela. Paisagem monótona com floresta alta dos dois lados, estrada sem buracos, sol quente e algumas cervejas para acompanhar o churrasco, eu estava cochilando, quando levei um susto com uma guinada rápida da caminhonete:

— "Que foi?"

— "Uma cobra grande atravessando a estrada" - respondeu Paulo.

— "Volte, preciso dessa foto!" - ordenei, certo de que ali estava uma ilustração que mostraria bem a área selvagem cruzada pela rodovia.

Paulo deu ré e já se aproximava da cobra, quando saltei da caminhonete e corri para fazer a foto, antes que a bichona - de uns dois metros - resolvesse se meter no mato. Minha máquina não tinha teleobjetiva e eu estava tentando chegar perto do que eu imaginava ser uma jiboia*.

— "Corre, que é uma surucucu-pico-de-jaca!" - gritou Paulo, identificando a cobra, cujo veneno e distância que pode saltar para dar o bote fazem lendas por toda a região.

Corri para um lado e a cobra para outro. Voltei à cabine sem a foto e perguntei:

— "Por que você não matou a cobra com os pneus da caminhonete?"

---

* A jiboia é inofensiva, come ratos e chega a ser criada como animal doméstico em muitas casas de caboclos na Amazônia

— "Eu não mato bicho, por pior que ele seja. Se Deus pôs no mundo é pra viver!"

Constrangido pela minha falta de consciência ecológica, que naquela época começava a ser alardeada em meios civilizados, fiquei quieto. Alguns quilômetros depois, no meio de uma longa subida, furou um pneu. Paulo desceu para trocar. Surpresa: cadê o macaco e as ferramentas? Tinham sido furtados na parada em Sinop.

E agora? Se, pelo menos, tivesse sobrado a pá ou o enxadão, seria possível escorar o eixo e fazer um buraco sob o pneu furado para fazer a troca. Sem ferramentas, vamos ficar aqui até amanhã, esperando algum socorro. A estrada já tem pouco trânsito e, no fim da tarde e à noite, não passa ninguém... Não dava para ter pensamentos otimistas!

Mas Paulo não se abalou. Desceu da caminhonete com um facão, que ele levava sob seu banco. Pensei que ele fosse cortar algum pau para fazer uma alavanca e erguer a caminhonete. Não. Ele continuou andando no rumo em que viemos.

— "Onde vai?" - perguntei.

— "Espera aí, que eu já volto!" - foi a resposta.

Esperei. Paulo desapareceu na distante lombada da estrada e, meia hora depois, reapareceu, acompanhado de um outro homem, trazendo um enxadão às costas.

— "Este é meu amigo Zé da Onça. Ele tem um bolicho* na beira do rio aí na frente. Está nesse matão desde os tempos em que eu estava fazendo a topografia desse trecho da estrada. Quando paramos aqui, eu identifiquei o lugar e achei que podia encontrar meu amigo no bolicho. Dei sorte!"

— "Ótimo! E, por que você levou o facão?"

— "Para me defender, se encontrasse algum bicho bravo..."

— "Mas você disse que não mata..."

— "É, mas legítima defesa é outra história..."

Com uma pedra sob o eixo e um buraco abaixo da roda, o pneu foi trocado em cinco minutos. Demos carona para o Zé da

* Boteco

Onça. Ele foi falando que gostaria muito de conhecer Santarém e o Rio Tapajós. Quando paramos no boteco coberto de palha na beira da estrada, ele não fez cara de quem queria descer. Aí, Paulo perguntou:

— "Podemos levar o Zé? Vou precisar de um companheiro na volta..."

— "Claro, vamos lá" – respondi, pois não podia dar outra resposta.

Pernoitamos em Itaúba, vilarejo que surgia junto a uma serraria dos irmãos Bedim, madereiros de Santa Catarina, que estavam prosperando no lugar. Último posto para reabastecer, borracharia para remendar o pneu furado e um hotelzinho de tábuas, simples e bem limpo; telas nas janelas, camas confortáveis com colchões de palha de milho e lençóis de sacos alvejados. O jantar foi bem saboroso e farto. O único inconveniente era o cheiro forte e desagradável das tábuas tiradas de madeira verde, mas isso não atrapalhou o sono pesado que tivemos naquela noite.

No dia seguinte, segunda-feira, saímos antes do amanhecer. O dia começava a clarear quando o sentinela nos barrou na cancela do posto avançado do batalhão de infantaria. Com impaciência, esperamos mais de duas horas até o sargento acordar, tomar café e escovar os dentes. Aí, foi uma longa conversa:

— "Aqui não pode passar ninguém!" – foi logo sentenciando o jovem sargento.

— "Disso eu sei. Só que o meu caso é diferente." - disse e emendei uma série de argumentos para convencer o militar a não cumprir a ordem que havia recebido. Falei que estava fazendo uma reportagem para divulgar uma grande obra do Exército; que já havia pedido autorização para o ministro, lá em Brasília, e que a ordem dele deveria chegar a qualquer momento.

— "Então, você espera aí. Às oito horas e trinta minutos, eu tenho um contato por rádio com o quartel em Cuiabá. Se já tiver chegado a ordem de Brasília, você continua. Caso contrário, volta imediatamente."

Era o tipo de solução que não me servia. Esse horário era muito cedo e, seguramente o Ministério do Exército nem teria recebido o pedido dos meus colegas da sucursal de Brasília. O Comando de Engenharia de Manaus, muito menos, pois lá o fuso é uma hora atrasada. Na melhor das hipóteses, se conseguisse ficar esperando o outro contato, marcado para as catorze horas e trinta minutos, perderia meio dia naquele lugar. E eu não tinha tempo a perder.

É nessas horas que sempre há um santo para nos ajudar. O sargento ligou o rádio e havia um chiado muito forte na frequência. Um lado não entendia patavina do que o outro dizia. Ótimo, pelo menos, não tem a negativa da autorização!

Aí, dei meu xeque-mate:

— "O ministro já deve ter dado a autorização. Você não conseguiu ouvir a ordem dele e vai me mandar de volta. Acho que as coisas vão ficar complicadas para o seu lado, quando ele quiser saber quem foi que não me deixou fazer a reportagem."

O sargento pensou, pensou, pensou... e mandou levantar a cancela. Lá fomos nós. Sabíamos que o próximo obstáculo seria uma balsa, controlada pelo 9o BEC, na travessia do Rio Peixoto de Azevedo, a 55 quilômetros à frente. Lá pelas dez horas chegamos ao acampamento à beira do rio. Vi logo um capitão gordo de cabelos grisalhos e fui lhe contar minha história. Resposta:

— "Aqui quem manda é um cabo. Eu estou só de passagem. Vá falar com ele!"

Fiquei tranquilo. Se o sargento tinha caído na minha conversa, com o cabo não seria diferente. Não foi. E ainda fui poupado de esperar contato pelo rádio, pois o daquela frente de trabalho estava pifado há uns quinze dias, conforme me contou o cabo, jovem e simpático, que também não quis desobedecer a suposta ordem do ministro.

Seguimos. A próxima barreira – a cem quilômetros – seria bem mais complicada: o acampamento montado no local preparado para a inauguração da estrada, onde certamente estaria o coronel comandante e o capitão que eu havia desafiado.

Para mim, era um tanto remota a possibilidade de realmente haver a tal ordem do ministro. Sabia como eram complicados os contatos entre jornalistas e militares em Brasília. Se não estivesse com muito boa vontade, o alto escalão nem precisaria negar a autorização. Bastava cozinhar o pedido no molho burocrático que impregna todas as repartições públicas.

O que eu precisava evitar a qualquer custo era ser mandado de volta, tão logo chegasse ao acampamento. Primeiro, porque - se desse sorte de conseguir a autorização de Brasília - ela só deveria chegar lá pelo meio da tarde. Segundo, se conseguisse ficar no local até o dia seguinte, certamente poderia mandar uma reportagem de meia estrada, com fotos inclusive, por algum colega que viesse na comitiva presidencial para cobrir a inauguração. Mas, como conseguir isso?

Fácil. Recomendei ao Paulo que, logo que chegássemos ao acampamento, ele desmontasse o que fosse possível desmontar na caminhonete, alegando algum tipo de pane que ele saberia inventar.

Chegamos ao acampamento bem na hora em que estava acabando de ser servido o almoço, em longas mesas montadas em um bosque à beira da cachoeira do Curuá-Una. O tal capitão cumpridor de ordens quase engasgou ao ver-me desembarcar daquele veículo psicodélico:

— "Eu não disse que era para você não vir?"

— "E eu não disse que viria?"

Nossa conversa seguiu-se em tom cada vez mais áspero até que ele deu a ordem que eu já esperava:

— "Volte já daqui!"

— "Já, não dá... Vou ter que esperar meu companheiro consertar a caminhonete que vinha pifando pelo caminho" - disse apontando para o Paulo e o Zé da Onça, que a essas alturas haviam enchido uma lona no chão, com peças do carburador, do filtro de ar do distribuidor, velas, bobina, cabos de ignição etc. Nunca tinha visto alguém debulhar um carro em tão pouco tempo. O capitão bufou, mas não tinha como nos fazer cumprir sua ordem, pelo menos, imediatamente.

Para alongar nossa permanência no local, resolvemos tomar um lanche. Trepados na carroceria da caminhonete — nosso território livre no meio daquele acampamento com mais de cem militares — fizemos um tranquilo piquenique. Fomos até provocativos, saboreando latas e latas de cerveja, ainda bem geladas, em um lugar em que a lei seca era respeitada por todos os fardados.

Em plena comilança, reconheci um outro sargento que tinha ficado meu amigo nos tempos da expedição Villas Boas. Ele também me reconheceu. Por sorte, era justamente o telegrafista, que estava instalado em uma barraca cheia de rádios e antenas. Não pude oferecer uma cerveja a ele, nem quis dar sinais da nossa velha amizade, pois isso poderia complicar sua situação. Esperei até a hora em que ele foi ao sanitário improvisado em um canto do acampamento. Fui atrás e, rapidamente, contei-lhe que estava esperando a tal autorização, que certamente viria pelas mãos dele. Pedi que ele me fizesse um sinal, caso a recebesse, o que poderia acontecer no próximo contato de radiotelegrafia, marcado para as dezesseis e trinta.

Foi longa a espera. Tinha medo que o capitão mandasse algum mecânico do batalhão ajudar a remontagem da caminhonete, que o Paulo fazia, desfazia e refazia para gastar tempo. Mas, não houve essa "gentileza", que teria acabado com a nossa farsa. Um bom tempo depois, comecei a ouvir o pimpimpim do telégrafo. Lamentei não conhecer o código Morse, pois minha curiosidade era enorme.

Uns dez minutos após o início do contato, o sargento me fez um sinal de "positivo" e mandou um soldado levar o que acabara de escrever à barraca do comandante. O mesmo soldado saiu de lá, diretamente para a barraca do capitão. Este foi à barraca do coronel e, poucos minutos depois, veio ao meu encontro:

— "Traga os documentos da caminhonete. Vou fazer o salvo--conduto para vocês irem até Santarém."

Tive vontade de dar saltos e gritos de alegria, mas me contive. Limitei-me a um sorriso, que serviu para trancar ainda mais a cara do capitão. Levei-lhe os documentos, enquanto Paulo punha a caminhonete para funcionar em dois tempos.

— "A licença está vencida há mais de três anos; o certificado diz que a caminhonete é azul e quase não dá para ver essa cor naquela coisa. Assim não dá!" – disse o capitão emburrado, procurando um motivo para não me dar a esperada autorização. Aí, não me contive:

— "O senhor é oficial do Exército ou guarda de trânsito? Não é da sua conta verificar esses papéis. O que tem de fazer é cumprir a ordem que recebeu de alguém com ombro mais estrelado que o seu!" – desabafei, certo de que as costas quentes que eu tinha impediria alguma reação desagradável por parte do meu sucumbido interlocutor. Sem dizer nada, ele escreveu algumas linhas em um papel timbrado, carimbou, assinou e me entregou. Também sem dizer nada, saí imediatamente. Já passava das dezessete horas.

— "Logo, logo vai anoitecer. Antes que fique escuro, precisamos arranjar um lugar para armar nossas redes" – disse ao Paulo e recebi resposta do Zé da Onça.

— "Não precisa. A uns vinte quilômetros aí na frente tem um amigo meu fazendo uma posse. Ele dá pouso pra gente e pode até fazer uma galinha ao molho pardo."

Só mesmo o Zé para achar o caminho da tal posse. Após um riacho, em uma curva da rodovia, o começo da picada estreita era quase imperceptível. Entre solavancos e arranhando a caminhonete em arbustos e árvores altas, andamos uns duzentos metros e chegamos a uma área desmatada de pouco mais de um alqueire, com plantações de milho, arroz, algumas mudas de café* e um rancho de pau-a-pique coberto de palhas de coqueiro.

---

* A primeira plantação de um posseiro é sempre o café, pois o tamanho do arbusto serve para calcular o tempo da ocupação. Se tiver mais de um ano, a posse está praticamente garantida.

O amigo do Zé, um caboclo mineiro de uns cinquenta anos, nos recebeu com muita alegria, pois há meses vivia só e isolado naquele lugar. Já anoitecia, quando tomamos um bom banho no córrego, enquanto era preparada a galinha ao molho pardo, que ficou deliciosa. Armei a rede e fiz as contas: faltavam "somente" uns 950 quilômetros para chegar a Santarém, incluindo o trecho de uns duzentos quilômetros em comum com a Transamazônica, que estavam em péssimo estado, mas sem atoleiros. Sem novas barreiras para perder tempo, daria para chegar a Santarém no meio da tarde, redigir a reportagem e passá-la por telefone para a redação, antes das dezenove horas, que era o meu *deadline*. Pela primeira vez naquela viagem, dormi tranquilo.

Saímos às cinco da manhã. Os primeiros cem quilômetros sem problemas. Aí, furou um pneu. Trocamos e logo adiante vimos um acampamento e um soldado no meio da estrada, dando sinal para parar. Agora não tem problema. Temos o salvo-conduto - pensei. O soldado era de outro batalhão, o 8o BEC, que construiu e tomava conta da rodovia entre Cachimbo e Santarém. Ele não entendeu nada quando lhe mostrei o papel, logo que a caminhonete parou.

— "Estou parando vocês só para pedir um favor. O rádio do acampamento está em pane há mais de uma semana. Já era para ter vindo alimentos e o pessoal para nos render. Quero que vocês informem a nossa situação e peça socorro na sede da nossa companhia que está aí na frente, a uns cem quilômetros."

— "Tudo bem, daremos o seu recado!"

Andamos mais uns dez quilômetros e outro pneu furado. Os carecas não estavam aguentando. O último estepe foi trocado pouco depois e furou logo em seguida, e não passava ninguém pela estrada, para nos socorrer. Desde Itaúba, mais de 300 quilômetros atrás, não tínhamos ultrapassado ou cruzado com qualquer veículo.

— "Lá se foram as esperanças de chegar a Santarém ainda hoje", lamentei com Paulo, enquanto ele se preparava para encher os pneus com capim, na tentativa de andar mais um pouco. Nisso, ouvimos ao longe o barulho de um motor rompendo lentamente o silêncio da selva. Era um caminhão tanque FNM, que estava de volta de Cachimbo, aonde tinha levado querosene para abastecer os aviões da comitiva presidencial.

O motorista se prontificou a nos ajudar de uma forma inusitada. Seu caminhão tinha um compressor de ar e um longo tubo de borracha para calibrar os próprios pneus. Então, ele encheria o pneu furado, nós correríamos à frente do "fenemê" e, quando o pneu baixasse, de novo, repetiríamos a operação. Fizemos isso três ou quatro vezes, até que as câmaras velhas e rasgadas já não retinham ar.

Solução: pegar carona no FNM. Naquela sua toada tartaruga, só chegaria a Santarém na manhã seguinte. Então, já teria se esgotado o prazo para mandar a matéria pela qual eu havia enfrentado tantos transtornos. Mas, pelo menos, conseguiria algum socorro para os meus amigos que tinham ficado na caminhonete, certos de que permaneceriam alguns dias por lá.

Quase uma hora depois, já por volta do meio-dia, estávamos de passagem pelo acampamento da companhia do 8o BEC. Lembrei-me que precisava transmitir o pedido de socorro dos soldados esquecidos no acampamento sem rádio. Interrompi o almoço do comandante da companhia, um jovem primeiro-tenente - negro e alto - para lhe dar o recado. Falei rapidamente e, quando já estava de saída, o tenente me perguntou:

— "Por acaso, o senhor não é o jornalista do *Estado* que está fazendo uma reportagem sobre a estrada?"

— "Sou..." - respondi surpreso.

— "Pois é, sr. Luiz (ele já sabia meu nome, sem que eu lhe houvesse dito) desde ontem estamos à sua espera" - disse o oficial, completando a minha surpresa com a informação de que havia recebido dois telegramas, retransmitidos pela sede do seu batalhão, em Santarém: um do general chefe de gabinete do ministro Sílvio Frota e outro do general chefe do Comando de Engenharia, de Manaus. Em ambos, além da autorização para que eu passasse pela estrada, havia ordens de que me dessem todo o apoio necessário para fazer a reportagem. Por conta disso, o tenente – desde o dia anterior – estava com uma perua Veraneio prontinha, com motorista, galões de gasolina e tudo mais, para me levar a Santarém.

Aleluia! Aleluia! Ainda teria tempo para passar a matéria. Sem querer me atrasar mais, recusei o convite para almoço, aceitei a perua e pedi ao tenente que mandasse socorro ao Paulo e Zé da Onça.

Na frente de uma nuvem de poeira, disparamos a uns 140 por hora, para fazer os 550 quilômetros que faltavam para Santarém, onde cheguei por volta das dezessete horas e trinta minutos.

Na portaria do luxuoso Hotel Tropical, pedi uma ligação para São Paulo, enquanto me registrava. Falei com o editor nacional, Osvaldo Martins, que me reservou um espaço de 150 linhas para a reportagem que eu teria de passar por telefone dentro de uma hora e meia. Isso significava quase meia página do *Estadão*, pelos padrões da época. Um bom destaque, que certamente compensaria minhas atribulações.

Nas duas noites anteriores, na minha maquininha de escrever portátil, eu já havia feito a descrição de alguns trechos da rodovia. Faltava a etapa daquele dia e o *lide*. Sem nem tomar um banho para me livrar da poeira, não demorei uma hora para deixar tudo pronto. Pedi nova ligação para São Paulo, imaginando que, em mais quinze minutos, toda aquela aventura estaria concluída com pleno êxito.

Vã esperança! Parece até que foi praga do capitão: o número da central telefônica do jornal não atendia mais. A sede do *Estado* tinha se mudado recentemente da Rua Major Quedinho para a Marginal do Tietê. E, conforme soube bem depois, a central ou PABX, como era chamada, ainda estava em testes e resolveu pifar justamente naquela hora! Eu era um náufrago, morrendo na praia.

Mas não desisti. Liguei para a sede antiga na Major Quedinho, onde as telefonistas sempre foram muito gentis comigo. Contei o meu drama para a única que havia ficado em plantão no prédio vazio e pedi a ela que anotasse à mão o texto que eu iria passar e que o mandasse por mensageiro até a nova redação. Ela topou. Não deu para passar as 150 linhas. Foi o *lide* e mais alguma coisa, que serviu para mostrar que *O Estadão* tinha sido o primeiro jornal a percorrer a nova rodovia de ponta a ponta. Um furo, portanto. Outra matéria, mais completa, saiu dias depois, quando voltei a São Paulo.

PS:

Para compensar toda essa correria, eu Paulo e Zé da Onça (que chegaram a Santarém na manhã seguinte) tivemos dois dias e meio de descanso, com toda a mordomia quatro estrelas do Hotel Tropical. Foi o tempo necessário para receber o dinheiro que eu precisava para pagar o Paulo, o hotel e a passagem de avião para voltar a São Paulo. Naqueles tempos, sem cartão magnético, sem crédito online, sem telefone via satélite, a ordem de pagamento vinha por telegrama pingando por várias agências. Demorava dias para chegar às cidades do interior da Amazônia. Enquanto isso, foi muito divertido apreciar o banho de civilização que o Zé da Onça tomava. Refestelado à beira da piscina, aquele homem que passara a vida nas matas, morando em ranchos de pau-a-pique, admirava discretamente as moças de biquini e fazia gestos bem refinados para chamar os garçons, pedindo caipirinhas e tira-gostos. Pelo menos nisso, a falta de tecnologia nos proporcionou muito conforto.

Conflito em Santa Luzia dos Perdidos

VIDA DE REPÓRTER pode ter períodos longos sem grandes emoções, mas, por vezes, elas engatam uma na outra, em um turbilhão de coisas extraordinárias que chega até a mudar o destino da gente.

Em meados de novembro de 1976, eu estava no centro de São Paulo, na sala de espera de um empresário para fazer uma entrevista. Aí, tocou o bip. Liguei para a redação e recebi uma ordem: "Vá para o aeroporto já. Estamos mandando passagem e dinheiro para você ir ao Sul do Pará e destrinchar aquela história do padre Maboni".

Cancelei a entrevista e liguei para minha mulher, pedindo que ela fosse encontrar-se comigo no aeroporto e levasse minha malinha de roupas, sempre pronta para essas emergências. Nem tive tempo para lhe falar que, há quase uma semana, já estava esperando ordem do jornal, para fazer aquela reportagem que eu mesmo havia proposto.

A pauta era a seguinte: dois soldados tinham morrido em uma emboscada de posseiros contra policiais militares em uma controvertida demarcação de terras no meio da selva. A Polícia Militar e, especialmente, autoridades federais acusavam o padre italiano de ter instigado os posseiros e classificavam o episódio como crime contra a segurança nacional. Prenderam o religioso e pretendiam expulsá-lo do país. O padre dizia não ter incitado ninguém, garantindo que chegara ao local dez horas depois do tiroteio. O caso gerava mais um conflito entre o governo militar e a Igreja Católica. Há mais de uma semana, as versões ocupavam manchetes em jornais brasileiros e italianos, mas ninguém tinha ido ao local para saber o que realmente acontecera. E não era para menos. O lugar ficava a mais de setecentos quilômetros ao sul de Belém e tinha um nome muito apropriado - Santa Luzia dos Perdidos.

Lá fui eu. Cheguei a Belém no começo da noite. Tentei comprar passagem no avião Bandeirante, da Votec, que partia para Marabá, na manhã seguinte. Decepção. Há uma semana fazia mau tempo em toda a região e os voos estavam suspensos. O jeito foi correr para a rodoviária e embarcar no ônibus que saiu às vinte horas. Dos quinhentos e muitos quilômetros até Marabá, menos de cem estavam asfaltados. O resto era trepidação, buraco e atoleiro. Doze horas depois, sem dormir, cheguei a Marabá e corri para o aeroporto, em busca de um táxi-aéreo que me levasse até Xambioá, mais uns 120 quilômetros, ao sul. O tempo havia melhorado bastante, mas não havia táxi-aéreo.

Só encontrei um aviãozinho que lançava sementes de capim em áreas desmatadas para formação de pastagens. Com muita conversa e um bom pagamento, convenci o piloto a levar-me sentado no chão do aparelho, que só tinha banco para ele. Antes do meio-dia, eu estava em Xambioá, procurando um barco com um bom motor de popa para subir o Araguaia, por uns dez quilômetros cheios de corredeiras e rodamoinhos. Não foi difícil encontrar. Havia diversas embarcações desse tipo chamadas "voadeira", fazendo a travessia do rio, de Xambioá para São Geraldo do Araguaia.

Não havia guarda-vidas e eu não sei nadar. Sorte que o barqueiro era muito bom. Por diversas vezes escapamos por um triz de arrebentar o barco nas pedras ou tombá-lo no meio das corredeiras. Duas horas e pouco e muitos sustos depois, chegamos ao povoado de Santa Luzia dos Perdidos, uns vinte casebres de madeira cobertos com folhas de babaçu, junto a uma pequena praia.

Ali, no começo do mês, mais de cinquenta envolvidos no tiroteio tinham ficado dois dias amarrados uns aos outros, ao sol e à chuva, sem comer e sem beber. Assim foram interrogados pela polícia. Uns trinta foram considerados culpados pela emboscada e levados presos para Belém. Conversei com alguns dos liberados, que confirmavam a chegada do padre Maboni ao local no fim da tarde, no dia do tiroteio, ocorrido de manhã. Também colhi boas histórias sobre o "interrogatório" e sobre a queima de barracos. Já estava pensando em voltar, quando percebi que me faltavam informações essenciais: Quais os fatos que antecederam a emboscada? Quantos posseiros participaram dela? Por que se sentiam ameaçados pela demarcação? Como surgiu o plano de tocaiar os policiais e topógrafos?

Em Santa Luzia não encontrei essas respostas. Elas estavam a mais de vinte quilômetros para dentro da selva, em pequenas roças, onde moravam os posseiros e também o local que havia sido centro do cenário da chamada Guerrilha do Araguaia. Aí, arranjei um burro para mim e outro para um morador que conhecia o labirinto de trilhas que levavam às roças. Mais três horas gastando meus fundos no lombo do animal, pouco antes do anoitecer, cheguei à área onde se concentravam as moradias dos posseiros.

A notícia de que um repórter estava naqueles confins espalhou--se como fogo em mato seco. Em poucos minutos eu estava rodeado de dezenas de pessoas. A princípio, desconfiadas, curiosas e silenciosas. Passei mais de uma hora jogando conversa fora, até mostrar que não era mais um policial em busca de informações comprometedoras para o grupo. Enquanto tomava um banho gostoso em um córrego de águas cristalinas, perguntei se havia boas caças na região, se as terras eram boas, se as roças estavam produzindo bem. Aí, conquistada a confiança do pessoal, a conversa rolou solta e enriqueceu bastante a reportagem a seguir.Também, obtive ali uma informação que me pareceu verídica, mas que não escrevi na época por dois motivos: um, a repressão poderia criar sérios problemas para minhas fontes pobres e analfabetas; dois e mais importante, porque ela não seria confirmada por nenhuma das partes envolvidas na Guerrilha do Araguaia. A informação era de que os guerrilheiros foram caçados e mortos, não por tropas do Exército, mas por conhecidos pistoleiros da região. O que tornava a informação digna de crédito era justamente a estranheza relatada pelos posseiros com a mudança de um macabro hábito dos pistoleiros: em vez de trazerem as orelhas das suas vítimas para os oficiais mandantes das mortes, eles traziam as mãos decepadas. Os posseiros não sabiam da grande utilidade que têm as impressões digitais para identificar uma pessoa.

Se verdadeira, essa história jamais será confirmada pelos integrantes do Exército, porque eles não confessariam ter contratado pistoleiros para cumprir suas missões, tampouco por guerrilheiros sobreviventes, porque eles certamente preferem a história oficial de que foram dizimados pelas forças e a organização do Exército, que por isolados e xucros pistoleiros.

POSSEIROS NEGAM INCITAÇÃO

"Não veio projeto de briga de lado nenhum. O povo que imaginou que o "Careca", com a ajuda da polícia, ia tomar as terras dos posseiros e resolveu enfrentar a coisa no tiro". A afirmação de Maria Rosa Pereira é síntese do depoimento dos habitantes dos povoados de São Geraldo do Araguaia, Santa Luzia dos Perdidos e Boa Vista, que negam ter havido qualquer incitação de elementos estranhos para a emboscada armada no dia 27 de outubro contra topógrafos do INCRA e uma tropa da Polícia Militar, o que resultou na morte de dois soldados e ferimentos em mais dois.

Na linguagem simples de um povo analfabeto acostumado à constante violência de uma terra sem leis a emboscada é contada apenas como um trágico ato de desespero de uma minoria de posseiros que — como os demais — se sentia na iminência de perder, para os poderosos do lugar, suas pequenas roças e suas casas miseráveis. Segundo os posseiros, não houve nenhuma pregação de resistência armada partida de elementos estranhos à comunidade. O próprio Padre Maboni, acusado de ter instigado a rebelião, só teve seus primeiros contatos com os posseiros dez horas após a emboscada.

Por outro lado, não faltaram advertências e conselhos aos elementos mais exaltados da comunidade para que evitassem um choque com a polícia, o que poderia provocar — como de fato provocou — um clima de violência ainda maior com o espancamento e queima de casas de posseiros culpados e inocentes. Os conselhos e advertências do iminente choque entre posseiros e policiais foram feitos também às autoridades responsáveis pela área — inclusive o governador do Estado, Aloísio Chaves — mas ninguém deu ouvido e a emboscada acabou acontecendo, como uma fatalidade.

O conflito entre posseiros e policiais tem raízes em uma confusa doação de terras do governo do Pará à antiga Fundação do Brasil Central em 1945. Essas terras — muito férteis e próximas ao rio Araguaia — nunca foram delimitadas e jamais tiveram títulos definitivos de propriedade. Assim foram ocupadas por centenas de posseiros que lá se estabeleceram — alguns há mais de dez anos — derrubando matas, plantando suas pequenas roças de subsistência e colhendo coco de babaçu.

A falta de títulos de propriedade (até hoje ninguém sabe de quem são as terras) e o isolamento nas matas sempre motivaram atritos entre grandes e pequenos ocupantes da região, pois a única forma de fazer valer a posse da terra é a força. Evidentemente, os grandes sempre levaram vantagem, pois além de disporem de recursos para a contratação, de advogados caríssimos e suborno de burocratas e policiais, não deixaram de lançar mão dos serviços de jagunços e pistoleiros para expulsar os pequenos posseiros mais recalcitrantes. Assim, o clima já era bastante tenso, quando alguns meses atrás, o capataz Luiz Hernandez — dos 35 sucessores da antiga doação à Fundação Brasil Central, mais conhecido por "Careca" — começou a espalhar pela região que, mediante suborno, havia conseguido legalizar as terras e iria, expulsar todos os posseiros.

O ex-posseiro Antônio Calixto Santos conta como foi: O "Careca" falou para mais de 20 caras daqui que tinha dado 300 mil cruzeiros para o pessoal do Incra para acertar as terras dele e que daria mais 200 mil quando tudo estivesse pronto. Disse que a gente não ia poder segurar o pessoal da demarcação porque a polícia vinha junto e que ele ia chutar todos os posseiros daqui".

A princípio, os posseiros não levaram a afirmação muito a sério. Acreditavam que fosse apenas mais uma bravata do "Careca". A maioria deles acreditava que a lei lhes garantiria o direito de posse e o muito que poderia acontecer seria uma indenização para deixarem as terras.

Enquanto uns 10 ou 15 posseiros começaram a dizer que resistiriam até à polícia, mais de 100 outros se cotizaram — "10 cruzeiros de um, 20 de outro" — para mandar o lavrador Joel Rodrigues de Souza "falar com a lei" em Belém e depois em Brasília. Davi, irmão de Joel, conta que ele voltou uns 15 dias depois trazendo "umas 150 folhas de papel federal (formulários de cadastramento de posseiros) e uma carta de um doutor que se chama Alacid, dizendo que era para não brigar".

Os formulários foram preenchidos, numa tarefa não muito fácil, pois o próprio Joel — um dos posseiros mais esclarecidos —, segundo seu irmão, "não tem quase leitura". "O estudo dele — continuou — foi muito pouquinho, nunca teve aula. Quem escrevia para ele era a Edna, que é professora do MOBRAL".

Os lavradores ainda estavam garatujando seus formulários, quando chegaram à região os topógrafos do Incra, acompanhados de uma tropa da Polícia Militar, comandada pelo tenente Walmary. Os posseiros ficaram alarmados, pois os trabalhos de demarcação não são normalmente acompanhados de tropa policial. "Parecia que estava sendo cumprida a promessa do 'Careca' de botar todo mundo para fora" — diz Davi.

O tenente Walmary — por ordem do capitão Clero Fonseca, comandante do destacamento de Marabá — procurou esclarecer os posseiros de que os trabalhos de demarcação não implicavam reconhecimento de propriedade de ninguém e muito menos a expulsão dos posseiros. Mandou avisar também que não queria ver posseiros armados no pique de demarcação nem grupos de homens junto aos topógrafos.

Os esclarecimentos e ordens do tenente não serviram muito para tranqüilizar a população. À medida que prosseguia a picada topográfica, aumentava o clima de tensão. No bar de João Pereira de Lima, no povoado de Perdidos, Teodomiro Bispo dos Santos — o seu "Dodô", baiano de 54 anos — advertia os mais exaltados: "contra coisa que tem polícia a gente não deve insistir. É melhor perder as roças e a casinha da gente, que passar o resto da vida na cadeia. Matar um paisano ou dois não dá problema. Mas soldado, vira uma guerra".

A resposta dos "briguentos" era sempre a mesma: "A gente não está disposto a sair daqui chutado ou a troco de uma botina" (referências às indenizações pagas a posseiros).

No dia 25 de outubro, o choque entre posseiros e policiais era tido como iminente. Joel Rodrigues de Souza estava de saída do povoado, para levar os formulários a Belém, e ainda fez mais uma advertência "para ninguém brigar".

O clima de tensão não alarmou apenas os pequenos posseiros. Antônio Alcazas Martins — o "Antoninho", diretor da Madereira Impar, de São Geraldo do Araguaia foi até Conceição do Araguaia — sede do município, a mais de 400 quilômetros — para pedir às autoridades que suspendessem o trabalho de demarcação.

Não que "Antoninho" se condoesse muito da sorte dos pequenos posseiros, pois por muitas vezes ele já usara de violência e trapaça para expulsá-los. O diretor da madeireira — que a rigor também é posseiro — além de tentar impedir que a picada avançasse sobre suas posses tentava evitar um conflito que certamente iria prejudicar também os interesses de sua companhia.

Em Conceição do Araguaia, "Antoninho" falou com o capitão Reinaldo, comandante do destacamento da PM, com o bispo dom Estevão e com o então candidato a prefeito Ulisses Vieira, apoiado pelo governador e pela direção da madeireira. Dos seus contatos, resultou um telegrama do prefeito Alberto Maranhão de Lima ao governador Aloísio Chaves pedindo a suspensão dos trabalhos topográficos ante a iminência do conflito.

Nem autoridades, nem posseiros ouviram as advertências. A emboscada consumou-se às 10 horas da manhã do dia 27 de outubro.

O capitão Cleto Fonseca conta que uns 10 ou 15 posseiros armados de espingardas de caça — "cartuchos de chumbo, com umas bolas grandes no meio" — atiraram sobre os policiais e topógrafos na altura do quilômetro 30 da picada, a meia distância entre os povoados de Perdidos e Boa Vista: "Os posseiros se esconderam atrás de uma árvore caída, apontaram as armas por cima de suas cabeças e atiraram sem ver".

A polícia tentou reagir aos tiros, mas não conseguiu porque os posseiros estavam bem abrigados. O Tenente Walmary, então, deu ordem para que todos corressem em retirada. Ordem desnecessária para os topógrafos que, a essa altura, já estavam longe. O soldado Ézio morreu no local. O soldado Fonseca, muito ferido, acabou morrendo antes de chegar a São Geraldo. Outros dois soldados sofreram ferimentos leves. A notícia da emboscada ecoou como uma bomba, sucedida de uma onda de temor da reação policial. Enquanto os homens se embrenhavam nas matas - muitos deles sem qualquer participação na emboscada - mulheres carregando crianças fugiam de suas casas sem saber para onde ir. Seu "Dodô", que tanto havia tentado evitar a emboscada, também fugiu para a mata: "Eu sabia que quando a polícia voltasse, a revolução ia ser grande. Eles iam bater em todo mundo e eu já estou velho e não agüento mais pancada".

Quando o Padre Maboni chegou a Boa Vista, às 8 horas da noite do dia 27, trazendo a carta do bispo de Conceição do Araguaia, o povoado estava em pânico. Segundo Raimundo Batista Gomes, comissário de polícia em Boa Vista, "o padre foi dizendo pro pessoal se acalmar, que não precisava ninguém fugir das casas, pois quem não deve, não teme" .

A reação policial demorou três dias. Na manhã do dia 30, mais de 50 policiais desembarcaram no povoado de Perdidos. "Aí, não deu bonito, eles foram prendendo todo mundo e amarrando os homens com as mãos para trás" — conta João de Lima, o dono do bar. Maria Rosa, mulher de João, interrompe o marido para contar: "Eles amarraram até meu filho Beto, de 15 anos. Aí eu fui pedir pro tenente desatar o menino. Ele soltou meu filho e, por isso, eu fiquei devendo obrigação para ele". O marido — apesar de revoltado com a violência — ficou muito grato aos policiais que "pagaram tudo que gastaram aqui, e teve dia que eu dei comida a mais de 20 homens".

Os posseiros foram sendo caçados e trazidos ao povoado. Ficaram amarrados' ao sol, o dia todo, pois não havia onde prendê-los. Mas os policiais não permitiam que se desse água aos presos e isso foi o que mais impressionou Maria Rosa. Ela faz apenas uma ressalva: "O capitão Ribamar era um homem muito bom. Na frente dele ninguém batia nos posseiros".

Enfurecidos com a morte dos dois companheiros, os soldados da PM não se limitaram a bater e prender. Queimaram as casas dos posseiros Daniel e Otacílio, tidos como cabeças da emboscada. Prenderam Edna, a professora do MOBRAL e seu marido João de Deus. Na casa deles rasgaram livros, cadernos e roupas.

O Padre Maboni foi preso na noite do dia 30, em Boa Vista, e levado imediatamente para o destacamento da PM em São Geraldo do Araguaia, juntamente com dezenas de posseiros. As prisões continuaram por mais uma semana e a maioria dos posseiros era liberada após um ou dois dias de interrogatório em Perdidos.

Os policiais também estavam tensos. No dia primeiro de novembro, houve um segundo tiroteio. Segundo os policiais, alguns posseiros tentaram resistir às prisões. Mas os habitantes do local contam uma história diferente. Segundo eles, um posseiro carregava sua espingarda, quando viu os policiais se aproximarem. Tentou fugir e, na corrida, disparou acidentalmente sua arma. Os policiais então atiraram. No dia de Finados, quando já haviam feito mais de 100 prisões, os policiais ainda temiam uma reação armada dos posseiros. A noite, avisaram habitantes do povoado para dormirem no chão, pois poderia haver um tiroteio, e as balas atingi-los em sua redes.

O tiroteio não veio e o clima de tensão amainou um pouco. Foi aí que "seu Dodô" resolveu sair da mata e se apresentar à polícia. O velho baiano foi libertado após seu depoimento.

Nos últimos dias das prisões, a situação já era mais calma e posseiros e policiais ouviam à noite, pela "Voz da América", as primeiras notícias a respeito da emboscada. Com grande surpresa e um pouco de satisfação, os posseiros ficaram sabendo que o principal inimigo deles, Luiz Hernandez — o "Careca" — também estava preso em companhia do "Antoninho", diretor da madeireira.

Embora conformados por saberem que, dessa vez, até os "grandes" foram presos, os posseiros acabaram ficando completamente confusos: "Se era o 'Careca' que estava mandando na polícia, como é que ele acabou preso? Se ele não estava mandando, por que é que a Polícia veio se meter nessa questão?"

Jânio, sozinho

SÁBADO, 21 DE maio de 1977, logo de manhã, o telefone tocou. Era a Irene Solano, chefe de reportagem do *Estadão*.

— O Carlos Lacerda morreu. Venha para o jornal que precisamos de todo mundo para preparar uma edição especial.

Quando cheguei à redação, já estavam distribuindo aos repórteres as listas de nomes de personalidades que deveriam ser ouvidas por telefone. A ordem era conseguir o maior número possível de depoimentos. Para mim, coube o ex-presidente Jânio Quadros e mais meia dúzia de políticos.

Na época, Jânio estava com seus direitos políticos suspensos pelos militares e raramente seu nome aparecia na imprensa. Aquela edição especial tinha que ouvi-lo, porque Lacerda era justamente o homem que mais ajudou Jânio a ser eleito presidente e, também, o que mais contribuiu para que ele renunciasse à Presidência da República. Com alguma dificuldade, encontrei o telefone do político cassado. Liguei e fui atendido pelo próprio ex-presidente. Disse que queria o seu depoimento e, antes de acrescentar "por telefone", ele me respondeu naquele seu estilo cerimonioso:

— "Venha. Será um prazer recebê-lo!"

Não tive como fugir ao convite. Pedi o endereço e lá fui eu para Santo Amaro, no outro lado da cidade. A casa ampla de tijolos à vista tinha muros altos e um largo portão de madeira. Toquei a campainha, uma, duas, três vezes... Nada! Fui ao orelhão da esquina, liguei. Jânio atendeu, disse que a campainha não funcionava mesmo e que ele iria abrir o portão.

Atendeu-me muito gentilmente e explicou porque estava sozinho. Dona Eloá tinha ido visitar uma amiga e o casal de empregados – Adão e Eva – estava de folga naquele fim de semana. Levou-me até seu escritório: uma bagunça! Livros e jornais velhos espalhados pelo chão, mesa repleta de papéis amontoados. Os livros não tinham qualquer ordem nas estantes e, nelas, pregados com tachinhas, estavam recortes mal feitos de fotos publicadas em jornais, em que Jânio aparecia em momentos importantes de sua vida: recebendo a faixa presidencial das mãos de Juscelino; condecorando Che Guevara; cumprimentando o marechal Juarez Távora; abraçado a Milton Campos (ex-governador de Minas e um dos candidatos a vice-presidente nas eleições presidenciais de 1960); com Fernando Ferrari (outro candidato a vice nas mesmas eleições) e outras personalidades, também já mortas naquela época.

Jânio sentou-se à mesa e um cão *colie*, muito dócil, postou-se ao seu lado, lambendo a orelha do dono. Fiquei com medo que o animal resolvesse demonstrar o mesmo carinho para comigo. Felizmente, isso não aconteceu.

Bloco de anotações à mão, sentei-me em uma poltrona de couro à frente de Jânio e ele começou a ditar sua declaração:

— "Toda a nação se empobreceu à morte de Carlos Lacerda". Esse "a" é com crase, explicou o ex-professor de português, que continuou ditando pontos, vírgulas e acentos do texto de umas quinze linhas. Quando terminou, pediu-me que lesse. Li, ele aprovou e eu me levantei para me despedir. Jânio fez sinal para eu me sentar:

— "Fique mais um pouco. A Eloá já está voltando e vai nos fazer um café."

Era mais um convite irrecusável. Tinha muito de gentileza, mas não era preciso ser psicólogo para saber que aquele apelo estava carregado de vontade de ter alguém simplesmente para conversar. Ou melhor, para ouvir. Deixei de lado a pressa de voltar à redação e fiquei ouvindo o ex-presidente. Durante aproximadamente meia hora, ele contou algumas coisas curiosas e fez algumas observações sem grande relevância sobre o momento político. Depois, por alguns instantes, ficou em silêncio, passeando seu olhar estrábico pelas fotos de jornais pregadas nas estantes. Aí, desabafou:

— "O Milton, o Juscelino, o Juarez, o Ferrari... agora, o Carlos. Até o Adhemar me faz falta... "

Nesse ínterim, Dona Eloá havia chegado. Fez o café e veio nos servir. Finda a conversa, Jânio foi me levar até o portão. Ao passar pela larga varanda, vi uma mesa de bilhar, coberta por uma lona verde bastante desbotada. Lembrei-me de que o bilhar era o passatempo predileto de Jânio, nos seus breves meses como inquilino do Palácio da Alvorada.

— "Presidente, o senhor continua bom de taco?" - perguntei.

— "Não. Perdi a prática. Faltam-me parceiros para jogar..."

Deixei a casa com a sensação de que nunca havia visto alguém em tão dramática solidão. Um homem que vivia cercado de multidões; que tinha sido presidente da República e já não encontrava parceiros para jogar bilhar.

Naquele tempo, o fim da ditadura militar era uma possibilidade remota. Jânio já havia passado dos 60 anos e achei que ele jamais voltaria à vida pública. Felizmente, não escrevi nada sobre essa impressão. Quem escreveu, se deu mal. Como um colega que, na mesma época, afirmou em um artigo que Jânio estava politicamente morto. Depois, em 1985, quando o ex-presidente estava disputando a eleição (que venceu) para prefeito de São Paulo, lá foi o mesmo jornalista insistir com Jânio para que ele participasse de um debate na tv, com os outros candidatos: Fernando Henrique Cardoso e Eduardo Matarazzo Suplicy.
Foi recebido com uma pergunta difícil de responder: "Como é que o senhor se sente conversando com um cadáver?"

Desvio de rota

NOS ANOS 1970, havia um voo da Transbrasil, de Belém para Brasília e São Paulo, que partia do aeroporto de Val de Cães às cinco horas da manhã. Os passageiros tinham de se apresentar às quatro e, portanto precisavam sair dos hotéis às três. A maioria não estava disposta a pagar hotel para dormir tão pouco. Então, o jeito era ir fazer hora na boate Condor, a meio caminho entre cidade e o aeroporto. Era um amplo galpão, aberto dos lados, quartinhos no fundo, com boa ventilação, música animada — carimbós e merengues — um ótimo chope e péssima reputação, que era o maior atrativo da boate.

Como de praxe, às três horas e trinta minutos, a orquestra parava e o *crooner*, com voz bem empostada, anunciava: "Atenção senhores passageiros do voo da Transbrasil para Brasília e São Paulo, queiram se dirigir ao aeroporto". Ao ouvir o aviso, naquela madrugada quente de dezembro de 1976, vi uma tripulação inteira se levantar, com certa dificuldade, de uma das mesas mais agitadas da boate. O comandante, um sujeito grandalhão, falando alto, voz enrolada, colarinho aberto, gravata no meio do peito, quepe debaixo de um braço e uma aeromoça sob o outro. Atrás, mais ou menos do mesmo jeito, os demais tripulantes.

Espanto geral: "Nesse avião nós não vamos!" – protestou um passageiro, meio que comandando uma meia volta dos outros.

"Calma, Calma! Esta é a tripulação que trouxe o avião. A que vai levar é outra, que está saindo do hotel agora, novinha em folha!" - disse a aeromoça que ajudava o comandante a se equilibrar.

De fato, era verdade. E para não deixar dúvidas a tripulação estropiada ficou bem à vista dos passageiros. Embarcou antes e tratou de se ajeitar nas primeiras poltronas - mais largas, de classe executiva - do Boeing 727. Ali, eles dormiriam tranquilos até São Paulo.

Eu teria de acordar antes. Fim de ano, aviões cheios, eu não tinha conseguido lugar até São Paulo. Teria de desembarcar na escala em Brasília para prosseguir a viagem em outro voo, previsto para às dezesseis horas. Como não estava disposto a passar o dia inteiro no aeroporto, resolvi fazer uma visita aos colegas da Sucursal do *Estadão*. Essa visita acabaria mudando o rumo da minha vida.

"Você chegou na hora certa. Temos pauta para uma ótima reportagem em Mato Grosso e você vai gostar de fazer. É do jeito que você gosta!" - disse Jorge Rosa, repórter meu amigo que cobria o Ministério da Agricultura.

"Eu vou para São Paulo. Passei dias rodando confins do Pará, fui a um lugar chamado Santa Luzia dos Perdidos. Estou louco para voltar pra casa" - respondi sem nem querer saber qual seria a grande reportagem.

Rosa insistiu: "É uma história dramática e tem de ser publicada urgentemente para ter alguma solução. Centenas de famílias de agricultores gaúchos foram para um projeto de colonização, na região de Barra do Garças. Estão plantando arroz naqueles cerrados que ninguém acreditava que pudessem servir para agricultura e tudo estava indo muito bem. Agricultura mecanizada, lavouras bem formadas, uma bela promessa de vida melhor para aquela gente trabalhadora. Agora, surgiu um problema: a enchente levou a ponte sobre o Rio Areiões, na BR que serve a região, e não há como levar diesel para as máquinas que colhem o arroz. Muita gente já está perdendo a produção, porque o arroz maduro cai do cacho e o prejuízo é irrecuperável. As perdas serão totais, se em quinze dias não houver o reparo da ponte. A reclamação chegou lá no Ministério da Agricultura, que não tem como resolver o problema. Consultado, o Ministério dos Transportes não se interessou pelo caso. Diz que tem milhares de pontes para recuperar em todo o país. Se essa história não virar notícia, ninguém vai tomar providência."

Interessei-me pelo caso, mas não estava disposto a desviar meu rumo para os cerrados de Mato Grosso. Aí, Carlos Chagas, o chefe da sucursal, entrou na conversa, reforçando os argumentos de Rosa. Tive de dar nova desculpa para fugir da empreitada que eles estavam me arranjando: "Tenho de voltar logo para São Paulo, para concluir uma reportagem que já comecei e o Raul tem pressa de publicá-la". Isso era verdade e achei que seria meu argumento definitivo. Só para não ser indelicado, acrescentei: "Se o Raul autorizar, eu vou para Mato Grosso". Tinha certeza de que essa autorização não seria dada. Engano. Chagas ligou, na hora, para o Raul e obteve a autorização.

Antes do meio-dia, eu e o fotógrafo Roldão Lessa embarcamos para Barra do Garças, em um aviãozinho da Votec. Ficamos muito bem impressionados com a civilidade, a organização comunitária, a modernidade da agricultura mecanizada implantada naqueles confins de Mato Grosso; com o entusiasmo das famílias que estavam plantando seus futuros e especialmente, com a forte liderança do ex-pastor luterano Norberto Schwantes, que encabeçava o movimento para trazer minifundiários gaúchos e catarinenses para os cerrados do leste matogrossense. Tudo aquilo parecia um bom prenúncio para a região e em nada se parecia com a violenta Amazônia que estava sendo ocupada pelo "tripé dos ps" — peões, prostitutas e pistoleiros. Fizemos a reportagem em três dias e ela foi publicada no quarto. A ponte foi restaurada uma semana depois.

Abre outro parêntese: Voltei para São Paulo em uma sexta-feira, à noite e comentei com a Aninha que a correria tinha sido tão grande, que eu não havia tido tempo para comer uma peixada, como fazia toda vez que ia à Amazônia, nem tinha visto publicada minha reportagem sobre o padre Maboni. Ela me prometeu uma peixada, para o dia seguinte. Sábado de manhã, fomos à feira e ela escolheu uma bela tainha. Em casa, vi que ela estava embrulhada justamente em uma página do *Estadão*, que publicava minha matéria feita em Santa Luzia dos Perdidos, que eu fui ler, cheirando a peixe. Quase dez anos depois, quando fui trabalhar no Ministério da Reforma Agrária em Brasília, fui apresentado a uma jovem socióloga, que me disse já ter lido duas reportagens minhas, transcritas no livro "Ditadura e Agricultura" do professor de Sociologia, Octavio Ianni (editora Civilização Brasileira).

Constatei, que uma reportagem era sobre a migração de gaúchos, catarinenses e paranaenses para o novo Mato Grosso que estava surgindo e a outra, justamente encontrei o endereço do professor Ianni e mandei uma carta para ele. Contei a aventura que foi chegar além de Santa Luzia dos Perdidos; a leitura da reportagem, pela primeira vez, em uma folha de jornal que embrulhava peixe e minha satisfação por vê-la escolhida para ser transcrita em um livro dele. E completei: "Fico contente, também, por saber que esta reportagem não vai mais embrulhar peixe. Quando não seja pelo respeito ao livro do eminente sociólogo, pelo simples fato de que as páginas de um livro são muito pequenas e só serviriam para embalar alguns poucos lambais". Ianni não deve ter gostado do meu humor, porque nunca respondeu minha carta. Fecha parêntese.

Em agosto de 1977, voltei aos projetos de colonização da região de Barra do Garças para fazer uma reportagem a respeito da viabilidade econômica de Mato Grosso, que estava para ser dividido, com a criação de Mato Grosso do Sul. As autoridades de Cuiabá achavam que o Estado iria falir, tão logo fosse desmembrada a sua região mais rica, o Sul, com as importantes cidades de Campo Grande, Dourados e Corumbá. Eu, que volta e meia estava revirando o interior de Mato Grosso, tinha opinião contrária. Acreditava que nos projetos de colonização, espalhados pelos confins do norte e leste do velho Mato Grosso, estavam nascendo um novo Estado, novas culturas e novas sociedades, que em breve seriam mais ricas que Mato Grosso do Sul.*

* Para muitas autoridades, demoraria uma eternidade para a economia de Mato Grosso igualar-se à de Mato Grosso do Sul. Mas 30 anos após a separação, o PIB de Mato Grosso já equivalia a uma vez e meia o de Mato Grosso do Sul.

Para provar essa tese e espantar o catastrofismo cuiabano, resolvi mostrar os projetos de colonização. Quando cheguei às vilas que estavam nascendo no leste de Mato Grosso, fiquei animadíssimo com o progresso que estava sendo alcançado em tão pouco tempo. Aí, Norberto me falou de sua ideia de reeditar o *Jornal da Terra*, que ele havia feito em Tenente Portela, RS. Norberto queria ter um elo entre os projetos. Queria divulgar técnicas agrícolas, conceitos cooperativistas e outras informações. Na região não havia nem mesmo uma emissora de rádio e a tv via satélite ainda não era nem um sonho...

Gostei da ideia e resolvi fazer o jornal, sozinho. Eu mesmo seria repórter, fotógrafo, editor, diretor, proprietário, impressor e gerente comercial. De Cuiabá, por telefone, perguntei à Aninha, se ela topava enfrentar comigo essa parada. Mais uma vez, na hora, ela topou fazer uma mudança radical. Meu entusiasmo foi tão grande, que não avaliei dificuldades. Voltei a São Paulo, entreguei a reportagem e o meu pedido de demissão ao jornalista Miguel Jorge, que recentemente assumira a chefia da redação do *Estadão*.

Muitos colegas me disseram que eu estava fazendo uma enorme maluquice: deixar o cobiçadíssimo emprego de repórter especial do maior jornal do país para ir fazer um jornaleco para colonos, em um lugar em que a cidade mais próxima estava a trezentos quilômetros. Não dei ouvidos. Coloquei uma carta de despedida no quadro de avisos da redação. Nela, falava da minha satisfação por ter realizado o sonho de ser repórter do *Estadão* e que chegara a hora de tentar a realização de um novo sonho: ter meu próprio jornal.

Havia ainda um outro sonho: o da Aninha, de que eu pudesse viver mais tempo com ela e nossos filhos - Luiz Eduardo, com sete anos, e Suzana, com pouco mais de um — o que era impossível para eu, na função de repórter do grande jornal, sempre empenhado em trabalhos nos confins do Brasil.

Em Mato Grosso, iríamos morar em uma boa casa, toda avarandada, que tinha alojado o administrador da grande fazenda loteada para um projeto de colonização. Ficaríamos junto da casa do antigo dono, que tinha piscina. Tudo isso, na beira de uma pista de pouso, bastante movimentada pelos aviõezinhos que levavam e traziam pessoas para fazendas situadas a até cem quilômetros. Da vila mais próxima, Serra Dourada, ficava a cinco quilômetros da fazenda com o mesmo nome e, por ficar entre as duas outras vilas – Canarana e Água Boa – previa-se que ela deveria crescer mais rapidamente e se converter no polo central dos projetos de colonização e sede do novo município, que não tardaria a surgir.

1 de março de 1978

Ponte d
e prejudic

O desabamento de um v
sobre o Rio Areões interr
causando incalculáveis
estrada para recebe
tadeiras e secadore
Em plena époc
prejuízos a c
caindo do c
da recup
do DER
ment
ai

CAPÍTULO 4

TEMPOS EM MATO GROSSO

Escola, a preocupação

A GRANDE PREOCUPAÇÃO da Aninha para enfrentar a nova vida era a escola para o Luiz Eduardo. Em São Paulo, tínhamos mudado recentemente do Jabaquara para o Bairro do Limão e foi um dificuldade para ela encontrar uma boa escola para o filho, que estava passando da pré-escola para o primeiro ano do curso primário.

Professora exigente, Ana Maria não encontrava uma escola que servisse para nosso filho. Uma tinha boa didática, mas as instalações eram inadequadas. Outra, era o contrário e as que passavam nos dois quesitos, estavam muito longe de casa.

"E lá na Serra Dourada, como será a escola para o Luiz Eduardo?" - perguntou-me. Respondi que não sabia, mas que os filhos de colonos tinham escola. Nosso filho iria para ela e, se necessário, teria algumas aulas de reforço, em casa, com a mãe.

Antes de mudarmos, levei Ana e Luiz Eduardo para conhecerem Serra Dourada. Meu filho, apaixonado por aviação, adorou saber que iria morar junto de uma pista de pouso. Ana gostou da casa e da paisagem vista da varanda. Depois fomos à vila que estava começando a se formar. Tinha apenas duas construções de alvenaria: um pequeno supermercado e um posto de combustíveis. O resto, pequenas casas de madeira, abrigando famílias, lá chegadas há um ano ou menos.

Finalmente, encontramos a escola. Era uma pequena clareira aberta no cerrado, coberta por uma lona de caminhão. As carteiras, tocos de árvores, os maiores serviam para apoiar cadernos e os menores para a criançada sentar-se. O professor era o pastor Waldomiro — descendente de pomeranos, alemães do norte do país, que têm uma língua própria e falam trocando o **t** pelo **d.** Na lousa, pendurada em um galho de árvore, ele desenhara um dado e gritava para seus alunos: "Escrrrevannn tato connn T te Teus.".

Assustada, Ana sentenciou: "Esse cara não vai dar aulas para o meu filho!". Dito e feito. Voltou para São Paulo, procurou livros e colegas para aprender o que havia de melhor em técnicas de alfabetização.

Em dezembro, Ana e nossos filhos mudaram-se para Serra Dourada. Eu já estava morando lá, desde agosto, para fazer o "*Jornal da Terra*". Quando começaram as aulas, a escola ganhou mais uma classe — a do 2º ano, a cargo da professora Geni, formada em Porto Alegre e esposa do comandante Ervino Resche, piloto dos DC3 e outros aviões da companhia colonizadora, a Conagro – ganhou também sede nova e bem adequada: uma construção de madeira, pré-fabricada no Rio Grande do Sul.

Ana ficou com o 1º ano e suas técnicas de alfabetização foram um sucesso; em agosto, todos seus alunos escreveram cartinhas carinhosas para seus pais, comemorando o dia deles. O pastor Waldomiro colaborou muito nesse trabalho. Na flauta doce, ou no violão, tocava as músicas, cujas partituras estavam nos livros com as lições de alfabetização. A criançada cantava e aprendia fazendo festa.

O grande susto

Em meio a muito trabalho com sua criançada na escola, Aninha ainda passou por um grande susto. Nossa filha Suzana, com menos de dois anos, com ajuda do irmão Luiz Eduardo, subiu na carroceria de uma caminhonete que havia parado em frente de casa. Aí, achou um tubo *spray* de matar berne e borrifou um jato do tóxico em sua boca. Aninha ficou desesperada. Sem saber o que fazer, pegou o nosso jipinho Gurgel e levou a filha para a

Vila de Serra Dourada, situada a cinco quilômetros da fazenda. Era mais um gesto de desespero, que busca de socorro, pois ela sabia que a vila ainda não tinha um posto médico, enfermaria ou, pelo menos, farmácia.

Mas suas preces de mãe foram ouvidas. Ao chegar à vila, foi informada de que também havia acabado de chegar o primeiro médico do local, o dr.Antonio Pinheiro, que viera montar o seu hospital à beira da estrada em uma casa onde funcionara uma pensão. Imediatamente, ele removeu a lona que cobria a carroceria de seu caminhão de mudança. Mexeu em algumas caixas e encontrou os instrumentos que precisava para fazer uma lavagem estomacal na criança.

Só soube de todo esse susto, dias depois, quando voltei de uma viagem a Barra do Garças, onde precisava ir constantemente. O sonho da Aninha de me ter mais tempo ao seu lado e dos nossos filhos já estava esquecido, mas, passei a me lembrar sempre que alguém lá de cima gosta muito de mim.

O "XORNAL DA TERA"

Na linguagem "ítalo-teuto-caipira" dos colonos, o que eu fazia era o "Xornal da Tera" e eu nunca imaginei que encontraria tantas dificuldades nesse trabalho, conforme tentei explicar em uma nota, já na segunda edição:

AOS LEITORES

Fazer um jornal — sozinho no meio dos cerrados é realmente muito mais difícil do que eu imaginava. Mas não é impossível. A falta de recursos e — principalmente — experiência gera problemas quase insolúveis. Já no primeiro número, rodado no fim do mês passado, essas dificuldades se tornaram evidentes. Depois de preparar uma edição de mil exemplares de oito páginas, o Jornal da Terra acabou saindo com um dia de atraso e apenas sessenta e poucos exemplares.

Isso porque, quando foi iniciada a impressão da última página (à noite, com mariposas e besouros se misturando na tinta e passando nos rolos com papel) a máquina não agüentou mais tanta desconsideração e inabilidade do operador (eu mesmo) e decidiu não trabalhar mais.

Para demover a pequena "off-set" dessa decisão desastrosa, fui obrigado a ir buscar um técnico em São Paulo. Rodamos uma segunda edição do n°1 e aí surgiram outros imprevistos da série que já não sei mais numerar: foi o revelador que se estragou com o tempo e o calor, a falta de letras para os títulos, a voltagem do gerador que oscilava e não permitia acertar a máquina de fazer chapas, o rádio transmissor que interfere na sofisticada "Compugraphic" eletrônica, que faz a fotocomposição, e acima de tudo a falta de experiência para lidar com todas essas engenhocas.

O resultado de tudo isso é este jornal cheio de erros, magro de páginas e informações. Mas já é um jornal. E o melhor do país na categoria dos feitos em pleno mato, porquanto é o único. Com o tempo, a gente vai aprendendo a domar essas máquinas e o Jornal da Terra poderá crescer e melhorar.

Apesar de todas as falhas e atrasos, o primeiro número do Jornal da Terra despertou muito interesse na comunidade e não faltaram palavras de apoio e confiança. Isso é o principal. Por enquanto, não há condições de prever se o Jornal da Terra será mensal, quinzenal ou semanal (que é seu objetivo). Ele vai sair quando ficar pronto. Quando as máquinas permitirem.

LSR

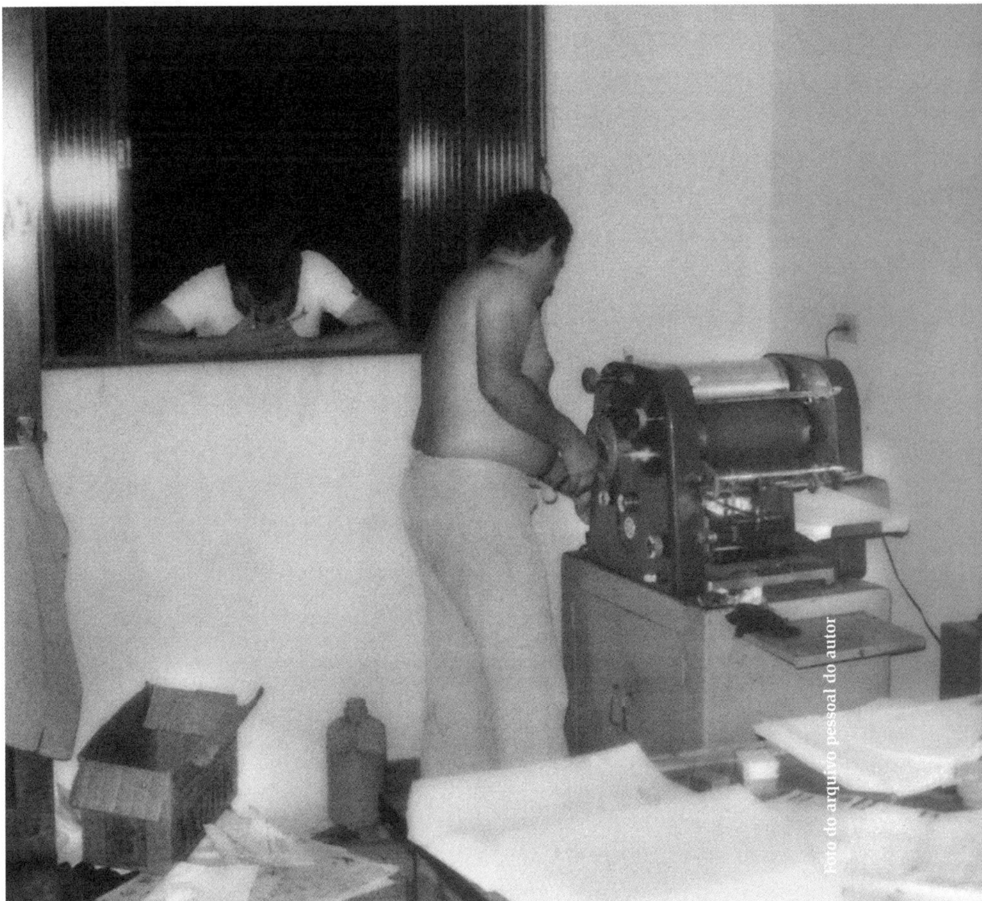

À noite, imprimindo besouros, mariposas e o Jornal da Terra

Como essas dificuldades persistiram meses depois, fui obrigado a transferir o jornal da Fazenda Serra Dourada para Barra do Garças - onde havia mais recursos - e a contratar um auxiliar para os serviços gráficos, Harold Moeller, que foi o único empregado do *Jornal da Terra* . Minha família continuou por mais um ano morando na Fazenda Serra Dourada. Eu passava a semana cuidando do jornal em Barra do Garças e, na sexta-feira à noite, quando a edição estava fechada, tomava a estrada esburacada, de terra, para - no meu jipinho — chegar ao amanhecer de sábado, lá na fazenda, a 300 quilômetros.

Naquela época, na região havia grandes derrubadas de matas para formação de pastagens. Cada derrubada empregava 100, 200 e até mais peões. Todo o dinheiro para pagar peões e comprar gado e safras de arroz andava em maletas tipo 007. Ninguém usava cheques porque a únicas agências bancárias ficavam em Barra do Garças. Então, os latrocínios eram comuns.

Em um amanhecer de sábado, encontrei Elcídes Salamoni, o gerente da cooperativa, no posto de gasolina, em Água Boa, quase chegando a Serra Dourada."Oi, Salgado. Onde você está indo tão cedo? – me perguntou. "Não estou indo, estou vindo de Barra" – respondi. "Você passou a noite na estrada!!?? Não tem medo dos assaltantes?" – indagou Salamoni. "Não, porque não carrego dinheiro"- respondi. "E os assaltantes sabem disso?" – perguntou Salamoni, me deixando arrepiado.

Notícias de sobra

Tive muitas dificuldades para fazer o *Jornal da Terra*. Menos a de arranjar notícias. Quando saí do *Estadão*, para ir para o Leste de Mato Grosso, uma região pouco habitada, quase deserta, meus colegas achavam que não iria ter notícias para encher o meu jornal, por menor que ele fosse. Engano, havia notícias de sobra e quase sempre inusitadas, devido às condições absolutamente originais e precárias do processo de ocupação que lá ocorria. Tive de fazer muita ginástica para conseguir colocar nas oito páginas do pequeno tablóide a movimentação da economia regional, novos empreendimentos, política nacional e estadual, notícias policiais, poucos anúncios e orientações de técnica agrícola para os colonos, que a cooperativa Coopercana patrocinava e me sustentava o jornal.

Transcrevo, aqui, algumas dessas notícias para dar uma pálida ideia de como era a vida naquela frente pioneira:

Foto do arquivo pessoal do autor

Não era preciso muita chuva para a BR-158 ficar cheia de lagoas.

Os ônibus que fazem a linha de Barra do Garças para Canarana e São Felix só têm horário de partida. A viagem não tem dia ou hora para terminar. Tudo depende da chuva ou sol ter agravado, ou não, as condições da estrada e principalmente dos ônibus agüentarem a superlotação e os solavancos nos buracos. Sem muitos problemas, a viagem de Barra a Canarana — 350 quilômetros — pode durar 12 horas. Mas, ultimamente, já chegou a demorar até dois dias.

Uma dessas viagens intermináveis foi a que começou no dia 28 ao meio-dia. Como de hábito, o ônibus já deixou a Rodoviária de Barra com mais de 60 pessoas: 36 passageiros sentados, 22 em pé, motorista, cobrador e crianças de colo que não foram contadas. Já na saída de Barra, tornou-se impossível contar os passageiros. O ônibus parou junto a uma barraca que vende refrescos e foi um tal de entrar gente que dificilmente o cobrador conseguiu contar.

Depois de uns dez minutos nessa parada, a viagem começou razoavelmente tranqüila. Isso porque ninguém estava preocupado com os desconfortos. Todos suportavam — resignados — as pisadas nos pés, o suor — e conseqüente o odor — próprio e dos companheiros de viagem. Lá pelas três horas da tarde, nova parada de meia hora no Vale dos Sonhos (percorridos aproximadamente 70 quilômetros). Enquanto os passageiros tomam refrigerantes a cinco cruzeiros a meia garrafa, o motorista verifica a suspensão do veículo que está dando sinais evidentes de que não vai agüentar por muito tempo.

Mais três horas de solavancos e travessias de poças d'água que parecem lagoas e o ônibus chega à Nova Brasília, que ainda não é a metade do caminho. Mas foi o fim da viagem naquele dia. A muito custo e desprezo às mínimas normas de segurança, o ônibus chegou até lá. Mas teve que ir diretamente para a oficina.

Aos passageiros com destino a Água Boa e Serra Dourada resta à opção do ônibus que vai para São Felix. Os passageiros para Canarana terão que dormir na vila e aguardar o ônibus do dia seguinte. No dia 29 o ônibus passou em Nova Brasília por volta das seis horas da tarde. Uma parada de meia hora para lanche, depois mais duas horas — por um trecho de estrada recém encascalhado — até Água Boa.

Na chegada de Água Boa, um trecho de uns cem metros de aterro ruiu. A passagem é feita com muita dificuldade por um desvio improvisado. Na vila, durante a parada de uma hora para o jantar, surgem os comentários: "Agora à noite não adianta seguir porque não há trator para atravessar o ônibus no atoleiro. É melhor dormir aqui- — diz o dono do bar e do dormitório. “Não tem problema. A gente paga uns cem ou duzentos cruzeiros para um jeguista rebocar o ônibus. É só os passageiros colaborarem, pois a companhia não autoriza a gente pagar essas gorjetas” - responde o cobrador Altair, para quem trator é o de esteira. Os de pneus são jegues.

Os passageiros concordam em fazer a vaquinha. O ônibus continua e, vinte minutos depois - cinco quilômetros além - está com as rodas submersas na lama. Com muita dificuldade consegue-se abrir a porta do ônibus encalhado em quase um metro de barro.

O cobrador sai, sob a chuva na escuridão, a procura de socorro. Volta uns vinte minutos depois sobre o pára--lama de um jegue vermelho.

Alguns passageiros duvidam que aquele tratorzinho de pneu possa tirar o pesado ônibus do atoleiro. O jegue urra com toda a aceleração. Derrapa, vai, volta e consegue tirar o ônibus do buraco maior. Ainda rebocado, o veículo vai navegando naquele mar de lama. O volante é uma peça quase inútil na mão do motorista. Também não adianta frear. Tudo depende da habilidade do jovem tratorista. Assim o ônibus caminha uns oitocentos metros até que o barro diminui e as rodas conseguem impulsionar o veículo.

O jeguista já recebeu seus cem cruzeiros e dá sua missão por encerrada, sob os protestos dos passageiros que exigem que ele reboque o ônibus até a saída do atoleiro, uns dois quilômetros adiante. Mesmo com e oferta de mais dinheiro, o jovem se recusa. Quer voltar para casa, dormir.

Por mais meia hora o ônibus ainda consegue andar, patinando, derrapando. Depois um novo buraco, maior que o primeiro. Para a maioria dos passageiros é o fim da viagem naquela noite. Já é mais de onze horas e não há esperanças de se encontrar um novo jeguista. Primeiro os protestos, os lamentos. Depois os passageiros vão se acostumando com a idéia de dormir no ônibus, no meio daquele atoleiro, como já aconteceu muitas vezes. Mas Altair, o cobrador não desiste Saí descalço amassando barro na escuridão. Bem depois da meia noite, aparece com um outro jeguista. Repete-se a operação e o ônibus continua viagem, parecendo um barco flutuando sobre o atoleiro. Menos de um quilômetro à frente o ônibus pode voltar ao leito da estrada e dispensar o trator. Agora há um trecho de uns trinta quilômetros bem encascalhados e um outro tanto cheio de lama e buracos.

Mas já não há o perigo de atoleiros. Assim a viagem prossegue e os passageiros chegam a Canarana no dia 30, pouco antes do sol nascer.

Alegria de poucos

Os jeguistas são as únicas pessoas que estão contentes com os atoleiros. Ganhando de 50 a 200 cruzeiros por veículo que rebocam nos atoleiros, eles estão conseguindo uma renda invejável. O agricultor Aurelino Raffaelli acabou de plantar o seu arroz e foi para a beira da estrada com o seu jegue. Em dois dias e meio ganhou 4.200 cruzeiros. Aurelino está gostando do serviço: - Isso aqui é uma moleza. A gente gasta pouco combustível e dá pra faturar um bom dinheiro. Só não gosto de rebocar ônibus, porque os motoristas e passageiros estão sempre chorando e nem sempre pagam. Mas motorista de caminhão, não tem problema. "Eles pagam direitinho". No atoleiro entre Água Boa e Serra Dourada existem uns dez jeguistas.

Ponte do areões, um caso de polícia

Dois soldados da Polícia Militar tiveram de ir ao Areões para garantir a segurança do empreiteiro contratado para fazer um reparo de emergência na ponte que desabou. Esse trabalho estava sendo impedido por um grupo de compradores de arroz, a quem interessava que o tráfego na BR-158 continuasse interrompido.

Enquanto isso, a residência do DERMAT em Barra do Garças confessava-se praticamente falida, pois não tem crédito na praça nem para comprar algumas tábuas e pregos para reparar outras pontes que estão caindo.

No dia 31, quando o empreiteiro Juvenal de Souza Alvez chegou à ponte do Areões para iniciar o trabalho de reparo, foi impedido de fazer o serviço por especuladores, que chegaram a montar um entreposto improvisado, no qual compravam arroz na base de 100 a 130 Cruzeiros a saca de 60 quilos, para ser revendido pelo dobro em Goiânia. O arroz era comprado na margem esquerda do Areões e transportado nas costas de trabalhadores braçais para o outro lado do rio, por cima das vigas que restaram da ponte.

Esse arroz – na maioria vendido ilegalmente a atravessadores, uma vez que o produto está penhorado ao Banco do Brasil como garantia de pagamento do financiamento de plantio — estava sendo entregue a preços mais baixos que os pagos pela cooperativa, isto é, o preço mínimo de 156 Cruzeiros por saca de 60 quilos, fixado pelo governo federal.

Acontece, entretanto, que muitos produtores ("com a corda no pescoço") preferiram entregar uma ou duas cargas de sua produção, a qualquer preço, para terem com que aguardar o pagamento do arroz entregue à cooperativa.

Assim, quando Juvenal de Sousa Alves chegou com sua turma para desmontar a armação de pranchas e vigas, por onde passavam os carregadores — para fazer um reparo de emergência que permitisse a passagem de caminhões — foi barrado por um grupo de valentões.

— Vim aqui para trabalhar e não para brigar — disse Juvenal, que desistiu de qualquer resistência e foi pedir socorro à Polícia em Barra do Garças.

Escrevendo picadas no cerrado

No escritório da Conagro, em Barra do Garças, chegou um estranho pedido da turma de topografia que está fazendo o levantamento do projeto Culuene: dez cadernos de 50 folhas finas.

Para que seriam os cadernos? - foi à pergunta que surgiu. Para as anotações do levantamento não seriam, pois o topógrafo já havia levado as cadernetas de campo. Uma funcionária muito otimista concluiu, entusiasmada: "eles estão fazendo Mobral[25] pelo rádio". E imaginou - contente e cheia de civismo - a comovente cena dos trabalhadores braçais reunidos à noite junto ao rádio de pilha, à luz de lampião tentando escrever com garranchos o ditado da voz distante.

A imaginação fértil da funcionária do escritório provocou risos de Pedro da Silva, o cozinheiro da equipe de topografia:

25 O Movimento Brasileiro de Alfabetização (Mobral) foi um projeto criado em 1967, pelo governo brasileiro, voltado para a alfabetização funcional de jovens e adultos. [N.E.]

- Mobral, por aqui, é uma foiçona pra gente escrever picadas no cerrado. Nós pedimos os cadernos foi pra fazer cigarros com fumo de rolo. Dá um cigarrão grande, barato e muito melhor que o feito de palha.

Fumar, tranqüilos, os cigarros compridos feitos de folhas de caderno é o máximo que podem querer os trabalhadores exaustos, quando se de itam nas redes, após o magro jantar. A fumaça também serve para espantar os mosquitos, antes que estes homens caiam em um sono de pedra. Não há muito ânimo para contar histórias — de todos eles iguais — muito menos para cantar ou tocar.

- Aqui no acampamento o único que toca sou eu. Passo o dia todo tocando fogo nas panelas pra amolecer o feijão — comenta Pedro, com seu renitente bom-humor.

Jornal da Terra, 5/2/78

Ta lá um corpo estendido no chão.

No chão - sob uma chuva intermitente um corpo caído, de costas, com o pescoço sangrando de uma facada profunda. Ao lado, amarrados em árvores diferentes, os assassinos: Regina e seu novo amante Domingos. "Os dois passaram o dia inteiro amarrados ali, fazendo quarto com o defunto." - contou mais tarde Sebastião Rufino, o Gaguinho, velho amigo da vítima Jorge Benedito, o Boca. Em volta desse quadro macabro, amigos do morto e dos matadores contavam o acontecido e trocavam votos de feliz Ano Novo.

Assim começou o ano de 1978 em Canarana, até pouco tempo um pacato povoado de agricultores, ultimamente um agitado cenário de tiroteios, brigas e facadas que se repetem quase todas as noites, especialmente nas vésperas de domingos e feriados.

Uma semana antes, na noite de Natal, quem morreu foi Waldemar Rodrigues de Oliveira, o Bila. Levou um tiro na nuca, disparado por José Ferreira da Cruz, o Zé Cozinheiro. Pouco antes desse tiro (que muitos ouviram sem dar importância, "porque isso acontece todas as noites"), tinha sido esfaqueado por um tal de Rocha.

Os dois assassinatos deixaram a vila ainda mais sobressaltada. Alguns moradores exigem a instalação imediata de um destacamento de polícia para acabar com as desordens e outro não acreditam que essa providência possa acabar com o problema, ''que é próprio de lugares novos como Canarana"..

No natal, um balaço

Ericka Lehnen levantou-se por volta das oito horas no dia de Natal. Ainda sonolenta foi lavar o rosto em uma pia fora de casa. Depois notou que a cerca do galinheiro estava meio caída e foi ver se as galinhas tinham desaparecido. Foi ai que quase pisou em um corpo estendido no chão, a poucos passos da cozinha, junto de uma árvore e dois pneus velhos. Ericka chamou o marido com um grito de horror. Elmo José Lehnen não teve dificuldade para identificar o morto. Era o Bita, um loirão alegre que na noite anterior, por volta das onze horas havia chamado Elmo para ir fotografá-lo junto a um grupo de rapazes que comemoravam a noite de Natal tomando muitas cervejas em um bolicho vizinho à casa dos Lehnen.

Elmo conta que fotografou uma festa animada: - Havia muita cerveja e um leitão assado para um grupo de uns oito chapas. A bebedeira já ia alta e alguns dos participantes da festa fizeram questão de serem fotografados com um copo em uma mão e um revólver na outra. apontando para suas próprias cabeças.

Depois de tirar as fotos coloridas. que ele vende em monóculos, Elmo voltou para sua casa, de onde continuou ouvindo o vozerio dos bêbados. Por volta das duas horas da madrugada. Elmo e sua mulher ouviram seis tiros. Mas nem se deram à curiosidade de levantar da cama para saber de onde haviam partido os estampidos.

- Eu já estou tão acostumado a ouvir tiros por aqui que nem me preocupo mais - diz Elmo Lehnen, acrescentando: "O Bita deve ter morrido na hora, sem dar nenhum grito ou gemido. Se ele fizesse algum barulho, eu teria ouvido. Para fugir dos tiros, embrenhou-se pelo quintal dos

Lehnen, tentando alcançar um terreno baldio. Mas não conseguiu fugir porque foi barrado pela tela do galinheiro, que ele ainda tentou derrubar. Elmo não acredita que o tiro fatal tenha sido disparado a curta distância, pois nesse caso seria ouvido junto a sua janela.

Não há testemunhas da briga nem do tiroteio, mas todos apontam o carregador de sacos José Ferreira da Cruz, o Zé Cozinheiro, como o assassino. A polícia que só chegou a Canarana no dia seguinte não conseguiu prender Zé Cozinheiro. Conta-se que ele ficou uns dois dias escondido no meio das pilhas de sacos de arroz, no armazém da Coopercana, e depois, com a ajuda de outros saqueiros, desapareceu.

Jorge Benedito, o Boca, trabalhava como saqueiro em Canarana há mais de três anos. Vivia só e, há uns três meses, trouxe Regina para morar com ele em um barraco da Vila Brejinho (alguns amigos de Jorge dizem que ela veio de uma casa de mulheres de Caiapônia). Apesar de feia ("essa muié é um tiro no meio da canela- - segundo a descrição de Gaguinho), Regina despertou o interesse de Domingos, que morava em um barraco próximo ao do casal.

Nas bebedeiras da última noite de 1977, Regina decidiu-se ficar com Domingos. Jorge não gostou. Discutiram, brigaram. Os outros chapas da Vila Brejinho ouviram as ofensas trocadas pelos três. Depois tudo ficou quieto.

Foi Sinezio quem achou o corpo do Boca. Estava estendido, em uma trilha entre os barracos. Foi um alvoroço. Sinezio chamou seus companheiros, entre eles Gaguinho, e foram procurar Domingos e Regina. Não havia dúvidas de que eles eram os matadores. No barraco de Domingos, encontraram uma faca de mesa suja de sangue no barraco do morto, surpreenderam Regina e Domingos na cama. Domingos ainda conseguiu fugir, levando sua roupa para se vestir depois. Regina não fez rodeios para contar o crime: - O Domingos segurou o Jorge e eu enfiei a faca no pescoço dele. "Não era para matar, mas ele morreu".

Domingos foi preso minutos depois, por volta das quatro horas da manhã. Como não há cadeia em Canarana, Domingos e Regina foram amarrados a duas árvores no local do crime, onde o corpo de Jorge permanecia na mesma posição em que caiu. Os amigos de Domingos queriam que ele fosse desamarrado para esperar, solto, a polícia que foi chamada em Ribeirão Bonito. Os amigos de Jorge não concordaram. Assim, os dois criminosos passaram todo o dia primeiro amarrados junto ao corpo da vítima.

Um sargento e dois soldados da polícia só chegaram a Canarana a urna hora da madrugada do dia 2. Gaguinho conta como foi a investigação: "A polícia não precisou bater muito no Domingos para ele confessar o crime. Com duas pancadinhas o cara contou tudo". Os dois presos foram levados para Barra do Garças. O Boca foi enterrado em Canarana.

O Projeto Terranova

Em maio de 1978, os índios *kaiangangues* decidiram expulsar, a flechadas e bordunadas, uns dois mil posseiros que, há mais de vinte anos ocupavam a reserva indígena de Nonoai, Norte do Rio Grande do Sul. Não se poderia imaginar que esse fato ocorrido a quase dois mil quilômetros do Leste de Mato Grosso pudesse afetar os projetos de colonização desta região. Mas afetou e tão duramente que quase fez falir todo o empreendimento dos pioneiros no Vale do Araguaia.

De uma hora para outra, em um ano eleitoral, as famílias expulsas de Nonoai, formaram um enorme acampamento de sem-terras na chamada Encruzilhada do Natalino, que ficou conhecida nacionalmente e foi o marco inicial de um grande movimento de mobilização pela reforma agrária. Rangel Reis, o ministro do Interior, responsável pela reserva indígena, ficou com o "abacaxi" nas mãos e, para "descascá-lo", convocou Norberto Schwantes, que liderava o processo de colonização no Leste de Mato Grosso, conhecido e admirado pelo ministro, e que, ainda como pastor luterano, tinha desenvolvido um grande trabalho educacional na reserva de Nonoai e feito amizades entre os seus posseiros.

"Descascar o abacaxi" queria dizer conseguir terras para assentar os expulsos da reserva, o que não havia no Rio Grande do Sul, em quantidade suficiente. Rangel pediu a Norberto que levasse os posseiros desalojados para os projetos que ele liderava. Norberto argumentou que para assentar os posseiros seria necessário o dobro da área que ele vinha colonizando gradativamente há mais de seis anos. Além disso, pelo tipo de agricultura que eles estavam acostumados a praticar na reserva, seria melhor que eles fossem para uma área de matas no norte de Mato Grosso, que para os cerrados do leste.

O ministro concordou e propôs uma solução: A Coopercana, cooperativa dos colonos do Leste de Mato Grosso receberia do Governo Federal uma área de 400 mil hectares no Norte do Estado, onde o Exército pretendia montar um centro de treinamento de guerra na selva; cuidaria de dividir a gleba em lotes e fazer todos os trabalhos para transferir as famílias dos posseiros para a nova área, no mais breve prazo possível. Depois, ratearia os custos do processo pelos lotes, que seriam vendidos aos novos colonos, com financiamento do Proterra, um programa do Banco do Brasil que dava financiamentos subsidiados para compra de propriedades familiares rurais

A proposta de Rangel Reis recebeu a aprovação do presidente Ernesto Geisel e começou a ser executada imediatamente e a jato.

Era o Projeto Terranova. A primeira leva de colonos foi levada de ônibus, de Porto Alegre ao Norte de Mato Grosso, em uma viagem que durou cinco dias. Mal alimentada e fragilizada por cinco meses de vida em acampamento, uma menina morreu durante a viagem e muitos adultos se intoxicaram com alimentos servidos em botecos de beira de estrada. Para evitar esses problemas e dar maior agilidade à transferência dos colonos, a Coopercana decidiu contratar voos noturnos de boeings 737 da Vasp, entre Porto Alegre e Cuiabá.

O Projeto Terranova tinha tudo para dar certo, mas não deu. Contra ele se uniram as forças mais antagônicas, pelos motivos mais diversos. Políticos de esquerda, porque a solução do problema dos posseiros expulsos da reserva indígena tirava deles um motivo de mobilização pró-reforma agrária, justamente às vésperas de uma eleição para senadores e deputados. Especuladores de terras, porque o Projeto Terranova venderia lotes de colonização muito abaixo dos preços praticados na região e isso desvalorizaria os negócios deles. Finalmente, os militares, que perderam para o projeto a grande gleba reservada para treinamentos de guerra na selva. Resultado: projeto aprovado por Geisel virou letra morta. A Cooperativa gastou com Terranova os recursos que tinha e o que conseguiu com seu crédito e o Governo Federal não a reembolsava, nem passava a escritura da gleba. Com os enormes prejuízos do Projeto Terranova, a Coopercana quase faliu. Deixou de fazer investimentos na sua usina de calcário, que era vital para a agricultura da região, que entrou em um terrível período de vacas magras.

Nesse clima adverso, tentei manter vivo o *Jornal da Terra*, cuja sede transferi para Cuiabá, para melhor atender o Projeto Terranova. Aproveitei essa mudança, para voltar a ser correspondente de *O Estado*, o que me dava um salário para garantir o feijão com arroz. Como correspondente, estreitei minha amizade com o jovem deputado estadual Dante de Oliveira, que frequentemente estava denunciando conflitos agrários e invasões de terras indígenas, mas não fiquei muito tempo em Cuiabá. Quando a soma das minhas dívidas empatou com o que eu conseguiria com a venda de equipamentos do *Jornal da Terra*, decidi encerrar meus tempos em Mato Grosso.

Pioneiro não pode ter saudades

Com o fracasso do meu sonho-aventura do *Jornal da Terra*, aprendi uma lição. Para enfrentar e vencer as enormes dificuldades que surgem nas áreas em desbravamento, o pioneiro não pode levar, nem deixar, saudades de sua terra de origem. Como Fernão Cortes, que queimou seus navios, o pioneiro precisa se desfazer de qualquer vínculo com o lugar de onde veio. Sem caminho de volta, ele só pode ir pra frente, custe o que custar, sem saudades.

Não era esse o meu caso. Nunca rompi, nem afrouxei, meus laços com minha família. Meu pai, minha mãe, meus oito irmãos, jamais disseram uma palavra de censura à minha disposição de deixá--los tão distantes, para me embrenhar nos confins de Mato Grosso. Ao contrário, mesmo à distância e com muitas dificuldades de comunicação (por cartas ou em rápidas conversas por radioamador) sempre me apoiaram e me incentivaram a ir em frente, em busca da realização de um sonho, que cada vez mais era absurdo, mas nunca deixou de ser um grande e delicioso sonho. Mas, quando ficou claro que não havia como continuar a luta para manter o *Jornal da Terra*, meus irmãos José,engenheiro civil, e Manoel, administrador de empresas, foram a Cuiabá para me convidar a integrar a sociedade que eles montaram em uma construtora em Pindamonhangaba. "Você vai trabalhar muito menos e ganhar muito mais dinheiro" – disse Manoel e me convenceu a aceitar o convite.

Muitos amigos meus, que não tinham essa alternativa de voltar às origens, continuaram lutando por lá. Trabalharam de sol a sol, comeram o pão que o diabo amassou, mas hoje são prósperos fazendeiros, em ricos municípios que eles mesmos construíram.

PF X Ulisses, o processo que não existiu

Quando fui acertar minhas contas em Serra Dourada, levantei duas boas notícias para *O Estado*. Uma era uma preciosa descoberta paleontológica: o achado de um fêmur de dinossauro em um garimpo da região. Outra era o desfecho de uma novela que vinha produzindo manchetes nas páginas de noticiário político: um suposto processo da Polícia Federal contra o líder nacional da oposição, deputado Ulisses Guimarães.

Naquele abril de 1979, todas as atenções do mundo político estavam voltadas para o processo de abertura, que o recém-empossado presidente João Figueiredo tinha prometido levar em frente, mesmo que tivesse de "prender e arrebentar" com quem fosse contrário à volta à democracia. Nesse clima, Ulisses Guimarães foi a Cuiabá e deu uma entrevista ao jornal local da Tv Centro América, fazendo críticas contundentes ao Governo Federal, como era seu costume, como líder da oposição. Passados alguns dias, o PMDB de Cuiabá resolveu promover um encontro regional e precisou de uma imagem bem movimentada de Ulisses. Lembraram-se da tal entrevista, foram pedir o videoteipe do jornal à TV Centro América e receberam como resposta a afirmação de que o vídeo do jornal havia sido aprendido pela Polícia Federal.

Como um *taipe* apreendido era sempre a primeira prova que a PF levantava em processos contra políticos, que geralmente levavam à cassação de mandatos, a conclusão foi óbvia: vão processar o dr. Ulisses. E a oposição botou a boca no trombone, denunciando no Congresso Nacional, aquela atitude que contrariava frontalmente a promessa de Figueiredo. Atordoado, Petrônio Portela, o ministro da Justiça, imediatamente jurou por todos os santos que não havia qualquer intenção do governo de processar Ulisses. Por outro lado, a TV Centro América garantia que o *tape* fora apreendido pela PF. "Se não é para processar, por que apreenderam o *taipe*?" – perguntava a oposição e não tinha resposta.

Essa misteriosa novela, que já durava alguns dias, estava estampada na primeira página do exemplar de *O Globo*, que levei comigo para Serra Dourada. Lá estava hospedada uma equipe da Polícia Federal, que fora evitar um conflito armado entre fazendeiros da região e índios xavantes, de uma aldeia próxima. Ao descer do avião, dei o exemplar do jornal a um dos agentes da PF, que veio me cumprimentar. Ele abriu o jornal, bateu com a mão na testa e gritou uma série de palavrões que poderiam ser traduzidos por : "Tô frito". E me contou o motivo. Ele era namorado da presidente de uma associação de funcionários públicos, que estava tentando se reeleger em uma disputa bastante acirrada. Aí, na mesma edição do jornal da TV Centro América em que estava a entrevista de Ulisses, o candidato de oposição na associação fizera acusações pessoais muito graves contra a namorada do agente da PF. Ela decidiu processar o opositor por injúria e difamação e, para tanto precisava do *taipe* do jornal. Para requerer essa prova por via judicial poderia levar mais de um mês e a fita seria apagada pela emissora. Então, pediu ao namorado que fosse buscar a fita, como agente da Federal, como ele já fizera outras vezes no auge da ditadura.

Esta notícia certamente teria tido destaque em *O Estado*, se eu a tivesse mandado. Mas, quando voltei a Cuiabá, encontrei um telex do Ariovaldo Bonas, chefe dos correspondentes, dizendo que os jornalistas de São Paulo estavam em greve e o jornal queria saber se podia contar com meus serviços em Cuiabá. Sem o aviso de Bonas, eu teria mandado esta notícia e a do fêmur de dinossauro, mas após o aviso também entrei em greve.

PS:

Soube, dias depois, que o agente da PF havia sido transferido para um posto na fronteira com a Bolívia, em Xapuri, no Acre.

...una
Fundada pelo Dr. João Romiro em 1...

...o José está ... "bandidinhos" está...

Quinze dias depois de ter sido roubada, a tricentenária imagem de São José voltou para Pindamonhangaba, na última quinta-feira, trazida pelo delegado Godofredo Bittencourt Filho, que chefiou as investigações a respeito do assalto e conseguiu localizá-la no Rio de Janeiro, a um passo de ser vendida para o exterior.

A imagem — que é realmente a original de 1727 — roubada na madrugada do dia 6, quarta-feira, po… Roberto Carneiro (21 anos), Evandro Megali Bar… e Sérgio de Brito Castro (33), que apesar de pe… a famílias bem conceituadas de Pindamonha… va na "lista dos bandidinhos da cidade", … nição do delegado Bittencourt. E foi just… eles pertencerem a essa relação de no… sigilo pelo delegado — que ofereceu… pista que a polícia seguiu até … identificar os ladrões e seus cú… ampla documentação escrit… comprova a participação de… imagem.

O delegado faz ques… nenhuma violência f… sem e esclarece … julgamento, por… são considera… eles estão s… "furto qu… dinhos" … primá… à pe…

…delegados Bittencourt e Costilhas atrás da imagem e diante da alegria do … Gil

Do altar para a … forte

…pois de conheci… do roubo — … "bandidi… Bitte…

CAPÍTULO 5

TEMPOS EM PINDAMONHANGABA

Tentando ser burocrata

A PEQUENA CONSTRUTORA - MCR Engenharia e Construções Ltda da qual passei a ser sócio, fazia sucesso com um sistema de empreitada que deixava o cliente livre dos aborrecimentos burocráticos com a obtenção de financiamento, certidões, aprovação de plantas etc. Bastava que alguém apresentasse a escritura do terreno e seus documentos pessoais - carteira do trabalho, identidade e CPF, e a casa própria era entregue pronta e acabada, por um preço previamente acertado, sem reajustes e outras dores de cabeça.

Meu trabalho na MCR passou a ser cuidar de toda essa burocracia. No começo, até que achei bom. Cartórios e bancos têm jornada de trabalho bastante limitada, então, sobrava mais tempo para conviver com minha família em uma pacata cidade do interior. Ao entardecer, já estava de volta à minha casa para um banho, jantar, ver televisão e brincar com os filhos. Coisas simples e gostosas que qualquer trabalhador pode desfrutar, mas que nunca tinha conseguido fazer, mas essa tranquilidade durou pouco — firmas reconhecidas, certidões negativas, declarações diversas, memoriais descritivos, contratos, registros em cartório, averbações, filas e mais filas para conseguir todos esses papéis timbrados, assinados, carimbados e devidamente selado — toda essa burocracia estava me deixando neurótico.

Um dia, Aninha me disse: "Mergulhado nesse mar de papéis, você está um peixe fora d´água. Arranje um jeito de voltar a trabalhar em jornal, para não ficar maluco!". Diagnóstico fácil e certo. Difícil era arranjar emprego de jornalista em Pindamonhangaba, mas não é que consegui.

Erro em dar notícias

Quando se referia às dificuldades de se fazer um jornal nas pequenas cidades do interior, o governador Geraldo Alckmin costumava contar esta historinha.

Era uma vez uma cidadezinha interiorana que havia sobrevivido por muito tempo à margem do progresso. Lá havia um semanário, feito por um senhor com a função de escrever as notas e compor seu jornalzinho, catando tipos de chumbo em uma velha tipografia. Só falava de batizados, casamentos, noivados, namoros, homenagens e festas. Não tinha notícias, não debatia problemas, nem apontava descasos da administração.

Um dia o progresso apareceu por lá, levado por uma fábrica que se instalou no município. Aí, um jovem engenheiro da fábrica foi até o dono do jornal para fazer uma observação:

"A cidade está progredindo e não há notícias dela, ninguém debate o presente e muito menos, o futuro, pois o seu jornal só dá notas sociais. É preciso que ele tenha notícias e comentários" — disse o engenheiro, com ares de quem ensinava o pai-nosso para o vigário.

O dono do jornal parou um pouco de juntar tipos de chumbo nas velhas caixas de madeira, olhou o jovem sobre os óculos de lentes pela metade e falou com a firmeza que sua experiência emprestava à sua voz calma, pausada:

"Olha moço nesta cidade não acontece nada. E, quando acontece, as pessoas não gostam que as outras fiquem sabendo..."

Se Alckmin tivesse me contado esta piada, quando ele ainda era prefeito de Pindamonhangaba, talvez eu não tivesse aceitado o convite que ele mesmo me fez para chefiar a *Tribuna do Norte*, o semanário mais antigo do Brasil, que vivia situação muito semelhante ao jornalzinho da curiosa historinha. Já era impresso em *offset* por uma gráfica contratada em Guarulhos, mas só publicava notas sociais e esportivas, além dos atos oficiais da

Prefeitura e da Câmara dos Vereadores. Nada de comentários e notícias da cidade.

Fundada em 1882, a *Tribuna* sempre teve papel relevante na história social e política de Pindamonhangaba. Em suas páginas estão registrados debates, artigos e notícias que mostram com clareza como se comportaram as autoridades da cidade apelidada de "Princesa do Norte", diante de episódios marcantes da vida brasileira, como a abolição dos escravos e a proclamação da República.

A *Tribuna* foi um jornal essencialmente político. E, como acontecia e ainda acontece com a maior parte dos jornais do interior brasileiro, era mantida como uma espécie de trabuco de um dos grupos que ora disputavam e, outras vezes, detinham o poder público municipal.

Após o fim da ditadura Vargas, em 1945, o jornal converteu-se na principal arma do anti-getulismo e antia-demarismo em Pindamonhangaba. Era o órgão oficial da União Democrática Nacional — a UDN. Esse e outros partidos da época foram extintos em 1965, logo no início do período da ditadura militar. Como no âmbito municipal as principais lideranças dos antigos partidos se agruparam em um novo, a arena e as disputas perderam graça e intensidade. Assim, no clima morno que tomou conta da política, já não havia interesse para nenhum grupo manter a *Tribuna*.

Aí — como uma órfã — ela acabou encontrando abrigo no porão do antigo palacete da Prefeitura, onde guardaram sua redação e sua velha oficina — cheia de caixas de tipos, que precisavam ser juntados manualmente, a cada edição. Nessa situação de completa dependência dos cofres públicos, ela transformou-se em Imprensa Oficial do Município. Assim Alckmin a encontrou, quando assumiu a Prefeitura, em 1977.

Preocupado em encontrar uma fórmula que garantisse, não somente a sobrevivência, mas também o fortalecimento da *Tribuna do Norte*, o prefeito me perguntou como poderia fazer isso, pois Pindamonhangaba iniciava seu processo de industrialização, crescia e precisava ter um jornal aberto e atuante, mais ligado aos movimentos sociais, mais presente nos acontecimentos que estavam mudando a vida do município. E isso não é tarefa muito adequada para um informativo oficial.

Sugeri que para ter maior independência e maior agilidade, era preciso que ela deixasse de ser o "Jornal da Prefeitura". Para que fosse mais livre, era preciso que a sociedade pindamonhangabense assumisse a *Tribuna*, não somente como um precioso patrimônio histórico e cultural que poucas cidades têm, mas principalmente, como um instrumento de progresso, na medida em que ela aproximasse pessoas, com notícias sobre atividades de clubes, associações e outras entidades da sociedade civil, bem como para dinamizar o comércio, com a publicidade que promove a multiplicação dos negócios. Para tanto, sugeri que a Imprensa Oficial fosse transformada em fundação, cujo estatuto alinhavei com boas doses de independência. Alckmin gostou da ideia e criou a Fundação "Dr. João Romeiro". Com ela, a *Tribuna* deixou de ser diretamente subordinada à Prefeitura, para ser gerida por um conselho de cidadãos, dentro de uma estrutura jurídica que permite maior participação da sociedade na definição dos rumos a serem seguidos pelo jornal. Com esta nova estrutura, Alckmin me convidou para ser presidente da fundação e diretor da *Tribuna*, cargos que assumi com enorme entusiasmo em maio de 1980.

Contratei o antigo colega Flávio Ferraz, o "Zorba" de *A Gazeta*, para fazer uma completa remodelação gráfica. Reduzi a coluna social e abri espaço para notícias e debates de assuntos municipais. O semanário ficou mais atraente, mais dinâmico, aumentou suas vendas, mas não obteve os anúncios que precisava para sobreviver. Pior, a independência com que se passou a noticiar e comentar as questões da cidade serviu para o jornal despertar alguma antipatia entre os vereadores, dos quais a *Tribuna* dependia para suplementação de verbas, em uma época de inflação acelerada.

Prestes a completar cem anos, a *Tribuna* quase não sobreviveu a esta manchete

Tribuna do Norte

Pindamonhangaba, sábado, 23 de agosto de 1980 — Fundada pelo Dr. João Romiro em 11 de junho de 1882 — Ano 99 – nº 5.027 – Cr$ 10,00

São José está de volta e "bandidinhos" estão livres

Quinze dias depois de ter sido roubada, a tricentenária imagem de São José voltou para Pindamonhangaba, na última quinta-feira, trazida pelo delegado Godofredo Bittencourt Filho, que chefiou as investigações a respeito do assalto e conseguiu localizá-la no Rio de Janeiro, a um passo de ser vendida para o exterior.

A imagem – que é realmente a original de 1727 – foi roubada na madrugada do dia 6, quarta-feira, por José Roberto Carneiro (21 anos), Evandro Megali Barrios (26) e Sérgio de Brito Castro (33), que apesar de pertencerem a famílias bem conceituadas de Pindamonhangaba, estava na "lista de bandidinhos da cidade", segundo definição do delegado Bittencourt. E foi justamente o fato de eles pertencerem a essa relação de nomes – mantida em sigilo pelo delegado – que ofereceu a primeira e segura pista que a polícia seguiu até encontrar a imagem e identificar os ladrões e seus cúmplices, bem como juntar ampla documentação escrita (recibo e cheques) que comprova a participação de cada um no roubo e venda da imagem.

O delegado faz questão de destacar que não foi usada nenhuma violência física para que os ladrões confessassem e esclarece que eles ficarão em liberdade até o julgamento, porque não foram presos em flagrante e não são considerados "elementos perigosos". A pena a que eles estão sujeitos varia de 2 a 8 anos de prisão, por "furto qualificado". Mas, acredita-se que esses "bandidinhos" de boa família não irão parar na cadeia. São réus primários e terão direito a "sursis", se forem condenados à pena mínima.

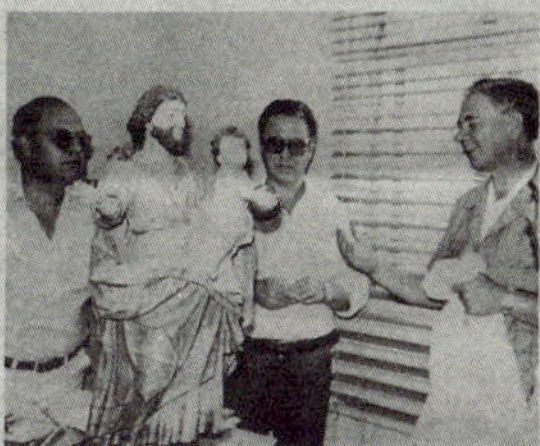

Os delegados Bittencourt e Costilhas atrás da imagem e diante da alegria do Padre Gil

O receptador devolveu a imagem aconselhando reparos para que ela não venha a rachar ao meio

Às três horas da madrugada do dia 6 de agosto, José Roberto Carneiro e Evandro Megali Barrios entraram na igreja de São José, por uma janela – que eles dizem ter encontrado aberta – enquanto Sérgio Brito Castro mantinha vigilância do lado de fora. Carneiro e Evandro retiraram a imagem do altar. O São José – que tem 88 centímetros de altura, pesa 17 quilos e é esculpida em madeira – foi colocado no porta-malas de um "doginho" pertencente ao [illegible] Taubaté.

Segundo declararam ao delegado, os três ladrões foram até a cidade vizinha para saber de Álvaro Schmidt Pato uma maneira de vender a imagem. "Patinho" aconselhou que eles procurassem o antiquário Fernando Antônio Bacelar, em Parati, a quem ele já teria vendido alguns relógios antigos.

Os três ladrões seguiram para Parati no mesmo dia. Pediram 100 mil cruzeiros pela imagem (que é avaliada em mais de um milhão). O antiquário ofereceu 50 mil parcelados e os criminosos aceitaram a proposta. Receberam na hora 10 mil cruzeiros em dinheiro, um cheque de Cr$ 3.500,00 (que eles também descontaram logo depois em um posto de gasolina) e mais três cheques pré-datados: Cr$ 12 mil, para o dia 25 de agosto; Cr$ 15 mil, para 10 de setembro e Cr$ 6,5 mil para 30 de setembro. Além disso receberam Cr$ 3 mil cruzeiros em "mercadorias", chaves antigas e bolsas.

Toda essa "transação comercial" está documentada em recibo da venda da imagem, assinado por Sérgio Brito Castro, com o nome de "Sérgio Ivan Rodrigues", que ficou com o cheque de 15 mil cruzeiros e o descontou em um supermercado em Pindamonhangaba. O cheque de Cr$ 12 mil foi apreendido em poder de Evandro e o de Cr$ 6.500,00 está em Ribeirão Preto, com familiares de Carneiro.

A INVESTIGAÇÃO

Apesar de o roubo ter acontecido na madrugada do dia 6, a falta da imagem só foi constatada pela irmã Benônia, na manhã de terça-feira, dia 12. Na noite do domingo, um grupo de jovens se reuniu na igreja de São José, mas ninguém deu por falta da imagem.

Esses jovens distraídos foram os primeiros a serem ouvidos pelo delegado: "Não havia nenhuma suspeita contra eles, todos muito direitos e religiosos" – diz Bittencourt, acrescentando que eles também não puderam oferecer nenhuma pista:

– Aí, eu resolvi dar uma checada na *lista dos bandidinhos* da cidade. Conhecidos maconheiros, gente desocupada, malandros, que vivem de pequenos golpes, nem sempre comprovados" – conta o delegado. "Pela maneira que foi feito o roubo, eu achei que deveria ter a participação daqueles nossos conhecidos que costumam se reunir na frente da igreja de São José para *puxar fumo*. Eu sabia que os ladrões precisavam conhecer bem a imagem, a igreja e uma maneira de entrar nela. E sabia também que alguns desses maconheiros já estiveram *puxando fumo* no interior da igreja.

– Foi só checar a lista dos bandidinhos. Os que não estavam na cidade foram considerados suspeitos. Descobri que o Carneiro tinha ido a Ribeirão Preto. Quando ele voltou, dei uma *prensa* nele e ele falou. Disse que não tinha nada com o roubo, mas sabia quem tinha feito o serviço. Entretanto, foi logo me dizendo que a imagem estava em Parati e identificou o antiquário e foi reconhecido pelo pessoal de lá".

EM PARATI

Parati já estava no roteiro de investigação do delegado Bittencourt, antes das informações de Carneiro, [illegible] – ao lado de São Lourenço – como um ponto de convergência de antigüidades roubadas. O delegado explica:

– Parati tem um grande comércio de antigüidades, é caminho do Rio e também está na beira do mar, o que facilita a saída de peças de arte roubadas para o exterior. Quando eu cheguei na loja do Fernando, na manhã de quarta-feira, ele não estava lá. Tinha ido ao Rio e eu esperei que ele voltasse. Enquanto isso, fui jogando uma conversa de quem estava interessado em comprar e vender antigüidades para ver se descobria alguma coisa. Mas essa conversa estava demorando, sem dar resultados e eu resolvi me identificar e dar uma busca no antiquário. Eu e o investigador Sofia não encontramos a imagem, mas conseguimos o telefone do Fernando no Rio, onde ele mora em um edifício da Avenida Atlântica.

O GOLPE

O delegado conta como conseguiu a imagem de volta, sem muito esforço ou risco:

– Aí, eu decidi aplicar um "H" no Fernando. Telefonei para ele dizendo que tinha todas as provas de que a imagem roubada estava com ele e que dispunha de agentes policiais no Rio, para prendê-lo em seu apartamento, se ele não estivesse disposto a trazer o santo imediatamente para Parati. Ele achou melhor evitar o escândalo no lugar onde mora e, quatro horas depois, às 19 horas, me entregava pacificamente a imagem em Parati.

Segundo o delegado, Fernando não fez qualquer segredo da "transação". Procurou demonstrar que não sabia que a imagem era roubada, entregou o recibo da compra assinado por Sérgio Brito, a relação de cheques dados em pagamento, identificou os três ladrões e ainda deu mais uma informação: dias depois de ter comprado a imagem, foi procurado em Parati por Álvaro Pato Schmidt, o "Patinho", que foi lhe cobrar uma "comissão" por ter indicado seu antiquário aos três "bandidinhos". Segundo Fernando, "Patinho" o ameaçou dizendo que sabia que a imagem era roubada e que denunciaria o antiquário como receptador, caso ele não pagasse a "comissão".

Fernando declarou ter recusado a chantagem e disse que iria consultar o Sindicato dos Antiquários, para saber se a imagem era realmente roubada. O delegado afirma que essa alegação dificilmente evitará que Fernando seja enquadrado como receptador, uma vez que ele poderia ter consultado imediatamente a polícia, ao invés de ficar planejando consulta ao sindicato.

IMAGEM ORIGINAL

Além disso, Fernando Bacelar – que é perito em antigüidades e arte sacra – afirmou que a imagem de São José é original do século XVII e que ele deixou de aceitar uma proposta para vendê-la por 480 mil cruzeiros, porque acredita que ela vale mais de um milhão de cruzeiros:

– Nunca vi uma imagem mais bonita e mais perfeita do que esta – disse Fernando ao delegado.

O antiquário destacou a perfeição de pormenores entalhados na madeira (inclusive as dobras nas vestes do santo) e a beleza da pintura policromada. Como técnico restaurador, chamou a atenção para o fato de a madeira estar rachada e aconselhou a fixação de um pino metálico acima da cintura do santo, para evitar que a imagem venha a se partir ao meio. Além disso, Fernando fez um bom trabalho de limpeza da imagem, dando um novo brilho à pintura que já estava coberta de uma velha camada de poeira.

"CASTIGO" E RISOS

Segundo o delegado Bittencourt, os três ladrões se sentiram "castigados" pelo santo logo que roubaram a imagem. Na viagem para Parati, acabou a gasolina do carro. Eles ficaram no meio da estrada e depois de muito custo, conseguiram álcool para colocar no tanque, mas o carro não andou. Quando conseguiram chegar a Parati, Evandro bateu o carro e quebrou o farol, além disso, perdeu todos os seus documentos.

Carneiro disse ao delegado que já estava arrependido do roubo, antes de ser apanhado pela polícia. E, quando reencontrou a imagem em Parati, ajoelhou-se diante dela, rezando e chorando.

Apesar de toda essa choradeira e declarações de arrependimento, na última quinta-feira os três ladrões se mostravam bastante sorridentes, no quartinho em que estavam recolhidos no fundo da delegacia.

Sérgio Brito fazia piadas, dizendo que iria cobrar 50% da renda que os jornais teriam com a notícia do esclarecimento do roubo. Carneiro dava sua versão do episódio: "a porta da igreja estava aberta, o santo desceu e foi se esconder no porta-malas do carro". Evandro era o único que parecia inibido, com um sorriso amarelo a cada piada de seus comparsas.

O delegado Bittencourt não quis que eles fossem fotografados na delegacia "para evitar maiores traumas às famílias". Apesar disso, forneceu – sem qualquer embaraço – o nome dos pais dos "bandidinhos". O delegado diz acreditar que eles roubaram a imagem "como se fosse um ato de bravura. Queriam se mostrar como heróis, entre seus colegas de fumo. Acabaram não fazendo segredo do roubo e isso nos ajudou".

A afirmação do delegado foi confirmada publicamente, poucas horas depois. "À noite, no Largo do Cruzeiro, Evandro contava suas "façanhas" a um grupo de seis ou sete rapazes. Sérgio Brito, enquanto isso, passeava de automóvel pelo centro da cidade, distribuindo sorrisos e acenos.

Bittencourt: "Aí eu decidi checar a lista de bandidinhos da cidade".

Do altar para a caixa-forte

Ao receber a imagem de São José, na Delegacia de Polícia, o vigário Benedito Gil Claro afirmou que a preciosa relíquia da cidade "vai ficar guardada em uma caixa-forte" até que a Igreja ofereça condições de segurança para que o santo volte a seu altar. Perguntado qual seria a caixa-forte usada para guardar a imagem, Padre Gil disse que isso é segredo. Entretanto, não se mostrou preocupado em tomar medidas de segurança para proteger outras imagens de grande valor histórico e artístico, existentes na Igreja Matriz.

O vigário disse que fará realizar uma cerimônia de ação de graças e de reentronização da imagem na igreja de São José, mas não marcou a data. Padre Gil compareceu à delegacia acompanhado das irmãs Áurea e Benônia, do Externato São José, e da professora Terezinha Braga Schmidt.

"AUTOPROTEGIDO"

Pouco antes do delegado Ernesto Vivona entregar a imagem recuperada ao Padre Gil, a professora Terezinha Braga Schmidt contava uma observação curiosa que sua mãe fez, ao saber do roubo: "Pois é, eu rezo tanto para São José proteger você e a Cinita e, no fim, ele não conseguiu nem proteger a si mesmo".

Depois de conhecida toda a história do roubo – todo o primarismo dos "bandidinhos", a sorte de o delegado Bittencourt ter encontrado a imagem na primeira pista que seguiu, a tempo de evitar – por pouco – que a preciosa relíquia fosse parar no exterior – comentava-se entre os jornalistas "que o [illegible]".

O delegado Bittencourt não desmerece a ajuda do santo, reconhece que o primarismo dos "bandidinhos" de sua lista facilitou o trabalho policial, mas destaca que o êxito da operação se deve a diligências criteriosas e científicas da Delegacia de Polícia de Pindamonhangaba, chefiada pelo delegado Ernesto Vivona e integrada por ele, pelo delegado Rubens Costilhas e o investigador Sofia.

Destaca ainda a importância da operação policial ter atingido seu objetivo sem que fosse usada a violência: "Quero lembrar com orgulho – disse – que nós humanizamos o setor de investigações desta delegacia. Nos quatro anos em que eu estou chefiando este serviço, não existe uma só queixa de violência contra presos e suspeitos". (Editorial na página 2).

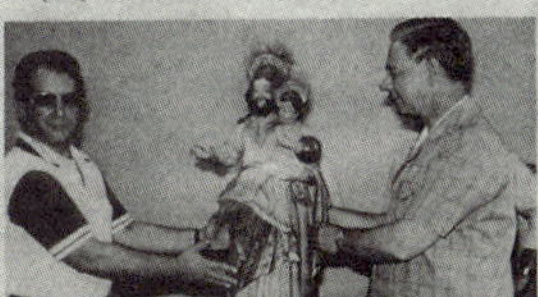

O delegado Vivona, feliz ao entregar a imagem ao Padre Gil.

Vacinação contra Raiva começa na terça feira

Será iniciada terça-feira próxima – e se prolongará até sexta, dia 29 – a IV Campanha de Vacinação Anti-rábica em Pindamonhangaba. Várias equipes, sob o comando do médico Luís Carlos Morgado, estarão vacinando os cães em todos os bairros do município.

No dia 26, terça-feira, a vacinação será – durante o dia todo – no Campo Alegre (Praça Santa Terezinha), no bairro dos Alvarengas (terreno em frente o cemitério), no Alto do Cardoso (em frente o campo do Corinthians) e no Largo de São Benedito (Praça Emílio Ribas).

Na quarta-feira, dia 27, na parte da manhã serão vacinados os cães no Bosque, Santana (na praça), Quadra Coberta (na praça em frente à Quadra), e Galega (terreno em frente ao Inps). Na parte da tarde a vacinação será no Crispim (em frente o Grupo), no Alto do Tabaú (Rua Félix Samahá), no Jardim Rezende (em frente o Bar do Rodolfo) e na Boa Vista (ao lado da Coca-Cola).

No dia 28, de manhã: Moreira César (na praça), Coruputuba (no campo da Industrial), em Santa Cecília (na praça), no Bairro das Campinas (ao lado da igreja). À tarde vai ter vacinação no Feital (no Grupo), na Vila São Benedito (na praça), na Mombaça (perto da escola) e na Cidade Nova (no grupo novo).

No último dia 29, de manhã, na Cruz Grande (perto do grupo), no Piracuama (estação do km 21) e no Ribeirão Grande (no grupo). À tarde, na Cruz Pequena (em frente à igreja) no Bonsucesso (perto do grupo) e na Sapucaia (no grupo).

Não aconteceu sonhada participação da sociedade local na manutenção do jornal e tudo já estava indo muito mal, quando em agosto de 1980 aconteceu um fato inusitado: o furto da preciosa imagem de São José, esculpida em madeira no ano de 1727, que ficava no altar-mor de sua igreja, no centro da cidade. Bastaram duas semanas para o delegado Godofredo Bittencourt recuperar a imagem e descobrir o motivo e os autores do furto. A igreja se abria raramente, e alguns "bandidinhos", como definiu o delegado, se reuniam lá, à noite, para fumar maconha. Uma noite, acabou a erva e o dinheiro para comprar novo suprimento. Então, eles viram o precioso São José no altar e resolveram levá-lo para vender a um antiquário de Paraty.

Esta boa notícia foi manchete da *Tribuna* e despertou algumas iradas reações: "Onde já se viu publicar os nomes de filhos de pessoas queridas e importantes, como se fossem bandidos comuns?" – nas ruas, ouvi comentários assim e o pior veio logo em seguida: em solidariedade aos pais dos "bandidinhos", assinaturas e anúncios foram suspensos. Aí, o jornal – quase centenário – estava prestes a morrer em minhas mãos. Parece que, realmente, as pessoas não queriam que as outras soubessem o que acontecia na cidade.

Pedi demissão dos meus cargos na Fundação dr. João Romeiro e, para felicidade geral do município, a *Tribuna* continuou sendo como era antes da minha rápida passagem por lá. Agora já vai completar 130 anos de existência.

Fiquei desempregado e muito angustiado, porque, aos 36 anos e depois de dois fracassos seguidos no ofício de jornalista, não acreditava que houvesse alguém disposto a me dar lugar em alguma redação. Felizmente, a angústia não durou um mês. Meu amigo Jair Borim, telefonou-me, oferecendo o emprego de repórter na Editoria de Economia da *Folha de S.Paulo*. Para minha sorte, dessa vez, não precisei fazer testes psicológicos para admissão.

s 300
m", o
a dessas
a é extre-
aguai exerce
es sem terras
pobre e pequeno
dade de conseguir
ar, pelo menos uma
Oportunidade que não
de muitas riquezas e
quadrados,
de imigrantes — que cons-
10% da população paraguaia,
milhões de habitantes — está
uma faixa de 100 a 150 quilô-
longo de mais de 1.300 quilômetros
do Paraguai com o Brasil e Ar-
Nessa área — que corresponde a quase
do Estado de São Paulo e aproxima-
um quarto do território paraguaio, 406
km2 — os brasileiros constituíram colônias
erguerem vilas pobres e poeirentas, onde
praticamente não existem paraguaios. O di-
nheiro que mais circula é o cruzeiro. A língua
falada é o português. As novelas acompanhadas
televisão são brasileiras. Só se torce por
do Paraná, Rio Grande do Sul, São Paulo,
costumes paraguaios assimilados
eiros são o consumo do "tereré" —
de chimarrão gelado — e a
ditadura do general Alfredo
dura 27 anos e muitos temem
breve. O hábito do "tereré"
quente do Paraguai.
Stroessner é fruto
anda da ditad

CAPÍTULO 6

TEMPOS NA FOLHA DE S.PAULO

A "*dixieland band*"

TRABALHAR NA FOLHA, depois de ter passado pelo *Estadão*, foi uma sensação semelhante a de um músico que deixa de tocar em uma orquestra e vai para uma "*dixieland band*", troca partituras e rígida coordenação de um maestro pelo completo improviso. No *Estado*, o repórter tinha à disposição um ótimo arquivo, onde podia encontrar, com facilidade, tudo que já fora publicado sobre o assunto que ele iria tratar naquele dia. Aí dava para ver qual a posição do jornal sobre aquele assunto e muitas outras coisas que seriam básicas para escrever uma boa matéria. Além disso, os editores sempre enfocavam os pontos que deveriam ser destacados na reportagem e o repórter ia para a rua com a cabeça feita sobre aquele assunto.

Na *Folha*, nada disso. O arquivo era ruim e ninguém o consultava. Nair Suzuki, a pautadeira da Editoria de Economia, tinha na cabeça todos os acontecimentos da área. Era um verdadeiro computador. Ajudava muito os repórteres a encontrar o foco para suas matérias, mas em síntese, suas pautas podiam ser traduzidas mais ou menos assim: "O assunto é tal. Vai lá e faça uma boa matéria!".

"*Dixieland*" é a liberdade em forma de música. Dado o tema musical e o ritmo, cada um toca o que quer, na hora que quer. É improviso, é alegria é uma animação contagiante. Adoro "*dixieland*" e, talvez por isso, tenha me dado tão bem na *Folha*. Também tive problemas com a falta de coordenação, como em um dos muitos escândalos financeiros surgidos no início dos anos 1980. Ao apurar as causas do "estouro" de uma das maiores corretoras de valores do país, a Polícia Federal encontrou provas de que diversas grandes empresas nacionais tinham se utilizado da corretora para praticar

Foto de Ubirajara Detmar

1984, na redação da Folha

crimes de lavagem de dinheiro e remessas ilegais para o exterior. O delegado da Polícia Federal em São Paulo citou o nome de algumas delas em uma conturbada coletiva que deu sobre o caso. Escrevi a matéria, citando as empresas apontadas pelo delegado e a entreguei ao chefe de reportagem, Adilson Laranjeira. No dia seguinte, logo de manhã, Adilson leu a *Folha* e viu que os nomes das empresas citadas pelo delegado haviam sido cortados na edição da minha matéria e estavam publicados em outros jornais. Ficou indignado com o furo e me acordou com um telefonema, antes das nove horas: "Você vai agora para a Federal e não sai de lá sem a lista completa de todas as empresas metidas nessa história de lavagem de dinheiro e remessas ilegais" - ordenou.

Minutos depois das dez eu já estava na antessala do gabinete do delegado. Disse à secretária qual era o assunto e fiquei esperando que ele me atendesse. Nada. Estranhei, pois o delegado era sempre muito atencioso com a imprensa e dessa vez parecia não querer conversa. Para matar o tempo, fiquei lendo a *Folha*. Li quase tudo, até anúncios classificados. Fiz palavras cruzadas e nada do delegado me atender. Quase dezoito horas, li o que faltava: o editorial. Lá estava uma paulada no delegado, por apontar nomes de conceituadas empresas nacionais como implicadas em crimes financeiros, antes de concluir as investigações. Ali estava o motivo daquele enorme "chá de cadeira" que eu estava engolindo.

Telefonei para o Adilson: "Você leu o editorial?" – perguntei. "E você acha que eu tenho tempo para ler editorial?"- respondeu. Ficou em silêncio por alguns minutos, em que ouvi alguns murros na mesa e depois simplesmente me disse: "Pode ir embora para casa".

Pauta ruim, bom repórter

Mais que um excelente chefe de reportagem, Adilson era um líder de equipe. Ótimo papo, muito culto, duro na exigência de trabalho bem feito; grande coração, para compreender e desculpar os erros cometidos sem intenção ou maldade. Uma de suas máximas era "as piores pautas aos melhores repórteres". Entendia que os grandes fatos sempre gerariam boas matérias, independentemente de quem fosse cobrí-los. Mas, as coisas pequenas, sem importância, precisavam de um bom repórter, para encontrar nelas algo original que despertasse interesse, que realçasse seus aspectos humanos, que as tratasse com um bom texto para que elas se transformassem em leitura agradável, algo que aliviasse a sisudez do jornal.

Graças a isso, frequentemente, ele me tirava da chatice dos gabinetes, para me colocar no mundo real das ruas, das periferias da metrópole, cuidando de banalidades do dia a dia que fazem a vida das pessoas. Era disso que eu mais gostava, tratar cada dia um assunto diferente, sem vinculação com assuntos que já haviam sido tratados por mim; cada dia, uma descoberta, cada dia, uma nova vida. Mas isso era privilégio reservado aos integrantes da Reportagem Geral, que não era minha meta, simplesmente porque a Editoria de Economia me pagava bem melhor.

A reforma agrária na economia

Outro jeito que arranjei para fugir dos gabinetes foi puxar o tema reforma agrária das páginas de política e polícia para a Editoria de Economia. Argumentei que, essencialmente, a questão fundiária é muito mais econômica, que politico-ideológica, ou policial. Concordaram com meu argumento e passei a fazer

Foto de Luís Murauskas

Em um pequeno barco regional, descendo o Amazonas, de Manaus para Santarém

Foto de Luís Murauskas

1985 - Na Transamazônica, em Marabá, PA; ponto final de uma viagem de 8.400 km, fazendo série sobre reforma agrária para a *Folha*.

matérias sobre os assentamentos que o governo Montoro promovia no Estado de São Paulo e já apresentavam bons resultados, nas safras e na distribuição de rendas. (por coincidência, alguns desses assentamentos foram pesquisados, quase 20 anos depois, por minha filha Suzana, como parte de seus trabalhos no curso de mestrado em História Social, na USP.)

A questão agrária foi tema de boas matérias que produzi para a *Folha*. Fiz uma série com o título "Guerra no Sul do Pará", outra sobre os "brasiguaios" e uma terceira série com o nome de "Terra Batida", que focava conflitos desde o Paraguai, até o interior do Pará. Sentia-me muito bem ao percorrer confins do Brasil, enfiar os pés na lama, comer poeira, ouvir vivências e carências de gente boa, simples e disposta a vencer.

No dia a dia, meu trabalho na *Folha* era cobrir movimento sindical de trabalhadores. Nele também não podia reclamar de monotonia. A rotina eram greves, assembleias agitadas e passeatas de protesto, nas quais já estava acostumado a me desviar de cassetadas da polícia e a me recuperar do sufoco causado pelas bombas de gás lacrimogêneo. Nessa área, os principais espetáculos eram as assembleias de metalúrgicos no estádio de Vila Euclides, em São Bernardo do Campo. Aí, o astro principal era um jovem sindicalista, que já estava sendo conhecido nacionalmente: Luís Inácio da Silva, o Lula. Sua voz, meio rouca, calava e agitava multidões. Era difícil ver aquele espetáculo, sem se emocionar.

O desempenho do PT era assunto constante, nos bastidores do sindicato. Surgido como estilingue voltado contra todas as vidraças de todos os governos, em 1984, o partido elegeu seu primeiro prefeito: Gilson Meneses, diretor do sindicato, venceu a disputa pela Prefeitura de Diadema e levou no seu vácuo, uma maioria esmagadora na câmara de vereadores. Logo depois de empossado, Gilson já estava às voltas com uma ferrenha oposição feita por vereadores do próprio PT. Esse "canibalismo político" era tema de muitas conversas. Aí, comentei com Lula: " Seu partido é tão eficiente na oposição, que é um desperdício colocá-lo no poder". Ele ficou irritado com meu comentário e cortou a conversa. Mais de vinte anos depois, já Presidente da República, Lula viu seu partido meter-se nos escândalos do mensalão, dos dólares na cueca, etc. Se lembrou-se daquele meu comentário, deve ter achado que eu tinha um pouco de razão.

O “cônsul”

Em 1983, o Brasil começava a sair da ditadura e o Paraguai continuava cada vez mais mergulhado nela. No país vizinho, a censura e a violência da repressão lembravam o sufoco sofrido pelos brasileiros nos anos 1970.

Foi nesse clima que fui até lá, em companhia do fotógrafo Jorge Araújo, para fazer para *Folha de S. Paulo* uma série de reportagens, cujo foco principal era a difícil situação dos brasiguaios. Esses trabalhadores rurais brasileiros, imigrados para o Paraguai em busca de terras boas e baratas para o plantio, ocupavam uma faixa de uns cem quilômetros de largura por mais de duzentos de comprimento, ao longo da fronteira com o Brasil.

Desde que cruzamos a Ponte da Amizade — entre Foz do Iguaçu e a antiga Puerto Stroessner, hoje Ciudad del Leste — fomos ouvindo relatos de arbitrariedades que iam dos mais variados achaques, até torturas e assassinatos com requintes de brutalidade. Era tal o medo que inspiravam as autoridades guaranis que, para ouvir essas histórias macabras, não podíamos nos identificar como jornalistas. Para todos os efeitos éramos compradores de terras.

Com o equipamento fotográfico guardado no porta-malas da Brasília alugada em Foz, aplicávamos um truque infalível para soltar a língua dos brasiguaios. Bastava entrar em um boteco, pedir uma cerveja, perguntar alguma sobre terras à venda e, depois, comentar com os presentes: “Que lugarzinho pacato! Por aqui não deve acontecer nada!”

“Pacato, coisa nenhuma!” — a resposta vinha rápida, acompanhada de pormenores de um espancamento da polícia contra alguém que tivesse deixado de pagar propinas, ou algum tiroteio para desalojar posseiros.

Foram poucas as pessoas que dissemos quem realmente éramos e o que estávamos fazendo no Paraguai. Entre elas, integrantes da Comission de Iglesias, um organismo ecumênico que procurava defender pobres lavradores e perseguidos pela repressão. De todas, tivemos relatos (alguns escritos) do mesmo teor, porém, cada vez mais assustadores.

Jorge escutava calado, encolhendo-se como se quisesse desaparecer. "Esse pessoal é exagerado. A coisa não pode ser tão violenta, assim". Com este argumento - que nem eu acreditava nele - fui acalmando o Jorge e conseguindo que ele topasse ir adiante. Assim, fomos parar em Assunção, onde fizemos diversas entrevistas bem quentes, inclusive uma com o líder da oposição, Domingos Laino, que se encontrava praticamente preso em sua casa. O Jorge estava cada vez mais arrepiado. Para o começo daquela tarde, tínhamos uma entrevista marcada no Consulado Brasileiro. "Você vai ver que a situação não é tão grave"- disse ao meu companheiro, confiando que o relato de diplomatas brasileiros seria menos alarmante para preservar as boas relações entre as ditaduras do Brasil e do Paraguai. Doce ilusão...

"A situação é muito mais feia" — foi logo dizendo o vice--cônsul Manique, que nos recebeu e se dispôs a falar, sob a condição de não ser citado na reportagem. Manique enfileirou mais um punhado de barbaridades e, ao encerrar a conversa, deu o cartão de visita - com timbre do Consulado - para nós, dizendo: "Aqui eu sou uma espécie de chave de cadeia dos brasileiros. Se vocês tiverem qualquer problema com a polícia, é só pedir para telefonar para o Consulado Brasileiro. Somos muito respeitados por aqui".

Guardei o cartão como um precioso salvo-conduto. Lembrei a força que tinham os consulados americanos no Brasil e imaginei que seria o mesmo com o nosso em Assunção. Jorge não quis mais saber de conversas. Ao atravessar a rua estreita, entre o consulado e o Hotel Guarany, onde estávamos hospedados, disse uma única frase, rompendo seu silêncio que já durava mais de uma hora: "Chega, estou indo embora!" Subiu ao apartamento, pegou suas coisas e foi para o aeroporto.

Tive muita vontade de fazer o mesmo. Só não fiz porque, maior que o medo, era minha vontade de checar uma história completamente absurda que tinha ouvido de umas três ou quatro fontes: um povoado de brasiguaios chamava-se Capitán Toledo, cresceu e foi promovido a Coronel Toledo. Não dava para escrever essa história sem ir ao tal povoado.

Peguei um ônibus até Caaguaçu, na rodovia para Foz, e lá cheguei ao anoitecer. Na manhã seguinte, tomei um táxi para ir a Coronel Toledo, que ficava a uns quarenta quilômetros, por uma estradinha de terra. O carro era um Opala azul escuro, roubado no Brasil, como a maioria dos veículos paraguaios. Isso era fácil de constatar porque o carro conservava, no vidro traseiro um adesivo da Itacolomi, concessionária Chevrolet que vendia carros em São Paulo e não no Paraguai.

O motorista era um tipo divertidíssimo. Meio trapalhão, muito falante, bigodes ralos nos cantos da boca, tinha jeito do Cantinflas e parecia fazer tudo para se assemelhar ainda mais com o grande astro da comédia mexicana. Ficou curioso com a presença de um estrangeiro em seu táxi. Fez um interrogatório completo: quem eu era, o que fazia, de onde vinha etc. Não me dei por achado. Respondi com outras perguntas a respeito da região e alguns elogios à terra fértil e à paisagem, um cerradão que ia perdendo espaço para as plantações de soja.

Depois de uma curva na estrada, uma ponte de madeira e uma cancela de um posto de vigilância do exército paraguaio, o "Cantinflas" logo me avisou que haveria revista a procura de armas. Gelei. Não levava um canivete, mas certamente teria problemas com os panfletos "subversivos" que estavam na mala, juntamente com um livro autografado pelo Laino. Já havia passado por situações semelhantes no Brasil e sabia que, no Paraguai, a enrascada seria bem pior. E ali, no meio do mato, não tinha telefone para pedir socorro ao Manique, até meu apelo chegar a ele, a coisa não seria fácil, imaginei. Aí, me veio a ideia salvadora.

Quando o soldado chegou à minha janela, tirei do bolso da camisa o cartão do Manique e disse com ar de autoridade, no melhor portunhol que consegui: *"Estoy a servicio del Consulado Brasileño"*.

O soldado pegou o cartão e o levou ao tenente que estava sentado à sombra de uma árvore. O jovem oficial levantou-se imediatamente e veio em direção ao carro. "Se me pedir documentos, estou frito" - pensei, enquanto ele se aproximava. Junto à minha janela, o tenente caprichou uma continência e disse: *"Mucho gusto, señor consul... Adelante!"* falou, fazendo um gesto largo e gentil de "pode passar".

O soldado levantou a cancela e lá fomos nós. Eu, aliviado do susto e "Cantinflas" duplamente emocionado: com a continência do tenente e com a "honra" de estar levando uma "autoridade" brasileira. Não fez segredo do seu contentamento. Em todos os botecos, armazéns e casas que paramos para conversar com agricultores brasileiros, ele ia à frente para apresentar *"el señor consul brasileño"*.

A essas alturas, só me restava vestir a fantasia de diplomata. Foi o que eu fiz, anotando atenciosamente e prometendo atender uma série de reivindicações que os brasiguaios tinham a fazer ao governo brasileiro. Inclusive a criação de um vice-consulado em Caaguaçu.

A fantasia de cônsul me salvou a pele e alimentou muitas esperanças de patrícios nossos naquele fim-de-mundo paraguaio. Foi uma mentira que valeu a pena...

(A série de cinco reportagens motivou a apreensão das edições da Folha em todo o Paraguai).

Guerra no sul do Pará

Em agosto de 1984, eu e o fotógrafo Fernando Santos, fomos ao Sul do Pará para cumprir pauta, motivada por uma pequena notícia, obtida por telefone, de um ataque a uma fazenda, em que morreram duas pessoas e seu proprietário foi ferido gravemente. Sobreviveu, embrenhado na mata, por uma semana, sem comida. Quando chegamos lá, os revólveres e espingardas ainda estavam fumegando de novas mortes. O caso motivador da pauta resultou em apenas 15, das mais de 500 linhas que escrevi em uma série de três reportagens, sob o título Lei da Selva, que tratou mais amplamente dos problemas fundiários da região. Infelizmente, um quarto de século depois, a violência retratada na série permanece atual. Por isso, a transcrevo abaixo:

BANDITISMO MARCA A DISPUTA DE TERRAS NO PARÁ

A "guerra" entre posseiros e fazendeiros no Sul do Pará descambou para o banditismo. As tocaias já se incorporaram ao cotidiano. Umas para matar posseiros, outras para, eliminar pistoleiros, donos de terras ou simples empregados das fazendas. Ambos dos lados matam com igual crueldade. Muitos corpos são encontrados queimados ou mutilados. Alguns dos que tombam em terreno inimigo não têm direito nem mesmo a uma sepultura. São abandonados nas selvas, aos urubus e às feras.

Completamente despreparados e desaparelhados, a polícia e a Justiça não têm como agir. A lei é o gatilho. Quem atirar primeiro, sobrevive. Pelo menos até a próxima emboscada. Já se perdeu a conta dos mortos, mas estima-se que o total vai mais de cem, somente nos últimos quatro anos.

As partes são irreconciliáveis. Os posseiros, durante muitos anos, foram inapelavelmente expulsos e massacrados pelas bordas de pistoleiros contratados por empreiteiros das primeiras grandes empresas trazidas para a região pelo trem da alegria dos incentivos fiscais e do "milagre" econômico. Agora eles se organizaram e reagem com a mesma técnica de violência, aprendida com seus opressores. Liderados por integrantes das Comissões Pastorais da Terra (CPTs) e improvisados sindicatos de trabalhadores rurais, eles se firmam no dogma "a terra é de quem nela trabalha".

Mais de 300 mil

Com a migração desenfreada dos sem-terra — gravada pela seca no Nordeste e a recessão generalizada por todo o País — eles passaram de uns 20 mil, na década de 70, para mais de 300 mil, atualmente. Já não se limitam a ocupar terras devolutas, propriedades abandonadas ou ainda não exploradas. Em grupos de dezenas de famílias, invadem fazendas já organizadas. Ameaçam os fazendeiros — a quem chamam de latifundiários — seus capatazes e até os mais miseráveis trabalhadores assalariados, considerados indistintamente "aliados do latifúndio".

"São invasores"

Aferrados a seus títulos de propriedade — na maior parte de origem discutível — os fazendeiros teimam, em afirmar que praticamente já não existem posseiros na região: — "São invasores. São aventureiros, espertalhões e bandidos, instigados por políticos, comunistas e padres subversivos. Não querem a terra para trabalhar. Querem fazer as posses para vender outros, ou para obter indenizações dos legítimos proprietários", sentencia o empresário Hélio Olsen, de Curitiba, que, por temer emboscadas, há oito meses não pisa os seus 3 mil hectares em Xinguara, a mais de 800 quilômetros ao Sul de Belém, em região que está sendo muito valorizada pelo Projeto Carajás.

As acusações e opiniões desse fazendeiro são compartilhadas por seus colegas, pelo juiz Eronides Souza Primo, de Marabá; por dirigentes do Getat (Grupo Executivo de Terras do Araguaia-Tocantins) e, é claro, pelos policiais. Especialmente os federais, sempre à procura dos fantasmas da guerrilha que se instalou no Vale do Araguaia, nos primeiros anos da década de 70.

MUITOS DONOS NO MAPA DA VIOLÊNCIA

No Pará, como na maior parte da Amazônia, as terras começaram a ter donos muito antes que algum civilizado pudesse, ao menos, transitar por elas. Até o começo dos anos 70, o Estado praticamente só tinha uma grande estrada: a Belém-Brasília. Além desse eixo rodoviário, quase todo o seu território de 1.248 mil quilômetros quadrados (cinco vezes o Estado de São Paulo) só era acessível pelos rios. Junto deles ficavam as poucas palhoças de uma população pobre e rarefeita. As trilhas de seringueiros e castanheiros pouco se afastavam dos rios. Entre um vale e outro existiam oceanos de selvas, só habitados por índios e animais.

Porém, já na década de 40 as primeiras terras começaram a ser doadas ou vendidas por preços irrisórios pelo governo estadual. O objetivo declarado era "atrair o progresso". Mas, na verdade, o próprio governo estava cansado de saber que ninguém teria, condições de fazer alguma coisa nessas terras completamente inacessíveis. Contentava-se em receber migalhas do imposto territorial cobrado sobre essas propriedades, que na realidade só existiam no papel.

Tanto é que os limites dos lotes de até 10 mil hectares (máximo permitido pela legislação) eram definidos por coordenadas geográficas. Tal como se localiza um navio em pleno oceano. A mesma técnica de dividir propriedades por meridianos e paralelos, usada antes e pouco depois do descobrimento do Brasil, voltou a ser usada para retalhar o mapa do Pará em milhares de quadradinhos que ninguém tinha a mínima ideia de onde ficavam.

A alucinante corrida

Era tão grande a incerteza sobre as reais possibilidades de alguém, algum dia, poder chegar até essas terras, que — mesmo doadas — eram poucos os que queriam aceitá-las. A situação mudou radicalmente a partir da revolução de 1964, quando foram instituídos os famosos incentivos fiscais. Por eles, as empresas poderiam (e ainda podem) deduzir até 50% do imposto e renda devido, para aplicação nos chamados "Projetos agropecuários" da Amazônia.

Aí, então, entre pagar integralmente seus impostos, ou ficar com, a metade desse dinheiro devido ao governo para investir; em uma propriedade da empresa (mesmo que fosse no "inferno verde" e nunca desse lucro), a opção foi óbvia. Grandes empresas multinacionais, bancos e companhias construtoras deram o tiro de partida para, a alucinante corrida, aos títulos de propriedade dos tais quadradinhos Munidas desses papéis (já estão inflacionados por fantásticos derrames de falsas escrituras) as grandes empresas partiram para uma corrida ainda mais irracional: tentar, por, todos os meios, marcar essas propriedades no terreno, antes que isso fosse feito pelo dono de algum outro título da mesma gleba.

O que se seguiu foram coisas inacreditáveis: Expedições de topógrafos cruzando as selvas, procurando delimitar (de forna completamente precária) as tais propriedades. Gigantescos tratores desmontados para serem transportados por pequenos aviões que pousavam em clareiras abertas nas matas, distante centenas de quilômetros de uma beira de rio navegável ou uma ponto avançado da civilização.

Os primeiros Invasores

Delimitadas suas terras, muitos proprietários descobriram que elas já estavam habitadas por índios, há milhares de anos, ou por posseiros, estabelecidos há décadas nas barrancas dos rios. Trataram então de retirar esses “invasores” de suas propriedades. A Funai se encarregou de transferir algumas tribos para o Parque Nacional do Xingu. Com acordos e sentenças judiciais, quando era possível, e pistoleiros, “quando era necessário”, os novos donos das terras conseguiram se livrar dos antigos posseiros.

Começaram então as gigantescas derrubadas e queimadas de matas Para a formação de pastagens, ao mesmo tempo em que se abriam as primeiras estradas, ou simples picadas para trânsito das boiadas. Para a derrubadas foram contratadas levas de peões, no interior de Minas, Goiás e Maranhão. Terminadas as derrubadas, os trabalhadores eram largados ao léu — na maioria doentes e ainda mais miseráveis do que quando vieram. Passaram então a formar povoados, de onde, mais tarde, partiram para fazer novas posses.

Na década de 70 veio a Transamazônica, que abriu caminho para que os nordestinos fugissem de suas terras secas para as exuberantes selvas do Pará. Mais tarde, dominada a guerrilha no Vale do Araguaia, o Exército — por motivos estratégicos — resolveu cortar a região com suas chamadas “estradas operacionais”. Essas rodovias

— embora extremamente precárias — escancararam as Portas do Sul do Pará a uma migração torrencial e descoordenada. Já não mais apenas do Nordeste, mas também para o êxodo rural do Sul e Leste do País e — trabalhadores urbanos, mais tarde — para retirantes da recessão que assolou todo o Brasil.

Como essa imensidão de terras já havia sido distribuída sem nenhum objetivo social, o Incra e o Getat muito pouco puderam fazer, em termos de assentamento de colonos. E a maior parte do pouco que fizeram acabou ruindo, pela falta de estrutura para que os lavradores pudessem viver em suas terras e vender seus produtos a um preço justo.

Ouro e madeira

No começo de 1980 surge o garimpo de Serra Pelada, atraindo mais de 200 mil pessoas de todos os cantos do País. Menos de um quinto desse contingente conseguiu um "barranco" para cavar em busca do ouro o restante acabou descobrindo um outro caminho para a fortuna, ou pelo menos para a sobrevivência: as serrarias que começavam a se instalar na região, muitas delas também levadas pelos incentivos fiscais.

As árvores de mogno quase sempre com mais de 30 metros de altura e 1,5m de diâmetro — são encontradas semi-agrupadas no meio da selva. Pela simples indicação dessas concentrações da madeira mais nobre da Amazônia, as serrarias pagam de 100 a 150 mil cruzeiros por árvore. E se encarregam de abrir picadas para ir búscã-las, pois os troncos serrados são vendidos por mais de Cr$ 500 mil o metro cúbico, E nenhuma serraria quer saber quem é o dono da terra.

Com isso, a procura de mogno em terras alheias acabou sendo uma atividade muito mais interessante que plantar, colher ou criar bois e porcos. Assim grande parte dos posseiros ou invasores passaram a transferir para outros, inclusive fazendeiros, — com qualquer documento — os “direitos” sobre suas posses. E acabam fazendo novas posses, nas trilhas e clareiras abertas pelos madereireiros.

Esse processo é contínuo e seríssimo agravante das tensões que já existiam. Como ele vai acabar? Ninguém sabe.

PADRE CONTA MORTOS E FALA DE UM SONHO DE PAZ

“Sonho com uma pátria onde as armas se transformem em ferramentas de trabalho, como profetizou Isaias” (afirmação do padre Ricardo Resende Figueira, 28 anos, coordenador da Comissão Pastoral - da Terra, Regional Araguaia-Tocantins, em depoimento prestado à CEI da Terra, na Assembléia Legislativa do Pará, na semana passada)

“Agora nós vamos para a luta/ a terra que é nossa ocupar/a terra é pra quem trabalha/ a história não falha/ nós vamos ganhar / Já chega de exploração/ já chega de tanta promessa / já chega de tanto esperar / A terra na raça ou na garra / na lei ou na marra/ nós vamos tomar” (letra do “Canto do Lavrador”, - distribuído em folheto apócrifo pela região e afixado na paupérrima sede do Sindicato dos Trabalhadores Rurais de Marabá.

É evidente o abismo entre o sonho do jovem padre e esse hino de guerra, que parece refletir melhor a realidade da região. No entanto, as CPTs e os improvisados, sindicatos de trabalhadores rurais são aliados na mesma "luta contra os latifúndios", nas mesmas denúncias de massacre de posseiros, na mesma condenação, irrestrita, que fazem com as mesmas palavras, de todo e qualquer ato do governo ou da polícia. Fica, portanto, muito difícil saber até que ponto vai a, intenção de paz ou a disposição para a guerra.

A própria contagem dos mortos (a partir de maio de 1980) feita nesse depoimento do padre Ricardo — com o cuidado de contabilizar em colunas diferentes os "latifundiários e seus aliados" e os "trabalhadores rurais" — mostra que a paz é praticamente impossível, até como sonho. Na primeira coluna — sem nenhum histórico ou comentário — estão anotados 34 mortos; alguns sem nome ou apelido identificados simplesmente como "pistoleiros". Na segunda coluna são registradas 47 mortes, acompanhadas de vagas informações e comentários em poucas linhas. Entre essas vítimas, 27 não têm nomes, nem apelidos. Aparecem simplesmente como "posseiro", "trabalhador", ou "peão". Essa imprecisão é justificada pelo padre, como conseqüência das grandes distâncias e a "lei do silêncio" e medo que cerca as grandes fazendas, onde não se sabe onde não se sabem quantos morreram".

Exemplos: "Quatro trabalhadores — Castanhal, São Geraldo, junho de 84. Foram vistos os corpos entre os dias dois ou três, com as mãos amarradas para trás em terras pretendidas pelos Mutran, segundo informações recebidas pela jornalista Memelia Moreira" (da "Folha"). "Oito homens - próximo de Vila Rica, 1983. Foram vistos Oito corpos de homens sendo queimados, conforme denúncia — Vinda de Redenção". E ainda: "três peões" - Vale do Rio Cristalino, 1983. Recebemos uma carta datada de 5/07/83, onde uma mulher revela que dois trabalhadores, foram assassinados e lançados dentro do Rio Cristalino e um terceiro amarrado para a onça comer. Isso teria se dado dentro da fazenda pertencente à Volkswagen do Brasil. Os responsáveis seriam os empreiteiros Francisco Andrade e Abílio Dias de Araújo" (N.da R. — Na época da denúncia a Volkswagen contestou a veracidade desses e outros fatos que lhe eram imputados pela CPT).

Há casos com nomes e afirmações mais escabrosas: "Elton Batista do Nascimento — Rio da Prata, 1983 — trabalhador assassinado por homens do Sr. Francisco Andrade. O fato se deu dentro da fazenda do Banco Mercantil.

Arrancaram a Pele de seu rosto a canivete e se negaram a entregar o corpo à viúva.

Existem, porém crimes comprovados e reconhecidos: "Três posseiros — Castanhal, São Geraldo, junho- de 84 — mortos por funcionários do coronel Castor. O próprio coronel nos informou do fato no dia 23/6/84". 'Belchior Martins Costa — Rio madeira 2/3/82, assassinado pelo fazendeiro Valter Valente da Silva e pistoleiros, enquanto colhia arroz. Feriram o lavrador Luiz Bernardino de Paula". Este último é um dos raríssimos casos apurados por inquérito policial, cuja conclusão também é uma raridade. Belchior foi morto em "legítima defesa" embora seu corpo apresentasse perfurações provocados por 140 balaços.

Interrompe-se a — sessão da CEI, porque os deputados Paula Fontelis (um peemedebista que tem - seu gabinete ornamentado por cartazes do PC do B) e Aziz Mutran (pedessista conhecido em todo o Pará pela violenta história dos castanhais de sua família) quase chegaram a trocar murros no meio do plenário. E o padre Ricardo — em companhia de muitos integrantes de CPTs continua desfiando o rosário de barbaridades que são cometidas impunemente no interior do Pará.

Lamenta que em toda essa "guerra que já dura mais de 10 anos — os únicos condenados tenham sido padres e posseiros: "Os padres -Aristides Camio e Francisco Goriou e mais 13 posseiros foram rapidamente e condenados pela Justiça . Militar; em um processo infame. Enquanto isso, fazendeiros assassinos e seus pistoleiros desfilam tranquilos, luz do sol, nas barbas das autoridades. É evidente que os protege a certeza de que alei não foi feita para eles. Eles são a lei".

Corpos aos urubus

Entre comentários de descrença na Justiça, outro coordenador da CPT do Pará, o técnico agrícola francês Emanoel Wanbergue, entusiasma-se com as aventuras contadas aos jornais por um tal Quintino, um estranho pistoleiro que age ao lado dos posseiros próximos ao litoral do Estado: "Ele diz que é o Lampião do Pará; que já matou mais de 100 e vai em frente" — exclama Wanbergue.

"Ele não devia se expor tanto, assim" — interrompe o padre Ricardo.

Na porta da Assembléia, um - posseiro muito. esclarecido — Francisco das Chagas Vasques, "Chico Barbudo", formado em estudos sociais por uma faculdade de São Paulo — também se entusiasma com o placar da olimpíada do sangue na região onde ele mora, a mesma onde age Quintino: "Lá já tem uns 60 pistoleiros mortos, contra 5 posseiros."

A contagem macabra assusta o repórter: Como você sabe que são tantos, assim? Você viu os corpos, viu os enterros?"

"Que enterro? Lá não tem disso não. Você acha que é justo perder tempo para enterrar gente perversa que vem matar e violentar famílias de posseiros?... Os corpos deles ficam jogados nos matos para os urubus e os bichos comerem", diz, "Chico Barbudo" sem segredos. Ao lado, outro posseiro, José Gonçalves da Silva, confirma que já achou muitas ossadas espalhadas pelo mato.

Emboscadas fazem 31 vítimas

Somente neste mês de agosto, municípios de Xinguara e São Geraldo do Araguaia, nove pessoas foram mortas na sequencia de uma torrente de tocaias que ninguém sabe quando começou, nem quando vai acabar. Nas Contas da CPT, quatro vítimas vão para a coluna dos "latifundiários e seus aliados". As outras cinco, para a de "trabalhadores". Fazendeiros, policiais e funcionários do Getat, protestam contra essa divisão contábil, que já totaliza 31 mortos.

Afirmam que muitos dos referidos na primeira coluna são simples empregados de fazendas e castanhais, que têm de se armar para se defender de, ataques e invasões. Também não concordam com a qualificação de "posseiros" ou 'trabalhadores" para os outros mortos. Dizem que muitos deles não passam de - "baderneiros e assassinos", alguns com prisão preventiva decretada.

Agosto sangrento

As mortes de agosto (normalmente o mês de maior movimentação, quando a ausência de chuvas permite queimadas e abertura de novas posses) começaram no dia 3. Uma tocaia de mais de 10 homens, armada contra o empresário Nélson Zanella, dentro de sua fazenda, fez duas vítimas: Admir Zenella, filho do fazendeiro, e seu amigo Antônio Vaz. Embora ferido gravemente, Nélson sobreviveu uma semana perdido na mata. Quando foi encontrado pela Polícia Militar, apontou dois posseiros como participantes da chacina.

Os dois foram presos "como testemunhas". Um jovem soldado da PM, que participou das buscas e resgate de Nelson, garante que o fazendeiro — mesmo entre a vida e a morte —mandou contratar os pistoleiros "Boitatá" e "Paulinho Reco", para dar fim aos assassinos de seu filho.

Zenella ainda não tinha sido achado, quando — no dia 5 — foi encontrado o corpo varado de balas do posseiro Adelino Gomes Moreira. A CPT suspeita que ele foi morto por soldados da PM ou por empregados do fazendeiro. Adelino estava com prisão preventiva decretada, sob a acusação de ter participado de uma outra tocaia, que matou o fazendeiro Adolfo Buher, em outubro de 82.

No dia 12, a emboscada foi contra os posseiros: no povoado de Terra Nova, mais de 20 pistoleiros cercaram, ao amanhecer, as palhoças de Joaquim Ribeiro de Souza, Cícero Pereira Cavalcanti e João Batista Alves. Os três foram mortos desarmados e sem qualquer reação. Mais quatro pessoas ficaram gravemente feridos: o posseiro Adão; a mulher de Cicero, Maria Raimundo, e dois filhos seus, um deles com apenas 5 anos de idade.

O dia da caça

A última emboscada do mês foi no, domingo, dia 19. Davi Gomes Cardoso gerente do castanhal do coronel Eddie Castor, já havia feito, no mês de junho, uma espécie de "tocaia preventiva" (segundo definição do filho do coronel), na qual liquidou três posseiros de um grupo que pretendia matá-lo.

No domingo — acompanhado de mais quatro "seguranças do castanhal", Davi foi ao povoado de Paraúnas. Entrou no único boteco com dois revólveres na mão, ameaçou mais de 20 pessoas e saiu dizendo que ia matar um outro posseiro chamado Estevão. Saiu em sua caminhonete C-10 por volta de meio dia. Quando voltou, pouco mais de uma hora depois, sem ter encontrado sua caça, estava sendo esperado por um grupo de uns 40 posseiros, em uma precária ponte, a menos de um quilômetro do povoado: foi uma rajada só de balas e chumbos com veneno de matar ratos. Os pistoleiros ainda tentaram reagir e mataram o posseiro José Leite Cavalcanti.

Davi e seu companheiro conhecido apenas por "Lobisomem" morreram no local. Tiveram suas orelhas cortadas e seus corpos queimados com gasolina. No povoado de Paraúnas todos sabem informar como foi o tiroteio, do qual dizem só ter ouvido o barulho. Ninguém viu a tocaia, ninguém participou dela.

DE SOCIÓLOGO A CHEFE DE PISTOLEIROS

Eddie Carlos da Nóbrega, 24 anos, sociólogo, recém-formado pela Universidade Federal de Minas Gerais, era ativista estudantil ligado a um grupo que seguia a orientação do Partido Comunista Brasileiro. Hoje é patrão de pistoleiros e - defende o latifúndio da família contra os posseiros, no Sul do Pará. "Estou consciente de que estou perdido. Eu sempre defendi a libertação do povo oprimido. Mas agora estou caindo na real; esse povo também oprime", diz ele.

Encurralado no fundo de uma velha casa em Marabá, com medo de levar um tiro; ele já não crê em reforma agrária. — "Esse povo vai mesmo é continuar se matando."

Mal estourou o Movimento de 1964, o então major Eddie Castor da Nóbrega foi cassado e excluído das fileiras do Exército. Motivo: ele era amigo do governador Miguel Arraes, de Pernambuco, e ardoroso defensor da reforma agrária e da luta dos sem-terra. Perseguido por seus ex-colegas de farda que assumiram postos de direção em empresas públicas e privadas e não o deixavam conseguir um emprego na sua profissão civil — engenheiro eletrônico — Castor sobreviveu a duras penas. Anos mais tarde, acabou torturado e preso por três anos. Motivo: abrigou em sua casa o famoso capitão Comarca, o líder guerrilheiro mais caçado no começo da década de 1970.

Com todo esse passado, seria impossível imaginar o atual coronel da reserva Eddie Castor como patrão de pistoleiros e defensor do latifúndio de seu sogro — mais de 11 mil hectares de castanhais no município de São Geraldo do Araguaia. Entretanto, essa é a realidade. Davi Gomes Cardoso e "Lobisomem" — dois pistoleiros que mataram três posseiros e acabaram fulminados em uma tocaia no último dia 19 — eram contratados como "seguranças" do castanhal do coronel. Também são empregados deles — ganhando Cr$ 130 mil por mês — mais três comandados de Davi, agora presos na cadeia de Marabá.

Trágica opção

"Eu preferia estar pagando professores para as 80 famílias de empregados que temos no castanhal. Mas sou obrigado a gastar esse dinheiro para sustentar pistoleiros. Sem eles, os invasores, que se dizem posseiros, vão continuar invadindo nossas terras. Já mataram três colhedores de castanha e vão continuar liquidando o nosso pessoal e roubando nossas castanhas. Eles estão nos impondo uma guerra e nós não podemos fugir dela" — afirma Eddie Carlos, filho do coronel, apavorado só em pensar no que pode acontecer aos seus empregados, após o esfacelamento dos seus "seguranças"

O sociólogo Eddie Carios há poucos meses ele teve de assumir negócios do castanhal, em substituição a seu pai, que está doente.

"Estou consciente de que estou perdido. Eu sempre defendia libertação do povo oprimido. Mas agora estou caindo na real. Esse povo também oprime. Tenho certeza de que serei assassinado se eu for a São Geraldo. E, por quê? Por que eu quero trabalhar e garantir o trabalho das famílias que estão no castanhal."

A noite, encurralado no fundo de uma velha casa em Marabá, com medo de levar um tiro, se chegar à porta ou à janela, o jovem sociólogo fala do ódio surgido entre empregados do castanhal e posseiros, depois da morte do encarregado de tomar conta da porteira de sua propriedade: "O Damas era um pobre trabalhador. Tinha nove filhos. Foi encontrado morto, com os olhos furados e as orelhas cortadas." Completa sua narrativa de terror, falando de estupros de mulheres e filhas de seus empregados, por bandos de "invasores que se dizem posseiros". E conclui de forma estranha:

"Depois de tudo isso que a gente está vivendo, agora eu acho que o mais importante é o governo tomar, providências para preservar estas castanheiras que têm mais de 300 anos. Não adianta mais cuidar da distribuição de terras, porque esse povo vai mesmo é continuar se matando."

O vilão mais temido

As narrativas do sociólogo Eddie Carlos são contestadas pelos moradores das vinte e poucas palhoças de Paraúnas, o povoado mais próximo do castanhal. Lá, o coronel Castor (pai de Eddie Carlos, ex-cassado, ex-defensor da reforma agrária, que deu abrigo ao capitão Lamarca, foi preso e torturado) é o vilão mais temido. Adélio Paulino Pereira sustenta que Dimas — o pai de nove filhos encontrado sem olhos e orelhas — foi morto pelos pistoleiros do coronel. Filemom Viana da Silva, diz que o "velho Castor chefiou um bando de polícia e pistoleiros" em um ataque em que foram presos e espancados mais de 20 moradores do povoado. Antônio Cosmo de Andrade, o "velho Piauí", diz que os estupros são prática comum dos "seguranças" do castanhal.

Ninguém reconhece como invasões as tentativas que fazem para derrubar mata e estabelecer roças no meio do castanhal do coronel. Argumentam que essas terras são do governo e que eles têm o direito de ocupá-las. Pelo mesmo motivo, não consideram furto a colheita de castanhas nessa mesma área. Só concordam com uma afirmativa do filho do coronel: o clima está cada vez mais tenso e pode acabar em "uma mortandade sem conta" se a Polícia Militar retirar do povoado o contingente de 20 homens, mandados para lá logo depois. da emboscada que matou os pistoleiros Davi e "Lobisomem", além do posseiro José Cavalcanti.

Escondida na choupana que abriga os soldados, Geny de Oliveira — 26 anos, viúva de Davi Cardoso — está tremendo de medo dos posseiros: "Falando assim, eles parecem uns anjinhos. Mas são o cão. Se eu ficar aqui, eles vão acabar comigo" — diz a jovem cabocla, que seria muito bonita, não fosse toda sua carga de sofrimentos e a falta de dentes.

Geny se irrita de ver o "finado Davi" tratado como pistoleiro: "Nem me fale essa palavra. Ele era um trabalhador que não ganhava nem 200 mil por mês para tomar conta do castanhal. Andava armado, porque queriam matar ele. Mas nunca recebeu dinheiro para matar ninguém". A viúva pede uma carona para voltar a Marabá e, pelo caminho, vai contando a sua história. Abandonada pelo primeiro marido, ela vivia de um boteco, que montou na parte da frente de sua casa em Xambioá.

Um dia Davi apareceu para tomar umas pingas. Convidou Geny para ir a uma festa, ela não quis: "Ele encheu minha cara de pancadas e depois me levou para cama. Quando saiu de cima de mim, já estava dormindo.

Eu fiquei com ódio. Peguei a faca de matar galinha e ia cortar o pescoço dele. Foi Deus que me segurou. Quando Davi acordou, me fez carinho e pediu desculpas. Gostei dele e ficamos morando juntos. Depois disso ele nunca mais me bateu. Fazia tudo que eu queria. Gostava de cantar e tocar viola..."

Ao passar pela caminhonete em que Davi morreu — furada de tiros e abandonada na beira da estrada — Geny desata o choro que vinha contendo há três dias. Depois pede para passar por São Geraldo do Araguaia. Lá não existem jornais. A sede das notícias de sangue é saciada por retratistas que tiram filmes inteiros dos cadáveres, para depois vender as fotos — bem coloridas — nas feiras e nos botequins.

A viúva compra duas fotos escabrosas do que restou do seu homem queimado e sem orelhas. "Para que, você quer guardar essa lembrança tão trágica?"

"Não é pra guardar, não. É pra levar lá pro coronel e o filho dele para mostrar bem no que deu serviço que eles arranjaram para Davi."

TÍTULO NÃO GARANTE POSSE

Antônio Rubio Maffei — 48 anos, paulista de Franca — era piloto e estava sempre voando pelo Pará. Sofreu um enfarte e teve de deixar a profissão. Vendeu seu avião e tudo mais que conseguiu juntar durante quase 30 anos de trabalho para comprar 3 mil hectares em Xinguara. Encontrou sua fazenda tomada de posseiros. Fez um acordo com o Getat para receber novas terras em troca das que passaram a ser regularizadas em nome dos ocupantes.

Em abril último, contratou 95 homens para a primeira derrubada de matas em sua nova fazenda. Estava começando o serviço, quando sofreu novo enfarte e teve que vir para São Paulo, para a implantação de duas pontes de safena. Três meses depois de operado, voltou para Xinguara e quase morreu do coração: os 95 homens haviam debandado da fazenda. depois que três deles foram baleados por invasores, que acabaram tomando conta das terras.

Mão no revólver

"Agora eu já nem posso entrar lá: Eles mandaram me avisar que me matam se eu aparecer na fazenda.

Também não posso ficar aqui Xinguara. Tem uma Brasília com quatro invasores me caçando aqui na cidade: Eles querem acabar comigo, porque aí fica mais fácil para eles se apossarem da terra" — lamentava-se Maffei, na porta do escritório regional do Getat, onde foi pedir socorro e providências para desocupação de sua gleba: "O governo tem de fazer alguma coisa. Ou então ele decreta o fim do direito à propriedade" — desabafou Maffei, levando a mão ao revólver, apavorado com a aproximação de uma Brasília que passava pela avenida poeirenta.

Francisco Reis da Silva — piauíense, 36 anos, 3 filhos — passou mais de 15 anos correndo os sertões de Goiás, Maranhão e Pará em busca de, um pedaço de terra, onde pudesse trabalhar com sua família. Há menos de um ano, recebeu do Getat um lote de 11 alqueires, na beira da estrada, pertinho de Paraúnas. Derrubou um bom pedaço de mato, plantou milho, arroz, mandioca e feijão. E uma roça que dá gosto ver.

Na porta de sua casa há um Fiat, 1979, amarelo, já bastante surrado. Sinal de prosperidade? Não, de desespero: "Esse carro que tá aí e eu nem sei guiar, eu recebi por dois milhões e meio de um homem de Goiás, que comprou o meu lote por seis milhões e meio. Eu tô só tirando o resto do milho para ir embora."

Casa cercada

Na sala do rancho, amamentando nervosamente seu filho menor, Maria Benedita, mulher de Chico, explica o motivo da venda do sítio, o seu velho sonho: "Aqui não dá pra ficar. Tão matando gente pra todo lado. Ainda não vi ninguém morrer. Mas já passou muito defunto por essa entrada. A conversa é interrompida pelo ruído de uma freada brusca de uma caminhonete da PM, da qual saltam um sargento — metralhadora em punho — e mais cinco soldados com fuzis.

Em segundos, eles cercam a casa, identificando seus ocupantes. Então, o sargento, esclarece o motivo do susto: "Aí no povoado estão dizendo que tem pistoleiro vindo por aí para vingar a morte do Davi. Eles viram os repórteres e já pensaram que eram os pistoleiros. Nós viemos verificar..."

JUSTIÇA NÃO PODE AGIR

A comarca de Marabá tem jurisdição sobre um território de tamanho equivalente a mais da metade do Estado de São Paulo. Nessa área estão o garimpo de Serra Pelada e dezenas de outros menores, o Projeto Carajás, meia dúzia de cidades, quase uma centena de povoados, milhares de pequenas, médias e grandes fazendas. Os assassinatos por questões fundiárias não vão muito além de 10% dos crimes de morte praticados na região. Segundo estimativas da Polícia Federal — que apenas "observa" os problemas de segurança na área — há uma média anual de mais de 300 pessoas mortas a tiros e facadas, de 1980 para cá. A grande maioria dos crimes é causada por ouro, mulheres e bebedeiras.

Apesar dessa torrente de sangue que se espalha por toda a região, o último juri realizado na Comarca foi em 1978. Eronídes Souza Primo — paraense, 45, anos, juiz há 17 — assumiu em março a 2° Vara da Comarca de Marabá, com a disposição de "botar muita gente importante na cadeia". Mas, mesmo trabalhando mais de 10 horas por dia, o juiz ainda não conseguiu ninguém, para — ao menos — colocar no banco dos réus.

O único processo que conseguiu concluir é o relativo ao assassinato do advogado de posseiros, o jovem Gabriel Pimenta, morto há mais de dois anos, na porta de sua casa, em Marabá. Mas esse processo não pode ir a júri os indiciados — "Nelito" e, "Marinheiro" — fugiram, tão logo tiveram decretadas suas prisões preventivas. E o julgamento - não tem condições de ser feito à revelia. As testemunhas de acusação dificilmente estarão dispostas a depor, enquanto os assassinos permanecem em liberdade.

Se esse crime ocorrido no centro de Marabá não tem condições de ser julgado, que dizer das centenas de outros que acontecem nas matas, nos garimpos, nos bordéis e botecos de beira de estrada?

Missão impossível

"Fazer justiça por aqui é muito difícil. Além das pressões políticas sobre a polícia e a própria justiça, os processos são completamente falhos. A maioria deles vem da polícia ao Fórum como crimes de autoria desconhecida. Por vezes, não há nem o nome da vítima. Dentro da polícia — civil e militar — há muita gente que não merece a mínima confiança. As fugas com conivência de policiais são públicas e notórias: E, quando eles fazem prisões, ela são irregulares, sem provas suficientes para a caracterização da culpa. Aí, qualquer advogado de porta de cadeia entra com um *habeas corpus* e o criminoso desaparece.” E o lamento do juiz não pára por aí:

“Não temos verbas nem para transporte. Para fazer uma diligência ou uma citação, o juiz ou o oficial de justiça fica na dependência de uma carona, ou de alguém que pague uma passagem.” Para completar, o magistrado reclama que nem a PM cumpre suas ordens:

“Em casos de reintegração de posse, a lei autoriza o juiz a requisitar — e, não, pedir — tropas da polícia para cumprir seu mandado. Aqui no Pará essa lei morreu, quando assumiu o novo governo, da oposição. Agora, a ordem do juiz é levada ao julgamento do secretário da Segurança Pública, que decide da conveniência, ou não, de ela ser acatada. Isso é um absurdo. Eu mesmo já expedi diversos mandados de prisão e de reintegração de posse, que estão há meses sem cumprimento.”

“Subversão”

Mesmo reconhecendo toda essa precariedade do aparelho judicial, Eronides Primo denuncia e condena — violentamente — posseiros, padres, integrantes das CPTs, advogados e sindicatos de trabalhadores rurais, por não apelarem à Justiça para a solução de problernas fundiários:

“Eu defendo os posseiros de verdade, os pobres, os injustiçados. Sou contra é quem se infiltrou no meio deles para insuflar esses coitados a fazerem besteira, a subverterem a ordem, a bagunçarem o coreto. O pior é que, no meio desses agitadores, há muitos estrangeiros que não têm nenhum compromisso com o País. Esse pessoal deveria esclarecer os posseiros a respeito dos seus legítimos direitos. Tem muita coisa que se pode resolver dentro da lei. Mas eles não querem isso. Deixam de apelar contra ações de reintegração de posse movidas pelos fazendeiros, porque o que lhes interessa é o confronto, é a subversão" — sentencia o juiz e cita casos em que acordos foram desfeitos "por interferência de agitadores". Em um deles, no ano passado, dez posseiros pediam uma indenização de Cr$ 18 milhões para cada um, para desocupar as terras de um fazendeiro. O proprietário ofereceu quase o dobro: Cr$ 30 milhões. "Aí, os padres entraram na história e o acordo não foi assinado", conclui Eronides, dando os motivos:

"O que eles querem é fazer a reforma agrária na marra. Mas assim, ainda vai morrer muita gente inocente".

Entrevista com Tancredo

O governador mineiro Tancredo Neves veio a São Paulo, para fazer contatos com vistas à organização do Partido Popular - PP, que teve vida muito curta. Político sabe muito bem que há horas de falar e outras de ficar quieto. Tancredo, mestre na política, sabia que era hora de ficar quieto. Marcou todos seus contatos em sigilo. Sabia-se que ele estava em São Paulo, mas ninguém sabia onde, nem com quem estava conversando. Adilson Laranjeiras me deu uma ordem: descubra o Tancredo e consiga dele, pelo menos, uma frase para a *Folha*. Como? - não disse, nem tinha ideia.

Resolvi apelar para minhas amizades pessoais, porque não tinha fontes na área política. Telefonei a um antigo amigo e companheiro de UDN do meu pai: o deputado federal, Herbert Levy, que também era muito amigo e companheiro de Tancredo.

"Ele vem jantar em casa esta noite" — disse-me — "Posso convidar você como amigo. Não como repórter"— acrescentou. Aceitei o convite. Vinte e uma horas, já na hora de fechar a edição da *Folha,* Tancredo chegou. Herbert me apresentou como amigo da família, eu me apresentei como repórter da *Folha*. Achei que ele ia calar-se, irritado, por ter de aturar um jornalista na sua sigilosa visita ao amigo Herbert. Não. Atendeu-me muito carinhosamente e falou à vontade. Contou de sua conversa, naquele dia com o ex-prefeito paulistano, Olavo Setúbal, que foi um bom reforço para o PP. Obviamente, não contou segredos, mas deu uma boa entrevista, que seria mais longa, se eu não tivesse de interrompê-la para passá-la, por telefone, para a redação. No dia seguinte, a *Folha* tinha o mérito de ser o único jornal a localizar Tancredo e ainda conseguir uma entrevista com ele.

O manual de redação

A "dixieland-folha" tocava cada vez mais animada, no embalo do enorme prestígio que conquistou por liderar a campanha das Diretas Já, quando surgiu seu Manual de Redação, que era inovador e necessário, mas foi implantado de forma tão abrupta e com tal rigor fundamentalista, que a redação o encarou como uma camisa de força. De uma hora para outra, a preocupação maior passou a ser a idade do personagem da matéria (sempre publicada entre parênteses, logo após seu nome, mesmo que ele fosse notícia todos os dias e, não raramente mais de uma vez em uma mesma edição) do que aquilo que ele havia dito ou feito. Isso era complicado e constrangedor, especialmente quando se entrevistava uma mulher conhecida e importante e – quase sempre – a pergunta "que idade a senhora tem?", era tomada como uma despropositada indiscrição ou até uma ofensa.

Outra regra obrigatória era de ouvir o "outro lado". Eticamente, era um avanço bem-vindo. Mas, do ponto de vista prático, um horror, pois muitas vezes, já na hora do fechamento da edição, algum entrevistado citava uma série de pessoas e o repórter tinha de ouvir as versões de cada uma delas.

O Manual tinha muitas regras que emperravam o jornal e, para apontá-las, a redação se reuniu no Sindicato dos Jornalistas e aprovou um abaixo-assinado, dirigido à direção. Em síntese, o documento, redigido por Clovis Rossi, integrante do Conselho Editorial da *Folha*, não era contra o manual, mas falava da necessidade de ele ser abrandado em seu fundamentalismo e implantado com mais tempo e cautela.

Aí é que as coisas pioraram, pois o abaixo-assinado foi tomado como um motim contra Otávio Frias Filho, novo diretor do jornal, e passou a ser implantado com muito mais rigor. Foi necessário um bom tempo para que o manual deixasse de ser a camisa de força que foi inicialmente. O fato é que com o manual, a "*Dixieland Band*" começou a se transformar em orquestra filarmônica.

Em maio de 1986, meu amigo Dante de Oliveira, então prefeito de Cuiabá, foi nomeado ministro da Reforma e do Desenvolvimento Agrário, pelo presidente José Sarney. Estava para telefonar a Dante, para cumprimentá-lo, quando ele mesmo me procurou. Queria que eu fosse ser coordenador de Comunicação Social de seu ministério, o Mirad. Não aceitei o convite na hora, como fiz para trabalhos anteriores, pois isso significava trocar meu serviço na *Folha* - onde estava bem e gostava do que fazia – por um cargo de confiança, que é um emprego completamente inconfiável.

Mas, depois de ter feito tantas matérias defendendo a reforma agrária, achei que valia a pena integrar a equipe que se propunha a realizá-la. Aceitei o convite. Embora o salário fosse menor do que a *Folha* me pagava, havia a promessa de um "apartamento funcional", por um aluguel mínimo, isso equilibraria minhas finanças.

Sen...

Em B...
disputa...
espaço pa...
da máquina...
mal paga, faz...
na cidade (e...
de vantag...
últimos...

As re...

...ago pelo governo.

Luciano: mordomia democrática.

uma pessoa gasta para ir, por exemplo, a Sobradinho, a quase 50 quilômetros do Plano Piloto, almoçar e voltar.

Enfim, um esquema que beira a perversidade, na medida em que os moradores das cidades-satélites nunca esconderam a sua grande paixão pelo Plano Piloto. Os candan... as pessoas que moravam nas **invasões** do Piloto, foram sendo colocados em locais ...z mais afastados. Ceilândia, outra cida... ...e, guarda no nome, originário de Co... Erradicação das Invasões (CEI), a ...afastar de Brasília a população

seguem atuar no interior d... ...blica. Elas, que constitu... dos **lobbies**, obtêm a... com mais rapidez d...

As empresas c... ...ritários dos mi... dentro dos... projetos dess... projetos a ... ficam ma... engord... pres... pr...

...nho.
...an-

...breviver
...as

CAPÍTULO 7

TEMPOS EM BRASÍLIA

A burocracia das pastas

NA PRIMEIRA VIAGEM que fiz acompanhando o ministro, ele foi para uma pequena capital do Nordeste. Ainda estava na escada do jatinho, quando foi cercado por repórteres de tv. Um deles perguntou: "o senhor vai desapropriar a Fazenda Brejo Grande?" Brejo Grande era uma das milhares de fazendas que tinham processos de desapropriação, com pareceres favoráveis ou negativos. Era absolutamente impossível o ministro recém-empossado saber se aquela fazenda podia, ou não, ser desapropriada. Entretanto, ela era foco de um conflito e estava nas manchetes dos jornais locais há mais de um mês. Político experiente, Dante deu uma resposta que não dizia sim, nem não, mas satisfez o repórter.

Achei que poderia evitar novos constrangimentos semelhantes ao ministro, simplesmente alterando a ordem em que as pastas de *clippings*, recortes de jornais, eram organizadas no ministério. Em vez de colocar todos os recortes do Brasil inteiro em somente uma pasta, por ordem cronológica, haveria uma pasta para cada Estado. Assim, quando Dante fosse a algum deles, bastaria olhar, na véspera ou mesmo na viagem, a pasta daquele Estado, para saber quais os problemas mais importantes que havia ali e se preparar para responder as perguntas dos repórteres. Tudo muito simples e a alteração não exigiria mis que dois ou três dias de trabalho dos dois jornalistas que cuidavam dos recortes.

Uma semana depois, nova viagem. Pedi a pasta do Estado e ela ainda não estava pronta. Outra semana, outra viagem e nada das pastas. Fiquei indignado com a demora. Chamei a atenção dos responsáveis. Fui duro, mas não pude ameaçá-los de demissão, porque eram funcionários estáveis, donos de seus cargos. Um mês depois, o chefe do arquivo veio me falar das pastas. Trouxe cinco fichas coloridas para o controle de cada pasta de recortes. Na amarela, seriam anotados quantos e quais recortes havia naquela pasta. Na rosa, os recortes que haviam sido retirados, com o nome, cargo e assinatura de quem os retirou. Na verde, na branca, e na azul, outras anotações igualmente desnecessárias. Tudo bem, se queriam fazer uma burocracia que não pedi, que fizessem, mas, e as pastas? "Ainda não tivemos tempo para fazer" - foi a resposta. Só meses depois, elas ficaram prontas, quando já não eram mais necessárias, porque Dante já havia se familiarizado com os principais problemas de sua pasta e sabia de cor a situação de cada um deles. Porém, este episódio me ensinou que, na cultura do serviço público, a burocracia de controle é muito mais importante do que o objetivo da coisa controlada.

Virei doutor

Estranhei trabalhar em um gabinete só para mim, depois de tantos anos nas cheias e movimentadas redações. Estranhei mais ainda ser chamado de "doutor", por minha secretária Lourdes. Eu a corrigi, contando que havia fugido da escola antes de completar o segundo grau e que, no ambiente jornalístico, só é doutor o dono do jornal. Lembrei que no *Estadão*, até o chefe de redação, doutor Oliveiros Ferreira, conceituado professor de sociologia e política, era chamado por todos, simplesmente de Oli. Ela concordou e passou a me chamar de você. Dias depois, veio reclamar: não dava certo anunciar-me só pelo meu nome. Na cultura brasiliense, para ser chefe respeitado era preciso ser doutor. Do simples Salgado, poucas pessoas atendiam telefonemas, ou davam retorno a ligações. Compreendi a dificuldade encontrada pela secretária e aceitei o título que ela me deu, porque era útil para facilitar seu serviço. Acrescentei que, se alguém perguntasse qual a minha formação, podia dizer que eu era "doutor em Ciências Sortidas pela Universidade da Vida". Lourdes não entendeu bem a minha ironia e achou que meu título era bastante pomposo.

A concorrência para publicidade

A primeira coisa que Dante me pediu que fizesse, com o máximo de urgência, foi uma concorrência para escolha das agências de publicidade que cuidariam das mensagens que o ministério precisava divulgar, na tentativa de acalmar os proprietários de terras, que - em consequência de campanha orquestrada pela União Democrática Ruralista, a UDR- sentiam-se ameaçados de ser desapropriados.

Verbas para essas campanhas de esclarecimentos o Mirad tinha. O que não havia era uma agência de publicidade licitada para executar tal trabalho. Procurei, então saber como os outros ministérios haviam solucionado a questão. Nenhum deles, ainda tinha contratado sua agência de publicidade, embora tivessem iniciado seus processos de concorrência, há mais de um ano e meio. Todos os processos, mais de vinte, estavam embargados pela justiça, como resultado de ações movidas por perdedores dessas licitações, baseadas em falhas, sem má fé, ou irregularidades propositais, levantadas contra os processos.

Aí, constatei que o mais importante não era fazer a concorrência com urgência, mas de uma maneira que ela não pudesse ser contestada na Justiça. Isso demandaria meses e o Mirad não poderia esperar tanto tempo para acalmar os fazendeiros que estavam em pé de guerra. Decidi então, fazer uma campanha sem agência e sem infligir normas legais.

Graças a amizades pessoais, a Globotec, que estava sendo montada, fez como experiência, sem custos para o ministério, alguns filmetes em computação gráfica - método ainda inédito - para divulgação na tv em horários que elas têm que reservar gratuitamente para o Governo Federal. Paralelamente, resolvi fazer uma mala direta com uma mensagem, explicando os critérios de desapropriação aos proprietários de terra de todo o país. Para imprimir a mensagem em uma folha só, tendo no verso os "Dez Mandamentos da Reforma Agrária", assinados pelo presidente Sarney, usei a bem montada gráfica que o Incra tinha em Brasília e cujos serviços não dependiam de licitação. Para fazer as etiquetas de endereçamento, recorri ao Serviço de Processamento de Dados, Serpro, do Governo Federal, que tinha o cadastro de todos os fazendeiros do país para emissão das guias de recolhimento do Imposto Territorial Rural e também não precisava ser licitado. O resultado dessas encomendas foram dois caminhões carregados de impressos mais duas Kombis lotadas com quase cinco milhões de etiquetas.

Para colar as etiquetas nos impressos, que tinham de ser dobrados e empacotados por ordem de CEP, conforme exigência dos correios, era necessário um mutirão de centenas de pessoas. Consegui isso, dando trabalho para os presos da Penitenciária da Papuda. Em duas semanas, mais de 1200 presos fizeram o serviço e ganhado alguns centavos por mensagem dobrada e etiquetada, acumularam um ganho de dois a três salários mínimos, cada um. Aí, veio um outro problema, como pagá-los? Nosso plano era fazer o pagamento à uma associação de detentos, que se encarregaria de distribuir o dinheiro. Mas, ao acompanhar o trabalho, duas funcionárias do Mirad constataram que a tal associação não tinha a mínima credibilidade entre os presos, que reclamavam de constantes desvios da receita da venda de objetos de artesanato que eles faziam. Não havia como fazer o pagamento diretamente a eles porque a legislação penitenciária proíbe a circulação de dinheiro nas prisões. Os valores teriam de ser depositados em contas dos presos ou de parentes que eles indicassem e, para abrir tais contas era necessário o CPF de cada um deles, documento que a maioria dos detentos não tinha, segundo informou o diretor da Papuda.

O natal estava chegando e o não pagamento seria motivo certo para rebelião na Papuda, além de danificar terrivelmente a imagem do Mirad. Sem outra saída, telefonei para o juiz das Execuções Penais de Brasília e expus a ele o meu problema. Muito gentil, ele se prontificou a resolver o caso. Foi pessoalmente à penitenciária, abriu as contas que conseguiu abrir, remeteu dinheiro, pelos correios, para parentes que os presos indicaram e guardou o restante na conta da Vara de Execuções Penais, para liberar os valores aos presos, na medida em que eles fossem obtendo seus CPFs, ou cumprindo suas penas. Livrou-me de um enorme e espinhoso "abacaxi" e ainda me agradeceu por ter oferecido trabalho a centenas de presos, coisa que pouca gente faz.

A campanha publicitária sem agência foi um copo de água fria em um caldeirão fervente. Não acabou com a fervura, que existe até hoje, mas tornou sua temperatura menos explosiva.

Especialista em fraudes

Para dar andamento ao processo de licitação das agências de publicidade, tornei-me um especialista em fraudes em concorrências públicas e fiz quase tudo ao contrário do que aprendi. Comecei mandando o esboço do edital de licitação para ser estudado e receber sugestões de alteração pela Associação Nacional das Agências de Publicidade. Li todas as normas do Tribunal de Contas da União, a respeito do assunto e analisei, um por um, os embargos que existiam contra as licitações dos outros ministérios. Finalmente dei um bom *briefing* para os integrantes da comissão de julgamento, para que eles – inteiramente livres, o que era novidade - dessem notas às respostas aos itens dos questionários formulados a mais de trinta agências que se inscreveram na licitação do Mirad. Como presidente da comissão eu só daria o voto de minerva, para desempatar eventuais empates na notas dadas pelos demais integrantes. Não houve empates e, ótimo, não precisei votar.

A licitação foi homologada pelo ministro e, no dia seguinte, logo cedo ele recebeu um telefonema do Palácio do Planalto. Era Parreira, o supervisor geral das publicidades do Governo Federal. "Que problema ele viu na nossa concorrência?"- pensei, enquanto passava o telefone ao ministro. Não havia problema. Parreira queria cumprimentar o Mirad por ter feito uma licitação inteiramente limpa, elogiada até por agências derrotadas na competição. Ninguém contestou a licitação e o Mirad foi o primeiro ministério a contratar suas agências de publicidade no governo Sarney.

O trailler

A promessa do meu "apartamento funcional" já estava ficando velha e não era cumprida. Eu continuava hospedado no Hotel Torre, por conta do ministério, mas – com urgência - precisava levar minha família para Brasília, porque o período escolar já estava chegando e meus filhos tinham de estar lá para as aulas. Brasília tinha mais de dez mil "apartamentos funcionais", administrados por uma superintendência chamada Sucad, que era a maior "imobiliária" do mundo. Não haveria falta de apartamentos para os que tinham direito a eles, se não fosse algo muito enraizado na cultura brasiliense. Cada governo novo trazia centenas ou milhares de novos funcionários com direito a apartamentos. E, os antigos ocupantes, que perdiam o cargo, com a troca de governo, e o direito aos apartamentos, só saiam deles com ordem judicial de despejo, transitada em julgado.

Sabedor deste meu problema, o diretor de uma agência de publicidade, que disputava a concorrência para prestar serviços ao Mirad, ofereceu-me, para moradia provisória, uma vasta mansão

Morar no trailler até que foi bom, só era esquisito entrar e sair do camping, trajando gravata e paletó.

no Lago Norte, que a agência mantinha como casa de hóspedes. Nem conversei sobre a proposta. Recusei-a, de pronto.

Em um fim de semana de 1987, vim visitar minha família em São Paulo e descobri um jeito de resolver o problema imediatamente: levar para Brasília o pequeno trailler que eu tinha estacionado em um camping de Atibaia. Eu, minha mulher e meu filho Luiz Eduardo ficaríamos no camping do DF; minha sogra Wanda e minha filha Suzana ficariam no apartamento alugado no Hotel Torre. Cheguei ao ministério, às quinze horas de uma segunda-feira. "Por que você está chegando tão tarde hoje?" – perguntaram-me os repórteres setoristas do Mirad. "Porque eu vim rebocando um trailler desde São Paulo e meu Del Rey ferveu muitas vezes" - respondi. "E por que você está trazendo um trailler para Brasília?" "Porque vou morar nele por uns tempos, até receber meu apartamento funcional". Pronto. Naquele dia ruim de notícias em Brasília, um alto funcionário, justamente do Ministério da Reforma Agrária, acampado com a família, foi assunto para a primeira página de diversos jornais e também para revistas e noticiários das tvs.

Em pouco mais de quinze dias recebi meu apartamento funcional e até que achei agradável meus dias no camping. Só era esquisito entrar e sair do acampamento, vestindo gravata e paletó, no meio de tanta gente que só usava calção e camiseta.

Não fiquei muito tempo no cargo de coodenador de Comunicação Social do Mirad. Em agosto de 1987, Dante divergiu publicamente da posição do presidente Sarney, que defendia para si um mandato de cinco anos, não de quatro, como estava combinado, quando ele assumiu. Aí, pediu exoneração do ministério e reassumiu a Prefeitura de Cuiabá. Com a troca de ministro, perdi meu cargo de confiança, mas fui mantido na assessoria de imprensa do Mirad, pelo sucessor de Dante, o senador Marcos Freire. Fiquei sem o adicional de chefia, mas em compensação, minha jornada de trabalho baixou de até mais de doze horas por dia, para apenas cinco, como trabalhavam outros jornalistas. Meu expediente era de manhã e, para suplementar meu orçamento desfalcado, fui trabalhar o resto do dia como repórter no Jornal de Brasília e, depois, no Correio Brasiliense.

Em 1990, Fernando Collor assumiu a Presidência da República e na sua prometida "caça aos marajás", perdi meu emprego no serviço público federal. Só com meu salário de repórter no *Correio*, meu orçamento ficou muito apertado. Decidi voltar a São Paulo e procurar novo emprego.

Em cima
suspende

CAPÍTULO 8

NOVOS TEMPOS EM PINDAMONHANGABA

Um emprego inconfiável

ANTES DE PROCURAR novo emprego em São Paulo, passei alguns dias em Pindamonhangaba, para matar saudades de minha mãe e meus irmãos. Foi o ponto final da viagem. Meu irmão Manoel havia sido eleito presidente da Câmara Municipal e os vereadores que o apoiavam me convidaram para fazer um informativo para divulgar as atividades do Legislativo. Mais um cargo de confiança, mais um emprego completamente inconfiável, por um salário pequeno. A princípio, o convite não me entusiasmou, mas acabei aceitando-o, porque ele significava poder viver em minha terra natal, junto de meus parentes em uma cidade tranquila, depois de tanto tempo perambulando pelo Brasil.

Fui nomeado diretor do Departamento de Comunicação Social da Câmara e criei o informativo *Participação*, um tablóide semanal de oito páginas, que era distribuído gratuitamente. Discutia as questões do município – lixo, plano diretor, industrialização. preservação ambiental, políticas públicas para a infância e juventude etc. Também abriu espaço para cidadãos opinarem sobre questões da cidade. Não tinha cara de informativo chapa branca. Estampava sempre na primeira página, uma charge bem divertida, do cartunista Grieber. Serviço não faltava, eu mesmo era o repórter, o articulista, o fotógrafo , o editor e o diagramador. A digitação e revisão dos textos, bem como o acompanhamento dos trabalhos de composição e arte final eram feitos por Cynthia Avalone, responsável pela seção de informática da Câmara, que só tinha um microcomputador. Eram comuns os serões, nas vésperas do fechamento da edição, que era composta em São Paulo e ia , em arte final pronta, para ser rodada em São José dos Campos. Muito trabalho, mas deu resultado: O *Participação* atraiu mais público para as sessões da Câmara e, consequentemente, aumentou a influência popular no trabalhos do Legislativo.

Mas, alianças políticas não são coisas duráveis. Um ano depois de elegerem meu irmão Manoel para a Presidência da Câmara, alguns vereadores romperam com ele e, para fustigá-lo, passaram a acusá-lo de prática de nepotismo, por ter me nomeado diretor do Departamento de Comunicação Social da Câmara, cargo para o qual eles mesmos haviam me convidado. Fiquei indignado. Depois de acumular um bom currículo e de estar prestando um bom serviço à Câmara, não admitia ser tratado como alguém que só conseguira aquele empreguinho mixuruca, por ser irmão de quem o nomeara. Pedi demissão.

Não precisei procurar novo emprego. Novamente, meu amigo Jair Borin telefonou-me, oferecendo um bem melhor. Na época, Jair era diretor da Escola de Comunicação e Artes – ECA, da Universidade e de São Paulo, que fora contratada pela Telesp para reestruturar seu Departamento de Comunicação Social. Jair queria começar o trabalho pela Divisão de Imprensa e me convidou para chefiá-lo, com salário quatro vezes maior que o da Câmara. Aceitei o convite.

São Paulo
cerca de 40% dos trabalhadores

CAPÍTULO 9

TEMPOS NA TELESP

Cartas de reclamações

A TELESP ERA campeã absoluta em cartas de reclamações publicadas nos jornais de todo o Estado. Quase sempre as mesmas coisas: demora de anos na instalação de telefones comprados nos chamados Planos de Expansão; demora de meses na transferência de um aparelho de um bairro para outro; cobrança de ligações interurbanas e internacionais que não foram feitas pelos assinantes e dezenas de outras reclamações do gênero. A Divisão de Imprensa não tinha como resolver esses problemas, que só foram eliminados ou reduzidos, quando a companhia estatal foi privatizada. Mas, podia esclarecê-los e aliviar a ira dos usuários do serviço.

Na época, ainda não existiam os Serviços de Atendimento aos Clientes - SAC, somente implantados, anos depois, por exigência do Código de Defesa do Consumidor, então recentemente aprovado. Por isso, muitos telefonemas de reclamações acabavam sendo feitos à Divisão de Imprensa, onde não eram atendidos, porque a ordem era atender apenas telefonemas de jornais, assim mesmo, só para dizer que as perguntas tinham de ser encaminhadas por escrito.

Resolvi mudar esta situação absurdamente burocrática. Mandei elaborar um manual com respostas às perguntas mais comuns, de forma que qualquer funcionário da divisão pudesse responder às reclamações dos clientes. O que não pudesse responder na hora, era anotado para, após consulta ao departamento competente, ser respondido por telefone ou carta. Essa alteração deu muito mais trabalho para os jornalistas da Divisão de Imprensa, porém trouxe resultados. A Telesp deixou de ser campeã na quantidade de cartas de reclamações publicadas pelos jornais. Isso, como havia previsto, simplesmente pelo fato de que um telefonema custa menos trabalho e dinheiro que escrever e mandar carta para jornal.

Celular só para ricos

O lançamento do telefone celular deu muito trabalho para a Divisão de Imprensa, especialmente porque se acreditava que ele só fosse usado por pessoas de alto poder aquisitivo. Apenas as primeiras centrais adquiridas pela Telesp tinham capacidade para atender duzentos mil celulares "e São Paulo não tem tantos empresários que possam se interessar por eles" – diziam até mesmo especialistas da área que não acreditavam no sucesso da nova tecnologia. Então, a ordem foi divulgar, ao máximo, as vantagens do celular.

Paralelamente, surgiam teorias apavorantes a respeito do uso daqueles aparelhinhos, que eram "tijolões" cinco ou seis vezes maiores que os atuais. Houve até um professor da Universidade de Campinas, garantindo em manchetes de jornais, que a radiação do celular causaria câncer no cérebro de seus usuários. Essas e outras afirmações fantasmagóricas tinham de ser esclarecidas imediatamente.

Com medo de que alguma autoridade mandasse parar a instalação das primeiras centrais, por falta de compradores, a Telesp lançou um cadastramento de interessados no novo serviço. Criou-se um novo problema: em duas semanas inscreveram-se mais de 400 mil pretendentes. Assim o serviço de telefonia móvel da Telesp já começou com fila para atendimento.

Conforme a legislação, cada celular teria de ser entregue juntamente com um manual de uso, inclusive com mapas das regiões abrangidas pelo serviço. O engenheiro Gilson Rondinelli, diretor da Telesp Celular, incumbiu-me de preparar o manual e, para tanto, trouxe-me manuais de outras companhias americanas e europeias, que já operavam a telefonia móvel. Vi que os manuais eram grandes demais e, portanto, não estariam à mão do usuário, quando ele precisasse.

Resolvi fazer algo menor e mais prático. Comecei pela pergunta: o que é que as pessoas normalmente levam nos bolsos? Talão de cheques era uma das coisas mais comuns naquele tempo em que os cartões de crédito ou de saques automáticos ainda eram pouco usados. Então bolei um manual com tamanho e aparência de um talão de cheques. Fiz um texto bem enxuto e esbocei desenhos que completavam as informações. Meu trabalho foi muito elogiado.

Fraudes

Estava feliz na Telesp e pretendia me aposentar por lá. Mas, sempre tem um mas. Com o impeachment de Collor, a diretoria da Telesp foi trocada e, com ela, a diretora do Departamento de Comunicação Social, Valentina Sapchenko Maye, a que estava subordinado e com quem me dava muito bem. Para seu lugar veio um jornalista que não tinha boa fama e estava sendo posto no cargo com a clara finalidade de levantar recursos para o partido político que o indicou. Por precaução afastei-me da chefia da Divisão de Imprensa e fui reativar o *Entrelinhas*, jornal interno para os funcionários da empresa.

Não tardou para o novo chefe do departamento tentar envolver-me em uma de suas fraudes. Mandou-me, para assinar, uns documentos como integrante da comissão de uma licitação, que não havia existido, e autorizações de pagamentos de serviços que não haviam sido feitos pela empresa a ser beneficiada pela fraude. Entre eles estava a elaboração de texto e projeto gráfico do manual de Telefonia Celular, que eu mesmo havia bolado. O total do desvio era de aproximadamente US$ 100 mil. Aí, só haviam duas coisas possíveis a fazer: assinar os papéis e ser conivente com a fraude ou denunciá-la e certamente, perder o bom emprego. Não tive dúvidas. Fiz a denuncia à presidência da Telesp. Como ela não tomou providências entreguei, em mãos, uma representação ao chefe do Ministério Público Federal, em São Paulo. Como já previa que a denúncia não resultaria em investigações e punições, tratei de escrever nas primeiras linhas do documento, de cinco páginas: " A presente denúncia tem a finalidade de garantir o meu direito de não ser conivente com as irregularidades que estão sendo praticadas no Departamento de Comunicação Social da Telesp". A *Folha de S.Paulo* publicou uma pequena nota sobre o caso. A Procuradoria não tomou providências e eu fui demitido pouco mais de um mês depois.

Não precisei procurar nova ocupação. Minha demissão da Telesp coincidiu com o início da campanha eleitoral de 1994. O deputado federal Geraldo Alckmin foi escolhido candidato a vice--governador na chapa de Mário Covas e me convidou para trabalhar com ele na busca de votos, pelo Estado afora.

Serra, Alckmin, Covas, Fernando Henrique e Montoro (a partir da esq.) na convenção d...

Covas é aprovado candidato e d... trajetória de Sarney não é 'r...

Da Reportagem Local

O candidato pelo PSDB ao governo de São Paulo, Mário Covas, fez críticas ontem ao ex-presidente José Sarney.

Sarney vem negociando seu apoio à candidatura presidencial dos tucanos. Mas os covistas temem os efeitos da taxa de rejeição do ex-presidente no desempenho eleitoral do partido.

Covas afirmou não ser "razoá...", a trajetória recente de Sarney. ...mbrou o fato de ele ter sido ...pelo Amapá, "Estado em ...m domicílio". ...mbém sua desistênci... indicação presid... "quando ...as pe...

"Não há nenhum acordo com o Sarney. É invenção da **Folha**. Mas se o apoio vier, será bem-vindo."

A informação sobre o acordo dada pelo filho do ex-presi... deputado Sarney Filho (PF...

Convenç...

A Convenção d... Paulo homologo... votos a favor ... encabeçada ... putado ... Filho ...

...L ...outro ...o.

...B confirma ...lencar para ...verno do RJ

Sucursal do Rio

...ologou ontem, em ...didatura de Mar... ...erno do Esta... ...ete delega... ...ram a ...

CAPÍTULO 10

TEMPOS NO GOVERNO DO ESTADO

O lambe-lambe da campanha

A ORGANIZAÇÃO DA campanha dividiu os 645 municípios de São Paulo em dois grupos. Um a ser visitado por Covas e outro por Alckmin. Nas cidades maiores, iam os dois e geralmente lá encontravam o candidato a presidente, Fernando Henrique Cardoso, e os candidatos ao Senado, José Serra e Romeu Tuma. Comprei uma boa máquina fotográfica e ia à frente das passeatas e carreatas, retratando os candidatos com prefeitos, vereadores, líderes locais e eleitores, em geral. Anotava os endereços e depois mandava as fotos com cartões de Alckmin, agradecendo a recepção e pedindo empenho na campanha. Fui a 285 municípios e bati mais de 1800 fotos. Pena que ainda não existiam as máquinas digitais.

Era uma correria danada. Ao amanhecer, já estávamos na estrada para chegar ao primeiro município visitado antes das dez da manhã, que era a hora de começar as carreatas. Aí, a maratona continuava, com visitas, concentrações, inaugurações de comitês e comícios que iam até mais vinte e duas horas. Almoços e jantares eram muito raros, nossa alimentação era sanduíches, engolidos às pressas, no carro entre uma cidade e outra.

Uma segunda-feira, fiquei animado. A agenda previa um encontro às vinte e uma horas em um restaurante à beira da estrada, no município de Areias, fundo do Vale do Paraíba, hoje chamado Vale Histórico. Hoje vai ter jantar, exultei. Doce ilusão. O restaurante havia sido cedido para o encontro, justamente porque não funcionaria naquela noite. Tudo estava trancado. Não houve nem sanduíches, nem água. Não era à toa que o restaurante chamava-se Chapéu de Palha. Era um rancho redondo, aberto dos lados. Fazia um frio de mês de junho. Quando Alckmin começou seu discurso — sempre ele era o último a falar - chamei o motorista Palomas, para irmos ao nosso gol, refrigerado a ar, para esquentar o motor e esperar pelo candidato.

Ficamos lá um tempão. A reunião acabou, as cinquenta e poucas pessoas foram embora e ficamos sozinhos no estacionamento. "Será que o Geraldo ainda foi a algum encontro, pegou carona com alguém e nos esqueceu aqui?" – Voltei ao restaurante para esclarecer nossa dúvida e acabei conhecendo melhor o candidato para quem eu trabalhava. Quase meia noite, um frio de congelar e lá estava ele, sentado a uma mesa com um casal de velhos trabalhadores rurais, explicando pormenorizadamente, como eles tinham de fazer para requerer aposentadoria. Qualquer outro deputado ou vereador, teria dado ao casal o telefone de seu escritório, onde uma secretária prestaria as informações pedidas. Ele, não. Preferia dar pessoalmente toda sua atenção àqueles humildes e sofridos trabalhadores.

Covas ganhou a eleição e, com ele, Alckmin foi para o Palácio dos Bandeirantes. Convidou-me a continuar trabalhando em sua assessoria. Governo com começo muito difícil. Dívidas enormes, descrédito, obras inacabadas, precariedade em todas as áreas da administração, precisão de explicar, bem explicado, muitos nãos que eram dados a pedidos de providências necessárias e urgentes. Tudo isso dava muito trabalho à assessoria de imprensa de um vice-governador que não era do tipo estepe, mas sim, um "co-piloto", como ele mesmo se definiu. A situação do Estado ainda não havia apresentado melhoras, quando Alckmin foi designado para coordenar o Plano Estadual de Desestatização, PED.

Aí, o trabalho dobrou. Notas contando o que o governo tinha para vender (inclusive hotéis) e porque precisava vender; levantamento de dados precisos para artigos, entrevistas coletivas, discursos e palestras que faziam a rotina diária de quem coordenava o maior programa de desestatização feito no país. Os primeiros quatro anos passaram rápidos como um relâmpago. Aí, nova eleição, Covas licencia-se para concorrer a mais um mandato e Alckmin assume o governo em situação de muita tensão, pois seu mestre estava em terceiro lugar nas pesquisas eleitorais. Depois do expediente normal no Palácio, o governador em exercício ia para reuniões, concentrações e comício e eu, junto com ele. O esforço foi recompensado: Covas e Alckmin foram reeleitos.

Logo a alegria de uma vitória apertada foi substituída por uma enorme apreensão: Covas foi operado para retirada de um tumor de câncer da bexiga. Internado no Instituto do Coração, não pode receber seu diploma de governador eleito, nem tomar posse perante a Assembleia, em 1º de janeiro de 1999. Alckmin o representou na entrega do diploma, que foi levado imediatamente por ele ao titular, em seu leito no hospital. Também, tomou posse do cargo de vice-governador e assumiu o governo, por poucos dias, até Covas receber alta. Reassumiu o governo e, mesmo em cadeira de rodas, despachava horas seguidas em seu gabinete, viajava de helicóptero para o interior do Estado e participava de solenidades no Palácio dos Bandeirantes. Era um esforço sobre-humano, que durou dois anos, em que ele apresentava pequenas melhoras, mas sempre em um quadro de crescentes pioras.

Covas e Alckmin tinham um relacionamento de pai e filho. Por isso a tensão do vice-governador era cada vez maior e angustiante. Estava dividido entre dois sentimentos: como médico, sabia muito bem que seu amigo avançava para um estado terminal. Como homem de grande fé religiosa, esperava por um milagre que pudesse salvá-lo. Quando ia representar o governador em algum ato público, voltava com os bolsos cheios de orações, terços e santinhos dados por populares, com votos de melhora para Covas. Entregava os presentes a Dona Lila Covas.

Em 10 de janeiro de 2001, um trauma. Mário Covas decidiu prestigiar a posse de Saulo de Abreu Filho, na presidência da Febem. O ato, que normalmente ocorreria no gabinete do Secretário da Justiça, foi levado para o salão nobre do Palácio dos Bandeirantes, completamente lotado, com calor e abafamento máximos de um dia de verão. Covas, presidindo a solenidade, em sua cadeira de rodas. Após discursos longos, especialmente o do presidente que deixava o cargo, foi a vez do governador falar. Ele tinha tomado um remédio novo, que o deixou um tanto confuso. Em vez da sua voz forte e clara, com oratória enxuta e firme, o que se ouviu foi um discurso confuso, sem nexo, com palavras mal pronunciadas que se repetiam e não caminhavam para uma conclusão. Foi Dona Lila que, constrangida, o interrompeu.

Foi a última solenidade a que Covas compareceu. Pouco depois, pediu licença do cargo, ao qual nunca mais voltou. Assumindo o governo interinamente, Geraldo Alckmin convocou uma reunião do secretariado. Estava presidindo-a, na cabeceira da grande mesa do salão nobre, quando Covas veio da ala residencial, no mesmo andar, em sua cadeira de rodas, empurrada pelo seu ajudante de ordens, tenente Junqueira. Alckmin levantou-se imediatamente e puxou a cadeira principal para que Covas tomasse lugar à cabeceira. Ele se recusou: "Agora, quem é o governador é você!" – justificou. "Não, o senhor é sempre o governador" – respondeu Alckmin.

Nenhum dos dois foi para a cabeceira, ficaram nas laterais da mesa, um de frente para o outro. Este foi apenas mais um sinal do profundo respeito que havia entre eles. Mário Covas morreu em 7 de março de 2001.

Alckmin teve um resto de mandato bastante complicado. As finanças já estavam equilibradas, mas a situação da Segurança Pública estava muito mal. Mesmo construindo penitenciárias, como nunca se construiu no Estado de São Paulo, as prisões continuavam superlotadas e rebeliões pipocavam entremeadas de ataques do crime organizado contra postos policiais, assaltos sequestros e outros crimes.

Virei excelência

Em setembro, demitiu-se Osvaldo Martins, meu antigo colega do *Estadão* e o secretário de Comunicação. Fui nomeado para o lugar dele. Virei excelência para surpresa de muita gente que só me conhecia das eleições de 1994, e não entendia como o lambe-lambe da campanha tinha subido tão alto. Assumi a Secretaria Estadual de Comunicação, fazendo algumas mudanças, a começar por meu lugar de trabalho. Osvaldo, antigo amigo de Covas, desde os tempos em que o governador era chefe do Departamento de Obras da Prefeitura de Santos, tinha o segundo melhor gabinete do Palácio dos Bandeirantes. Uma ampla sala, bem decorada, na frente do palácio, separada do gabinete do governador, pelo salão nobre.

Enquanto isso, o secretário-chefe da Casa Civil, Rubens Lara, também de Santos, estava em uma salinha apertada, onde não podia acomodar as numerosas delegações de deputados, de líderes políticos e comunitários, que ele era encarregado de receber. Fui à sala de Lara e propus: "Vamos fazer um negócio imobiliário?" Lara estranhou a proposta e esclareci: "Vamos trocar de gabinete". Aí, Lara estranhou mais ainda, porque não imaginava que pudesse estar propondo trocar um amplo e bem situado gabinete, por outro menor, mais simples e localizado em um corredor lateral do palácio. Fizemos o "negócio imobiliário".

Fiz outras mudanças que proporcionaram economia e mais eficiência à secretaria: remanejamento da equipe que programava visitas do governador ao interior e regionalização das publicidades.

Fiz outras mudanças que proporcionaram economia e mais eficiência à secretaria. Remanejamento da equipe que programava visitas do governador ao interior; regionalização das publicidades. Mudei, também a logomarca do governo. Desde o início da administração Covas, era uma bandeira paulista, tremulando ao vento. Mas contrariava os cultuadores da "bandeira das treze listras, porque na logomarca, tinham apenas nove listras. Usei o programa paint do computador para restaurar as treze listras da bandeira, e com um tremular mais suave, dei a ela a forma de um mapa estilizado do Estado de São Paulo. Meu esboço de desenho foi para as mãos dos artistas gráficos da Imprensa Oficial que deram a forma definitiva à nova logomarca. Com isso, ela mantinha um vínculo com a antiga e ficava mais fácil de ser desenhada em placas de que nunca fui. Ele agradou tanto, que permaneceu sendo símbolo da administração José Serra.

Estranhei muito participar de despachos e reuniões do secretariado. Lá estavam renomados especialistas de diversas áreas, professores-doutores, ex-reitores, ex-ministros, ex-deputados campeões de votos e eu ao lado deles, sem ter completado o ensino médio e só eleito uma vez, para a diretoria do grêmio do curso técnico de química industrial. Apesar disso, era muito respeitado por todos e muito ouvido pelo governador.

Usei a confiança do chefe do governo para dar palpites em muitas coisas, inclusive em algumas completamente fora da minha área. Alguns palpites foram acatados.

Sol na casa dez

Quando ainda trabalhava na *Folha*, havia na redação uma moça meio hippie, muito simpática, muito de bem com a vida, que se chamava Goretti. Era astróloga. Como freelancer fazia os horóscopos para o jornal e, para completar seu orçamento, mapas astrais para os colegas. Um dia, pedi-lhe para fazer o meu. Dei-lhe os dados que ela pediu: data, hora e local do meu nascimento e o mesmos dados dos meus pais. Dias depois, ela veio toda contente: "Salgado, que coisa boa! Você é um aquariano, com Sol na casa dez. Isso é raro!" "E o que significa?" –perguntei. "Significa que você vai fazer coisas que vão beneficiar muita gente!" . "Tá bom, isso é o que já faço todos os dias. Meu trabalho é informar bem as pessoas e, bem informadas, elas se beneficiam em alguma coisa!"disse. "Não me refiro a isso. É alguma coisa que não sei o que é, mas é um benefício mais direto, mais concreto".

Em dezembro de 2002, fui à Casa de Detenção do Carandiru, para programar a festa de implosão da velha prisão, que tinha se transformado em uma casa de horrores e sua desativação, prometida muitas vezes, já não era sonho considerado possível de realizar, por grande parte da população. Vazio, sem presos e sem as algazarras que eles faziam, apenas com as lembranças do massacre de cento e onze detentos - que estava virando filme - o antigo presídio estava ainda mais fantasmagórico. Paredes escuras de sujeira, bolor e inscrições de versos e palavrões, feitas pelos presos; encanamentos podres vazando água e esgotos para todos os lados; pesadas portas de grade rangendo ao abrir e ao fechar. Nagashi Furokawa, o secretário de Administração Penitenciária estava ansioso por ver tudo aquilo virar pó, como conclusão de um trabalho que lhe custou muitas lutas e incompreensões. Já havia contratado a empresa que faria a implosão de todos os pavilhões.

Eu estava ali, apenas para designar o local onde ficariam os repórteres, as autoridades e as câmeras das televisões, mas achei que naqueles monstrengos ainda havia alguma coisa aproveitável, que deveria ficar livre das dinamites. O pavilhão central, o maior deles, não. Era desajeitado e ocuparia muita área do futuro parque que ocuparia o local da prisão. O auditório, também era bem amplo, mas já estava caindo. Nem precisava explosivos para destruí-lo.

Mas, poderiam ser aproveitados quatro pavilhões quadrados, menores, dos demais. Poderiam sediar escolas ou algo parecido. Apresentei essa ideia a Furokawa e ele a rechaçou, sem querer falar do assunto. Não queria correr o risco de ver qualquer pedaço daquele inferno permanecer de pé, para ser reativado como prisão, em um governo que viesse após Alckmin. Insisti e Nagashi contra argumentou com motivos técnicos. Não havia como substituir os encanamentos podres nas paredes das celas. Elas eram muito pequenas e não serviriam para abrigar coisa nenhuma.

Continuei insistindo. Com os conhecimentos rudimentares de engenharia de construções que tinha aprendido com meu irmão José, nos tempos da construtora, em Pindamonhangaba, imaginei que a celas poderiam ser destruídas facilmente, porque não fazia sentido muita resistência para evitar fuga de uma para as outras. Sem elas os pavilhões teriam enormes salões que poderiam abrigar tudo que se quisesse. Como os sanitários de cada andar poderiam ficar junto às robustas paredes do entorno dos prédios, os encanamentos, poderiam ser externos. Levei a ideia ao governador e ele convocou o Instituto de Pesquisas Tecnológicas

– IPT, para desempatar a questão. O IPT me deu razão. Os quatro pavilhões salvaram-se das dinamites.

Então o governador e seu secretário de Ciência e Tecnologia, João Carlos Meirelles decidiram instalar neles uma Escola Técnica - Etec e uma Faculdade de Tecnologia, a Fatec.

Anos depois de ter deixado meu emprego público, decidi ver como estavam os pavilhões. Fiquei emocionado. Eles estavam fervilhando de jovens, preparando seus futuros em escolas bonitas, bem montadas, que nem parecem ter sido locais de tanto sofrimento.

Pensei comigo mesmo: a Goretti era competente em suas previsões astrológicas, mais concretamente, na expressão da palavra, ajudei muita gente a melhorar suas casas, propor ao governador – que aceitou e implantou - um programa de financiamento subsidiado a quem ergue quatro paredes com uma cobertura e vai morar na construção inacabada para se livrar do aluguel. Famílias, assim, existem por todas as periferias. Procuram resolver o grave problema habitacional com seus próprios meios e eram esquecidas pelos governos. Com o financiamento, puderam terminar suas casas e viver com mais conforto e dignidade.

Segundo mandato

A questão da Segurança Pública foi o tema central da oposição para tentar barrar Alckmin em sua campanha para a reeleição. Não conseguiu. Ele venceu com dois terços dos votos.

Governo novo, novo secretariado. Deixei a Secretaria de Comunicação para o jornalista João Melão e voltei para a assessoria do governador. Melão não ficou muito tempo. Em setembro, pediu demissão e eu fui substituí-lo. Mesmo contando com um bom secretário-adjunto, Roger Ferreira, voltei a ter expedientes de mais de doze horas. Descuidei do regime que tinha de fazer, por causa do diabetes e meus abusos logo tiveram consequências desagradáveis. Em fevereiro de 2004, logo após meu aniversário de 60 anos, acordei um dia com o olho esquerdo fora de controle Estava completamente estrábico. Já no trabalho, minha secretária Jaina Carvalho tomou a iniciativa de ligar para a médica que me atendia dra. Zuleica Salles Cozzi Halpern, e a colocou na linha. Ordenou-me que fosse imediatamente para o Instituto do Coração, onde um médico amigo dela ia me esperar no pronto socorro. Na frente do hospital não havia vaga para estacionar e o trânsito estava muito lento. Pedi ao motorista Henrique que desse uma volta no quarteirão, que daria tempo para eu ser atendido pelo médico que já estava me esperando.

Fiquei quatro dias internado no Instituto do Coração. Suspeitou-se inicialmente que eu tivesse tido um derrame cerebral e depois de muitos exames, concluíram que era uma inflamação do nervo que comanda o olho esquerdo. Diagnóstico da causa: abusos na alimentação e stress com o trabalho. Previsão de restabelecimento do comando do olho de oito meses a um ano. Para evitar a dupla visão, que me atrapalhava, passei a usar uma venda preta sobre o olho esquerdo. Com essa cara de pirata, encontrei-me no Gabinete do Governador, com o médico acupunturista dr. Jou Eel Jia. Ele me perguntou o que tinha acontecido com meu olho e eu lhe disse. "Vá à minha clínica e, em três semanas, conserto isso para você." Achei que ele estava sendo muito otimista, mas resolvi ver se o tratamento funcionava. Foram três semanas e meia, porque em uma delas o tratamento foi interrompido pelo carnaval. Meu olho ficou perfeito, mas, mesmo assim, achei que precisava deixar a secretaria e indiquei para me suceder o meu adjunto Roger Ferreira. O governador aceitou meu pedido de exoneração e a indicação do Roger para o cargo. Voltei para a Assessoria, onde fui mantido pelo governador Claudio Lembo, que assumiu o governo, em abril de 2006, quando Alckmin renunciou para concorrer à Presidência da República. Dois meses depois, aposentei-me pelo INSS e fui trabalhar na campanha.

SEGUNDA-FEIRA, 2 DE

ANO 86 ★ Nº 2

ckmin disput

e Aécio são eleitos e

uração quase encerrada, presidente teve
ontra 51,4% da soma de seus adversários

★ 17 Estados já
no primeiro tu

RESULTADOS
NOS ESTADOS

tos em
turno

REELEIÇÃO

CAPÍTULO 11

PARA COMPLETAR, UMA CAMPANHA PRESIDENCIAL

Coordenando propostas

NA DISPUTA DE Alckmin para Presidente da República, meu trabalho, com Theodoro Meisner e Rodrigo Bastos, foi fazer o texto final do Plano de Governo, que era supervisionado por João Carlos Meirelles e contava com a colaboração de renomados especialistas nas diversas áreas e sugestões de muitos eleitores. Trabalho que exigia um enorme poder de síntese para reduzir a poucas linhas, sem mutilar ideias e planos que dariam um livro de milhares de páginas.

Além disso, respondia questionários e pedidos de artigos enviados por jornais nacionais e internacionais. Para poupar o tempo do candidato, dispunha do "Banco de Opiniões", um arquivo de computador que reunia entrevistas de Alckmin em diversas situações e sobre diversos temas, que foram organizados por Ludenberg Góes. Assuntos novos ou perguntas mais específicas, obtinha respostas de Alckmin durante as viagens que ele fez para todo o País. Só não o acompanhei em viagens ao Pará, Sergipe e Espírito Santo. Nelas também tentava organizar entrevistas coletivas, o que era quase completamente inútil, porque ele falava, na hora a quem lhe estendesse um microfone, não interessando o momento nem o lugar.

A sede da campanha ocupava um andar inteiro de um prédio à Rua Joaquim Floriano, no Itaim Bibi. Vivia apinhada de gente. Populares, líderes comunitários, vereadores, deputados e senadores se aglomeravam na pequena sala de espera, aguardando uma oportunidade de falar com o candidato. O mesmo acontecia com repórteres de jornais e equipes de tv, que preferiam esperar em nossa redação. Era difícil trabalhar no meio daquele vozerio entremeado de notícias, em alto volume, que vinha da tv.

A equipe da campanha era pequena, mas muito animada e disposta a fazer tudo que fosse necessário para Alckmin vencer. Eram muito animadoras as viagens aos estados do Sul, do Centro-Oeste e Minas Gerais. Muita gente nas ruas e nos comícios saudando o candidato. No Nordeste, a animação não era muito menor. Por uma diferença apertada, Alckmin passou para o segundo turno e parecia poder vencer na etapa final. Já na reta final para o segundo turno, fomos ao Piauí. Passeatas e abraços nas ruas centrais de Teresina, discursos de apoio de importantes líderes locais. Tudo corria muito bem e dava muito ânimo àquele fim de campanha.

À noite, fomos a um comício em Parnaíba, no Norte do Estado. Uma tempestade havia aliviado o calor tórrido que havia durado o dia inteiro. A praça e a avenida, que a limitava, estavam lotadas. Eu e o repórter que noticiava os acontecimentos da campanha e colhia depoimentos de apoio, para os programas no rádio, ficamos na escada do palanque, apreciando a multidão de se perder de vista. Aí, observamos, na primeira fila, uma mulher de uns trinta anos, bonita, desembaraçada, que pulava e cantava sem parar o *jingle* de Alckmin. O repórter foi pedir para ela o depoimento de apoio. A moça negou, disse que estava ali para se divertir, pois a noite estava gostosa e a cidade inteira estava naquele comício, mas seu voto seria no Lula — acrescentou.

"Por que?", perguntou o repórter. "Porque até o Lula ser presidente, eu nunca soube quando ia ter comida para meus dois filhos. Agora, com o bolsa-família, eu sei que tem comida garantida," Foi aí, que senti que a campanha estava perdida, pois não há argumento mais forte que as barrigas cheias por milhões de bolsas-famílias.

Eleição perdida, ganhei sossego. Aposentado, pela primeira vez em mais de 45 anos de batente com responsabilidades crescentes, soube o que era não ter obrigação de acordar cedo, coisa que sempre detestei; não ter alguém dependendo de mim; não ter coisa alguma para fazer. Experimentei e gostei do direito de não fazer nada. Exagerei a ponto de temer ser enquadrado no artigo que pune a contravenção de vadiagem.

Aí, veio a cobrança dos filhos e da mulher para que fizesse alguma coisa. Então, decidi escrever este livro. Entre um capítulo e outro, tenho feito alguns trabalhos para a revista Rodovias & Vias, de Curitiba. O último deles, em janeiro de 2010, foi acompanhar a equipe da revista em uma reportagem sobre o asfaltamento dos 900 km na parte paranaense da Cuiabá-Santarém. Foi uma alegria rever a estrada, principalmente trechos que percorri, ainda na picada da topografia, em carreta puxada por trator ou, pior, em caminhadas de dias inteiros, tropeçando em cipós, raízes, troncos tombados, em um calor sufocante. Agora, a glória: mais de 120 por hora, em bom asfalto, numa Doblô com ar condicionado, ouvindo Wagner, Villa Lobos, Luiz Gonzaga...

Os "vagabundos"

Gil Passarelli trabalhou na *Folha* por mais de 50 anos. Era excelente fotógrafo, ótimo companheiro e tinha um bom humor à prova de qualquer adversidade. Em um fim de tarde de domingo, ele e Ricardo Kostcho estavam voltando à redação, após fazerem a cobertura do rescaldo de um incêndio em favela. Passaram pela frente do Cine Metro, na Av. São João, onde havia uma grande fila para a bilheteria.

Ricardo comentou: "Tá vendo quantos casaizinhos felizes, de banho tomado, arrumadinhos e perfumados e nós aqui, enlameados, encarvoados e ainda indo trabalhar mais um pouco. Eta profissãozinha chata essa nossa!"

O veterano "Gil Papa" respondeu, de pronto: "Você já pensou que toda essa gente da fila passou a semana inteira atrás de um balcão, em uma fábrica ou escritório, fazendo as coisas mais monótonas e maçantes que se pode imaginar? É... pra vagabundos que nem nós não tem profissão melhor que a nossa!" – sentenciou, convicto de que seu trabalho era pura diversão.

"Pradão", o esquecido

Alberto Prado foi um dos melhores repórteres do *Estadão*. Mas tinha memória péssima. Esquecia-se de tudo. Sua mulher implicava especialmente com os esquecimentos de datas importantes para o casal: aniversários dela, de namoro, de casamento, Dia dos Namorados, das mães etc.

Pradão arranjou uma solução original para o problema. Com todo esforço que lhe foi possível, elaborou um calendário das efemérides domésticas; foi a uma floricultura e ordenou: "Nestas datas, logo cedo, vocês entregam uma dúzia de rosas no meu apartamento". Deu o endereço, pagou adiantado e ficou esperando pelo resultado do seu estratagema: como sempre acordava tarde, ao se levantar, encontraria as rosas e lembraria que aquele era um dia especial. Aproveitaria para melhorar sua média com a mulher, contando que já havia lembrado da data na véspera e encomendara as flores.

O esquema funcionou perfeitamente por duas ou três vezes, até que um dia, ele estava voltando de uma viagem de uma semana, abriu a porta do apartamento e viu um vaso cheio de rosas logo no hall de entrada. "Que dia é hoje?" – pensou , enquanto saia, em silêncio, do apartamento.

"Aniversário de noivado ou de namoro, não é. Foram os dias em que vieram os primeiros buquês de rosas". "Aniversário de casamento?" Também não, concluiu ao tirar sua aliança e ler a data gravada no interior do aro dourado.

Também não era Dia dos Namorados, ou das Mães, – certificou-se, ao abrir o jornal que trazia sob o braço e verificar que não havia anúncios comuns nesses dias. Por exclusão, concluiu que só poderia ser o aniversário dela. Não teve dúvidas. Desceu, foi a uma confeitaria e comprou um belo bolo com a inscrição "Parabéns a você". Voltou ao apartamento e entrou cantando "Parabéns a você, nesta data querida..." Sua mulher interrompeu a cantoria, dizendo: " Tá errado! Hoje quem canta sou eu. O aniversário é seu..."

Opiniões divergentes

De 1950, um ano após sua fundação, até 1971, a República Popular da China fez 20 tentativas frustradas de entrar na ONU.

Todo ano o episódio se repetia: em setembro a Assembleia Geral se reunia em Nova York e algum país socialista propunha a admissão na organização mundial da China Comunista - como se dizia na época.

Liderados pelos Estados Unidos, os países capitalistas rejeitavam a proposta e a mesma história se repetiria no ano seguinte, como um ritual da Guerra Fria. Enquanto isso, o lugar da China - na Assembleia Geral e no Conselho de Segurança - continuaria ocupado pela China Nacionalista, que tem seu território restrito à ilha de Formosa, ou Taipei. Apesar da monótona repetição, a novela sempre despertava muito interesse e polêmicas. Em seus editoriais, o *Estadão* - bíblia do empresariado nacional - sempre condenava a pretensão dos comandados por Mao Tse Tung.

Tarde da noite em que estava sendo votada a proposta de admissão pela 17ª ou 18ª vez, dr. Júlio de Mesquita Filho, diretor do *Estadão*, saiu de seu gabinete e foi para o "aquário", a sala envidraçada dos editorialistas, junto da redação, que já estava deserta. Frederico Blanco, editor do noticiário internacional, estava na cabine dos teletipos. Aí, um deles disparou a campainha anunciadora de notícias importantes e estampou o telegrama: "Nova York, URGENTE – A Assembleia Geral das Nações Unidas acaba de rejeitar, mais uma vez, a proposta de admissão da República Popular da China". Frederico cortou o telegrama e, correndo, foi levá-lo ao dr. Julinho.

Com ar grave, o diretor leu a notícia e comentou: "Pois é, Fred.... Que absurdo! O país mais populoso do mundo – 700 milhões de chineses – fica fora da ONU e seu lugar é ocupado pelos representantes daquela ilhota chamada Formosa!".

Espantado com o comentário, Fred ousou responder: "Mas não é isso que o senhor diz em seus editoriais..." E ouviu uma resposta ainda mais surpreendente:

"O que escrevo nos editoriais é a opinião dos leitores de *O Estado*. A minha é diferente!

Pão, leite e vietcongs

O teletipista João Evangelista Costa era capaz de estabelecer um "circuito direto" dos seus olhos aos seus dedos, sem passar pelo cérebro. Assim, podia conversar, mantendo a mesma velocidade na digitação dos telegramas, sem cometer qualquer erro e sem desviar-se do assunto da conversa. Uma vez, entretanto, esse "circuito direto" sofreu uma pane, que entrou para o folclore das redações. Trabalhando em dois empregos e ainda fazendo diversos "frilas", Evangelista por vezes ficava mais de 24 horas sem dormir. Assim, em uma madrugada, no fim dos anos 1960, no meio de um telegrama sobre a Guerra do Vietnã, apareceu uma estranha mensagem nos teletipos da *UPI*: **"Não se esqueça de trazer pão e leite"**. Explicação: enquanto digitava, Evangelista cochilou, sonhou com sua mulher e incluiu o pedido dela entre as batalhas de americanos contra vietcongs.

Escrever, uma loucura

Sempre que alguém comenta que eu gosto de escrever ou tenho facilidade para escrever, lembro-me de uma piada:

Em um hospício, um louco batia, batia sua cabeça na parede. Depois de alguns minutos de autoflagelo, parava e fazia um ar de contentamento, de felicidade. Aí, um psiquiatra foi até o louco e perguntou:

— Que satisfação você sente ao bater com a cabeça na parede?

— Não sinto satisfação, não, doutor! A cabeça dói, sangra, fico zonzo. É horrível! Mas, quando paro, vem um alívio, uma sensação muito gostosa....

Sinto-me como este louco, toda vez que escrevo qualquer coisa. É como se eu enfiasse um saca-rolhas na cabeça, para tirar do meio dos meus neurônios cada frase, cada palavra, cada letra. As ideias não surgem em ordem, se confundem se chocam, me atordoam.

Mas, quando o texto fica pronto, é um alívio... E, quando alguém o lê e faz um comentário elogioso, é uma delícia. A felicidade, então, é completa, se a publicação do que escrevi repercute, provoca discussões e faz surgir novas ideias. Isso é que me anima a buscar outros assuntos para, novamente "saca-rolhar" o meu cérebro.

PS:

Sempre resisti à ideia de escrever um livro com as minhas histórias. Talvez, reflexo condicionado pelos critérios de objetividade surgidos ao tempo em que me iniciei na profissão. Só valia o que o repórter visse ou ouvisse. O que ele pensava, sentia ou vivia, não era notícia. Ele que guardasse em sua memória. Felizmente, não esqueço, com muita facilidade, de fatos e sentimentos. Assim, em 45 anos de profissão fui acumulando histórias inéditas que, muitas vezes, são mais interessantes que as reportagens que as motivaram.

Histórias só têm valor quando contadas, ouvidas ou lidas. Na cabeça da gente, parecem certas contas bancárias. Podem ter milhões ou bilhões, mas para seus titulares, não valem um centavo, porque estão confiscadas, bloqueadas.

Decidi desbloquear minhas histórias e juntei 352 mil 282 letrinhas (com o computador, ficou fácil contá-las) para relatá-las a vocês, meus caros leitores. Ao ler estas histórias, vocês as reviveram e devolveram para mim o valor que elas têm.

Muito obrigado.
Espero que a leitura tenha sido agradável.
luiz.salgado@hotmail.com

GLOSSÁRIO DA IMPRENSA ANTIGA

BACALHAU – Folha de jornal com duas páginas, frente e verso, incluída no meio de cadernos formados por folhas de quatro páginas.

CAIXA – americana e alemã

CEGUINHA - Máquina de perfurar fita para telex que não tem visor para mostrar o texto gravado para o operador.

CALANDRA – Prensa

CALHAU – Anúncio pequeno, geralmente não pago, usado para preencher vazios em páginas de jornal.

CLICHÊ - Placa metálica – zinco ou alumínio – em que fotografias ou desenhos são gravados em pequenos altos e baixos relevos para impressão. No processo tradicional de gravação, o clichê é feito da seguinte maneira: 1) coloca-se sobre a placa uma emulsão que, ao secar, transforma-se em uma película fotográfica. 2) A placa é colocada em contato com um negativo da foto (fotolito) e exposta à luz. 3) Nos pontos em que o fotolito deixa passar a luz, a película é retirada por um ácido, que passa a corroer a placa, formando pequenos baixos relevos que não vão tocar o papel na hora da impressão. O inverso acontece nos pontos protegidos pelas partes escuras do negativo.

CÍCERO – Medida gráfica, usada na imprensa de chumbo.

COMETA – Máquina semelhante à linotipo, comandada por um sistema de leitura de fitas perfuradas que dispensava o operador.

COMPONEDOR – utensílio de madeira ou metal que consiste em uma lâmina fixa com rebordos em ângulo reto e um cursor no qual o tipógrafo vai juntando à mão, um a um, os caracteres que irão formar as linhas de composição.

DIAGRAMA – Esboço do desenho de uma página, feito na redação para orientar a oficina na montagem da rama.

FLAN – Cartão espesso que, úmido, é prensado por uma calandra sobre os tipos. Então o que está em alto relevo nos tipos, fica em baixo relevo no cartão. Depois de secar, essa folha do tamanho de uma página é colocada em uma forma côncava, em forma semicilíndrica, onde recebe uma porção de chumbo fundido que vai penetrar nos baixos relevos do cartão e transformar o que era tipo em superfície plana em um monobloco de tipos em forma de telha, que será encaixado nos rolos da rotativa.

FOTOLITO – Negativo de uma página ou foto, usado para fazer clichê ou chapas de impressão no sistema *offset*.

FOTOMECÂNICA – Conjunto de equipamentos usados para fazer clichês.

LAUDA – Folha de papel para datilografar textos, com largura e número de linhas padronizados, para facilitar a contagem dos caracteres e calcular o espaço que eles ocupariam em uma página do jornal.

LINOTIPO – Máquina inventada nos EUA, por volta de 1830, para facilitar o trabalho de composição por tipos móveis, inventado por Gutenberg, em meados do século XV. A Linotipo tem a aparência de uma gigantesca máquina de escrever. Mede aproximadamente 2,2 metros de altura, pesa mais de uma tonelada e funde em chumbo uma linha inteira de composição, na forma de lingueta. Funciona da seguinte maneira: 1) para cada letra, algarismo ou símbolo, há diversas matrizes de chapas de bronze, de aproximadamente 4x2 centímetros e espessura variável conforme o tamanho da letra, onde o desenho do tipo estava esculpido em baixo relevo em uma das laterais. Na parte superior de cada matriz, há um recorte em forma de "V" com um serrilhado, semelhante aos das chaves "yale". Quando o linotipista pressionava uma tecla, uma determinada matriz caia de uma grande caixa rasa e afunilada, juntado-se a outras em um pequeno cavalete à frente do operador. 2) Ao completar uma linha da composição, com bitola previamente fixada, o linotipista aciona uma alavanca, que leva as matrizes para um compartimento, onde o chumbo derretido preenche os baixos relevos. Segundos depois, o chumbo se solidificava e a lingueta está pronta para se juntar a outras, anteriormente fundidas, formando uma coluna de composição. 3) Aí, um braço mecânico pega as matrizes e as leva a um trilho, também em forma de "V", existente no topo da caixa afunilada, onde – em frisos longitudinais - se encaixavam os serrilhados das matrizes. Uma rosca-sem--fim empurra as matrizes pelo trilho, até que o serrilhado da matriz coincida com uma determinada falha no friso do trilho. Aí, a matriz cai exatamente no compartimento reservado àquela letra, na caixa afunilada. Então o ciclo está pronto para ser recomeçado, descendo e subindo matrizes e fundindo as linguetas de chumbo da composição. O objetivo de toda essa complicação era facilitar o processo inventado por Gutenberg, pois – após a impressão – as linguetas de chumbo são fundidas em barras, dispensando o trabalho manual de devolver cada tipo à sua caixa, como se fazia nos primórdios da imprensa.

LUDROW – Era uma fundidora de tipos maiores, que os de corpos 5 a 16, que eram feitos na linotipos. Fundia as linhas de títulos e era mais simples, porque as matrizes eram retiradas manualmente das caixas.

OFFSET – Também chamado de "impressão à frio" – sistema em que os desenhos, fotos e caracteres contidos em uma chapa plana de metal recebem uma camada de tinta, que é repassada para um rolo de borracha que vai imprimir o papel.

PAST-UP – Os primeiros computadores gráficos –que introduziram a composição "a frio", na década de 1960/1970 – não tinham capacidade para montar uma página inteira de jornal.

Produziam a composição em colunas isoladas, em longas "tripas" de papel, que precisavam ser recortadas e coladas sobre um diadrama, formando o "pestape", como era chamado.

RAMA - Moldura retangular de aço, em cujo interior são dispostas as peças de chumbo que vão compor uma página a ser impressa.

RADIOFOTO - Aparelho usado para transmitir e receber fotografias. Para transmitir, a fotografia em folha de papel era ajustada sobre um cilindro, que rodava diante de um microscópico jato de luz e uma célula fotoelétrica. O jato e a célula se deslocavam de uma ponta a outra do cilindro, enquanto ele rodava. Quando o jato de luz incide sobre porções brancas da foto, elas refletem a luz que é captada pela célula fotoelétrica e transformada em um impulso elétrico que vai apagar ou acender um jato de luz semelhante colocado sobre um rolo giratório semelhante ao do aparelho transmissor. Terminada a transmissão, o papel virgem é revelado e a foto está pronta.

ROTATIVA -Máquina de impressão de modo contínuo, o que resulta em maior rapidez. Para tanto, é preciso transformar a rama plana em uma matriz de superfície cilíndrica, capaz de se ajustar ao rolo de impressão que gira permanentemente em um mesmo sentido.

Para isso, coloca-se sobre a rama um cartão espesso e úmido, que é prensado por uma calandra sobre os tipos. Então o que está em alto relevo nos tipos, fica em baixo relevo no cartão. Depois de seca, essa folha do tamanho de uma página é colocada em uma forma côncava, em forma de semicilindro, onde recebe uma porção de chumbo fundido em estado líquido que vai penetrar nos baixos relevos do cartão e transformar o que era tipo em superfície plana em um monobloco de tipos em forma semicilíndrica.

ROTOPLANA - A rotoplana tem uma espécie de mesa de aço onde são colocadas as ramas, ou seja, o conjunto de matrizes de chumbo para impressão das páginas do jornal. Ali ficam as letras dos textos, moldadas nos linotipos; os clichês e os tipos maiores usados para os títulos. Estes eram apanhados um por um em caixas de madeira, método exatamente igual ao que Gutemberg usou, ao inventar a imprensa, em meados do Século XV.

Sobre as ramas, corriam dois conjuntos de rolos impulsionados por dois braços presos a grandes rodas de ferro, em um mecanismo semelhante aos das "marias-fumaças" das velhas ferrovias. O primeiro conjunto passava tinta sobre o relevo dos tipos. O segundo puxava uma larga faixa de papel, vinda de uma bobina e passava os dois lados da tira sobre os tipos úmidos de tinta. Feita a impressão, o papel seguia para um outro mecanismo, onde era dobrado e cortado, deixando prontos os exemplares de seis ou oito páginas cada um, conforme a largura da bobina de papel. Esse processo de impressão tinha boa qualidade, mas o vai e vem dos rolos e braços daquela "maria-fumaça" tipográfica era muito lento. A impressão não passava de dois mil exemplares por hora.

TELEFOTO – transmissão e recepção a distância de imagens fotográficas por meio de ondas *hertzianas*.

TELETIPO – Aparelho receptor de transmissão de textos. Parecia uma máquina de escrever elétrica, mas não dispunha de teclado e batia os caracteres no papel, segundo impulsos eletrônicos transmitidos por rádio ou linhas telegráficas.

TELEX – Aparelho receptor e transmissor de textos. Semelhante a uma máquina de escrever, ele emitia impulsos eletrônicos por linhas telegráficas que interligavam duas máquinas e permitiam a conversação entre elas.

TÍTULO **Andanças: histórias de um jornalista à moda antiga**

Equipe editoral LOURDES MAGALHÃES E TÂNIA LINS
Consultora Editorial TÂNIA LINS
Capa, projeto gráfico e diagramação CITTÀ ESTÚDIO
Fotos capa ARQUIVO PESSOAL DO AUTOR

Dados Internacionais de Catalogação na Publicação (CIP)
(Câmara Brasileira do Livro, SP, Brasil)

Ribeiro, Luiz Salgado

Andanças : histórias de um jornalista à moda antiga / Luiz Salgado Ribeiro. -- São Paulo : Primavera Editorial, 2010.

ISBN 978-85-61977-15-3

1. Jornalismo - Brasil 2. Jornalismo - Brasil - História 3. Jornalistas - Brasil 4. Repórteres e reportagens 5. Ribeiro, Luiz Salgado I. Título.

10-02781 CDD-079.81

Índice para catálogo sistemático:
1. Brasil : Jornalismo 079.81
2. Jornalistas brasileiros : Memórias 079.81

PRIMAVERA
EDITORIAL

Rua Ferreira de Araújo, 202 - 8º andar
05428-000 – São Paulo – SP
Telefone: (55 11) 3034-3925
www.primaveraeditorial.com.br
contato@primaveraeditorial.com.br

Andanças: histórias de um jornalista à moda antiga

foi impresso em São Paulo
pela gráfica Centrográfica Editora & Gráfica,
para Primavera Editorial em
abril de 2010.